Claudia Meyenburg (Hrsg.) • Die Sache mit dem X

Claudia Meyenburg (Hrsg.)

Die Sache mit dem X

Brain-Gym® in der Schule

VAK Verlag für Angewandte Kinesiologie GmbH
Freiburg im Breisgau

Die Fotos in diesem Buch sind von ...
Irmtraud Basse: S. 114 unten, 115 oben
Claudia Meyenburg: S. 114 oben, 115 unten
Renate Wennekes: S. 106, 122, 158, 188

Die Deutsche Bibliothek – CIP-Einheitsaufnahme

Die Sache mit dem X : Brain-Gym® in der Schule /
Claudia Meyenburg (Hrsg.). – 2. Aufl. – Freiburg (Breisgau) :
Verl. für Angewandte Kinesiologie, 1995
ISBN 3-924077-53-3
NE: Meyenburg, Claudia (Hrsg.)

2. Auflage: 1995

Lektorat: Norbert Gehlen
Umschlag: Hugo Waschkowski
Druck: Rombach GmbH Druck- und Verlagshaus,
Freiburg im Breisgau
Printed in Germany
ISBN 3-924077-53-3

Inhalt

Einführung

„Ich finde diese Übungen ja ganz toll, und sie tun mir auch gut – aber wie ich das den Schülern beibringen soll, also nein, das kann ich mir für mich gar nicht vorstellen!"

Diese Äußerung einer Lehrerin in einem Fortbildungsseminar beinhaltet Motivation und Intention zu diesem Buch. Seit Dr. Paul Dennison 1983 sein erstes Seminar in Deutschland abgehalten hat, verbreitet sich die Edu-Kinestetik, sein ganzheitlich orientierter Ansatz zur Lernförderung, mit zunehmender Geschwindigkeit. Kinesiologie, Edu-Kinestetik und Brain-Gym® – das sind keine ganz fremden Begriffe mehr unter Pädagogen. Zahlreiche LehrerInnen haben inzwischen die Brain-Gym®-Übungen in Kursen kennengelernt; und sehr viele sind begeistert von den neuen Möglichkeiten, die sich für sie auftun.

Doch dann sind die Kurse vorbei, und du stehst allein mit den aufregenden Neuigkeiten und Begriffen: Lateralität, Zentrierung, Fokussierung, schneller und langsamer Gang und immer wieder das X, das neurologische Überkreuzmuster in unserem Kopf, ohne dessen Existenz das Lernen so viel schwerer fällt. Vor allen Dingen aber hast du eine Reihe von Körperübungen erlernt und am eigenen Leib erfahren, die das Lernen ganz gezielt fördern sollen. Jetzt stehst du vor deiner Klasse, Kinder- oder Jugendgruppe und weißt nicht recht, wie anfangen. Also läßt du es erst einmal ...

Genau hier setzt das vorliegende Buch an. Der Wunsch, sich mit anderen über das Gelernte auszutauschen, Tips und Anregungen zu bekommen von denen, die schon eine Weile erfolgreich mit dieser Methode arbeiten, dieser Wunsch ist häufig anzutreffen, er läßt sich aber oft nicht realisieren. Diesem Wunsch soll hier durch die Beiträge von 17 Autorinnen und Autoren Rechnung getragen werden: LehrerInnen, Schulleiterinnen und Sozialarbeiterinnen aus den unterschiedlichsten Schularten berichten über ihre Erfahrungen mit den Brain-Gym®-Übungen, mit den Techniken der Edu-Kinestetik und mit *Three In One* im Unterricht.

*

Die Ausbreitung der Edu-Kinestetik wird zunehmend sichtbar: Am Hamburger Institut für Lehrerfortbildung (IfL) finden zur Zeit der Entstehung dieses Buches allein elf parallel laufende Veranstaltungen zur Einführung in die Arbeit mit den Brain-Gym®-Übungen in der Schule statt. (Damit sind nicht die Ausbildungskurse Brain-Gym® I und II gemeint, in denen die Theorie und Praxis der Edu-Kinestetik gelehrt wird.) Jedes einzelne dieser Seminare ist überfüllt und muß mit Wartelisten operieren. Viele Kollegien bitten die frei praktizierenden KinesiologInnen oder uns IfL-DozentInnen zu Vorträgen in ihre Konferenzen, oder sie fordern vom IfL Sonderseminare für das ganze Kollegium an. Auch die Volkshochschulen sind aufmerksam geworden und bieten eine Reihe von Veranstaltungen zur Kinesiologie an.

Das große Interesse, auf das diese Methode stößt, läßt sich auf die verblüffend neuen Antworten zurückführen, die Paul Dennison gibt. Die von ihm und seiner Frau Gail entwickelte Edu-Kinestetik beantwortet uns Fragen, die wir Pädagogen seit Jahren und Jahrzehnten stellen, die in Lehrerzimmern immer wieder mit einem Unterton von Erschöpfung und Resignation geäußert werden und deren Aussprechen meist nur noch den Stellenwert einer rhetorischen Frage hat, weil wir keine Antwort mehr erwarten. Ich selbst habe 19 Jahre lang diese Fragen gestellt und ebenfalls keine Antworten bekommen.

Jede einzelne Schulpause bietet Gelegenheit, solche Äußerungen zu hören. Dabei sind es nicht nur typische Phänomene wie diese: „Warum verdrehen Kinder immer wieder b und d, warum können sie rechts und links am eigenen Körper nicht erkennen, warum fangen sie in der Mitte der Zeile oft an, sich zu versprechen oder zu verschreiben ...?" Auch Fragen, bei denen es scheinbar erst einmal gar nicht um Lernen geht, bekommen für den Unterricht Bedeutung, wenn man sie aus kinesiologischer Sicht betrachtet. Am Beispiel einer einzigen dieser Fragen soll die Besonderheit der edu-kinestetischen Erklärungen ausführlicher dargestellt werden.

*

Eine meiner Kolleginnen stellte nach einer Klassenreise sich und den Umstehenden in der Pause folgende Frage: „Die Kinder sollten die Ponys nur im Kreis herumführen und waren dadurch total erschöpft und überfordert. Woher kommt das nur? Einfach so vom bloßen Gehen? Sie sind doch sonst immerzu in Gang, warum können sie denn dann nicht einfach im Kreis gehen?" Eine sensible, genaue Wahrnehmung einer scheinbar unerklärbaren Situation.

Anhand dieser Alltagssituation möchte ich die Möglichkeiten der Edu-Kinestetik exemplarisch aufzeigen. Fällt eine natürliche Tätigkeit wie bloßes Gehen sichtbar schwer und sind medizinisch keine Befunde dafür vorhanden, könnte die Antwort der Edu-Kinestetik (kurz: Edu-K oder EK) so aussehen: Der geschilderte Sachverhalt weist auf eine mangelnde Koordination und Organisation von Körper und Gehirn hin. Wir sprechen in der Edu-K von der Dimension der Zentrierung, wenn es um den Energiefluß von oben nach unten und von unten nach oben (sowohl im Körper als auch im Gehirn) geht. Ein gut zentrierter Mensch vermittelt auch noch in einer schnellen Bewegung ein Moment von Langsamkeit. Diese „Ruhe im Sturm", auch in Augenblicken der Schnelligkeit, ist das Produkt eines gut funktionierenden Körperbalancesystems. Die Dysbalance dieses Systems ist uns allen ein vertrautes Bild: zusammengesackte Haltung, das Bedürfnis, sich anzulehnen oder hinzusetzen, Anstoßen an Tür- und Tischkanten, Umstoßen von Gegenständen und eben auch ungeschicktes, angestrengtes Gehen. Wir alle haben den Ausdruck dieser Dysbalancen auf Wanderungen mit SchülerInnen unzählige Male gehört: „Ist es noch weit? Ich kann nicht mehr!" All diese nicht zentrierten Tätigkeiten werden zur Mühsal, die viel Energie absorbiert.

Schon in den ersten Lebensmonaten werden die notwendigen Reflexe für eine intakte Zentrierung im späteren Leben erprobt. Das Erforschen der Schulter- und Hüftreflexe durch das Drehen vom Bauch auf den Rücken zum Beispiel ist *eine* Voraussetzung zur späteren Aufrichtung des Überkreuzmusters – des X. Diese neurologische Funktion läßt unsere beiden Gehirnhälften über Kreuz, also x-förmig, mit den jeweils gegenüberliegenden Körperseiten zusammenarbeiten. Die jeweilige Beschaffenheit der Zentrierungsdimension findet ihre Entsprechung im Denken. Ein nicht zentrierter Mensch wirkt zerstreut und unruhig, er hat keine Spannung, wirkt zusammengesackt, ohne Mitte.

Eine andere Möglichkeit, warum das Gehen anstrengend oder ermüdend sein kann, besteht darin, daß es nicht integriert ist, das innere X also nicht aufgerichtet ist. Der natürliche Austausch der beiden Gehirnhemisphären ist dann eingeschränkt – man nennt diesen Zustand Homolateralität. Das Gehen ist eine Tätigkeit, die jedoch im besten Fall automatisiert ist, keiner bewußten Überlegung bedarf. Automatisierte Tätigkeiten werden von der rechten Gehirnhälfte, dem intuitiven „Gestaltgehirn", übernommen. Dennison benutzt hier die Metapher vom „schnellen Gang"; man tut etwas schnell und es klappt dennoch, eben weil es ohne Anteile der linken, lernenden Gehirnhälfte – unseres analytischen „Sprachgehirns" – geht. Ist etwas noch nicht genügend gelernt, ist es also noch nicht automatisiert, so braucht es ein langsameres und bewußtes Lerntempo. Derart neu zu Lernendes ist eine Sache der linken Gehirnhälfte, hier wird im „langsamen Gang" Neues erprobt und gelernt. Fällt also eine körperliche Aktivität wie das Gehen schwer, dann kann man daran erkennen, daß sie „bewußt" durchgeführt wird, das heißt, die linke Gehirnhälfte hat die Kontrolle übernommen – das Gehen findet im „langsamen Gang" statt.

Aber was ist mit dem „Ständig-in-Gang-Sein", mit dem permanenten „Herumwuseln", von dem weiter oben die Rede war? Ist dies nicht der Beweis dafür, daß diese Kinder sehr wohl gehen „können", im Sinne von leicht, mühelos und integriert?

Natürlich, das ist durchaus denkbar. In diesem Falle wäre die beobachtete Anstrengung beim Ponyführen damit zu erklären, daß bereits die Aufforderung, ein Pony in einem vorgeschriebenen Rahmen herumzuführen, zu einem Stressor mit den beschriebenen Folgen wurde.

Viel eher wird es jedoch so sein, daß auch die schnellen Bewegungsabläufe („Herumwuseln") nicht integriert sind, da Integration ja bedeutet, einen Zugang zum schnellen und zum langsamen Gang zu haben. Das ständige In-Bewegung-Sein, gerade bei hyperaktiven Kindern, bedeutet ein Steckenbleiben im schnellen Gang – ebenso ein Zustand der Desintegration wie das angestrengte Gehen beim Herumführen der Ponys. Gemeinsamer Nenner beider beobachteter Vorgänge ist die mangelnde Integration der Gehirnhälften und somit der Zustand der Homolateralität.

Bei diesem ausführlich dargestellten Beispiel wird der Zusammenhang zwischen Körper und Gehirn und somit auch zwischen Bewegung und Lernen besonders deutlich: Solange bestimmte Reflexe und Bewegungsabläufe nicht automatisiert sind, das heißt vom Gehirn noch (zu sehr) kontrolliert werden müssen, interessiert abstraktes Lernen nicht. Mit anderen Worten: Der Kopf – und damit meinen wir hier immer das Gehirn – ist nicht frei für das Aufnehmen von Neuem, geschweige denn für das Nachvollziehen abstrakter Gedankengänge.

*

Aber nicht nur neue „Diagnosen" sind durch die Erkenntnisse der Edu-Kinestetik möglich; auch und vor allem bietet sie die Gelegenheit, die Dysbalancen zu korrigieren. In diesem Falle wären täglich durchzuführende Brain-Gym®-Übungen notwendig, um die fehlenden Dimensionen „einzuschalten". Erweist sich dieses als nicht ausreichend, wird eine tiefergehende Balance der Zentrierungsdimension mit Arbeit an den Geh- und Stellreflexen erforderlich. Zusätzlich könnte das Überkreuzmuster durch eine *Dennison-Lateralitätsbahnung* im Körper verankert werden. Für die Schulpraxis würde dies bedeuten, daß die kinesiologisch ausgebildete Lehrkraft zumindest in der Lage ist, die jeweilige Störung exakt zu erkennen und gezielt entsprechende Übungen auszuwählen. Wenn die Möglichkeit zur Einzelarbeit besteht, können auch die erwähnten tiefergehenden Korrekturen von ihr selbst durchgeführt werden.

Daß die Edu-Kinestetik derartige Fragen beantworten kann, macht ihre große Bedeutung aus und erklärt das große Interesse an dieser Methode.

*

Genug der Theorie – *Die Sache mit dem X* ist ein Buch der Praxis. Die unterschiedlichen Beiträge haben teilweise direkten „Rezeptcharakter". Bis auf wenige Ausnahmen werden die Brain-Gym®-Übungen hier nicht gelehrt und erläutert.

Brain-Gym®-Übungen sind nicht aus Büchern zu erlernen. Es ist wichtig, Brain-Gym® zunächst an sich selbst zu erfahren, bevor wir es an andere weitergeben. Erscheinen uns LehrerInnen die Übungen nicht angenehm, nicht notwendig und sogar seltsam, wird auch die Vermittlung an die SchülerInnen mißlingen. Erst wenn wir die Inhalte des Brain-Gym® im Wortsinne inkorporiert haben, können wir unsere Schüler dafür interessieren. Wenn es den SchülerInnen peinlich wird, finden wir bei genauerer Betrachtung das Moment der Peinlichkeit in uns selbst wieder. Eben das spüren sie uns ab.

Wir tun uns selbst viel Gutes, wenn wir diese Übungen regelmäßig durchführen. Ich fahre dann morgens anders in die Schule, beginne meinen Unterricht anders und erlebe das Gefühl des Ausgebranntseins mittags sehr viel seltener oder abgemildert. Natürlich sind die Übungen wirkungsvoller, wenn sie in einen Muskeltest oder in eine Balance eingebunden werden. Die Energie weiß dann durch die Zielbestimmung und durch das Verankern auf körperlicher Ebene mit dem Muskeltest genau, wohin sie soll. Deshalb sind die Brain-Gym®-Ausbildungskurse (I und II) für alle Unterrichtenden von Vorteil.

Auch die Fachtermini der Kinesiologie werden hier nicht erläutert im lehrenden Sinne. Ein ausführliches Fachwörterverzeichnis am Ende des Buches hilft neuen Edu-K-Interessenten, eine erste Kurzinformation zu bekommen und den Ausführungen der AutorInnen zu folgen.

Dies ist kein Lehrbuch. *Die Sache mit dem X* kann das *missing link* zwischen Kursen und Schulpraxis ersetzen. Eine weitere, wesentliche Intention des Buches ist, zur Vernetzung der Erfahrungen mit Edu-Kinestetik in der Schule aufzurufen. Aus diesem Grunde bat ich die Autorinnen und Autoren, ihren Kurzbiographien Adresse und Telefonnummer anzufügen. Wo dies nicht geschehen ist, kann über den Verlag oder über mich Kontakt aufgenommen werden. Die Leserinnen und Leser können also davon ausgehen, daß die AutorInnen dieses Buches bereitwillig weitergehende Auskunft über ihre Arbeit geben, zum Erfahrungsaustausch bereit sind und gerne beratend tätig werden.

Wer Brain-Gym® noch gar nicht kennt, könnte durch *Die Sache mit dem X* den Impuls erhalten, den ersten Schritt in eine neue Richtung zu tun. Wer Edu-Kinestetik bereits kennengelernt hat, wird hier viele wertvolle Ideen und Gedanken finden, die unmittelbar in die Schulpraxis übernommen werden können.

Hamburg, im Dezember 1993

Claudia Meyenburg

Rita Verlage:

Größere Gelassenheit bei neuen Aufgaben

Brain-Gym® im Schulkindergarten

Als Sozialpädagogin im Schulkindergarten und als Mutter zweier Söhne suchte ich immer wieder nach neuen Möglichkeiten und Methoden, den Kindern bei ihren Lernproblemen zu helfen. Ich besuchte im Laufe der Jahre meiner Berufstätigkeit die verschiedensten Fortbildungen, um Anregungen und Hilfen zu bekommen, aber oft mußte ich feststellen, daß die Anregungen das wirkliche Befinden der Kinder nicht berücksichtigten.

Besonderes Interesse empfand ich daher für einen Vortrag von Renate Wennekes zum Thema Edu-Kinestetik. Ihre Erklärungen und Informationen über Lernblockaden und über Möglichkeiten, diese zu beheben, faszinierten mich. Um Näheres über diesen Bereich zu erfahren und zu erlernen, habe ich Wochenendseminare in Edu-Kinestetik I und II sowie später den Kurs *Touch For Health* belegt.

Seit 19 Jahren arbeite ich im Schulkindergarten (SKG), einem Teil der Grundschule. Innerhalb eines Jahres sollen dort die sechsjährigen, schulpflichtigen Kinder durch eine Aufteilung des Unterrichts in Phasen der Anspannung und Entspannung spielerisch zur Schulfähigkeit und an die Unterrichtsweise des ersten Schuljahres herangeführt werden. Alle Kinder haben 18 bis 20 Wochenstunden, und die Klassenstärke beträgt bis zu 20 Kinder. Das größte Problem ist bei vielen Kindern der Mangel an Selbstvertrauen, der sich sehr unterschiedlich ausdrückt. Das geht von Nichtbeteiligung am Unterricht über großspuriges Reden bis zu aggressiven Auseinandersetzungen. Häufig ist auch zu beobachten, daß Kinder sich melden und dann alles vergessen haben, wenn sie gefragt werden. Gerade für unsere Kinder im Schulkindergarten, die zum Teil schon im Kindergarten erfahren haben, daß sie mit anderen Kindern nicht mithalten können, habe ich durch Brain-Gym® wunderbare Wege gefunden, um ihnen zu helfen.

Nach meinem ersten Kontakt mit der Edu-Kinestetik anläßlich des Vortragsabends begann ich in der Klasse mit Überkreuzübungen. Die meisten Kinder hatten Spaß daran, besonders deswegen, weil auch ihre Lieblingsmusik dazu gespielt wurde. Zwei Jungen mußten trotzdem besonders motiviert werden mitzumachen – sie waren aber auch bei anderen Aufgaben oft nur schwer zu bewegen, sich aktiv am Unterricht zu beteiligen. Begeistert reagierten alle Kinder, wenn sie beidhändig nach Musik malen durften (*Double Doodle = Simultanzeichnen*).

Nachdem ich die Wochenendseminare bei Renate Wennekes besucht hatte, stellte ich mir nach ihrem Vorbild ein kleines Programm zusammen, das ich allmorgendlich mit den Kindern durchführte. Ich erzählte den Kindern auch etwas über die Hintergründe der Übungen und die Funktionen des Gehirns. Es irritierte mich anfangs, daß viele Kinder Probleme mit Überkreuzübungen hatten, und ich glaubte, es ihnen richtig zeigen zu müssen. Dadurch geschah es allerdings, daß sich einzelne Kinder frustriert zurückzogen. Nach einiger Zeit tauchte bei einigen Kindern Langeweile auf, wenn ich jeden Morgen mit ihnen die gleichen Übungen machte. So mußte ich den morgendlichen Ablauf variieren, wie ich es später noch ausführen werde.

Besondere Erfolge stellten sich gleich zu Beginn ein: Ich hatte mit den Kindern Wahrnehmungs- und Zuordnungsübungen gemacht, die sie auf einem Arbeitsblatt festigen sollten. Einzelne Kinder hatten wie immer große Probleme bei der Lösung der Aufgaben. Am nächsten Tag setzte ich zum ersten Mal Übungen aus der Edu-Kinestetik ein, bevor die Kinder eine auf dem Vortag aufbauende und noch kompliziertere Aufgabe zum Bereich Wahrnehmung und Zuordnung ausführen sollten. Zum ersten Mal hatten jene Kinder, die sonst nur unsicher und fehlerhaft diese Aufgaben bewältigten, ihre Arbeit korrekt durchgeführt. Fehlerhaft arbeiteten nur die Kinder, die sich nicht aktiv an unseren Bewegungen beteiligt hatten.

Seit vier Jahren arbeite ich nun im Schulkindergarten mit den Methoden der Edu-Kinestetik. Da in jedem Sommer wieder neue Kinder in den SKG kommen und sie nur für ein Jahr bleiben, beginne ich immer wieder neu mit der Einführung. Zu Beginn des Schuljahres liegt mein Hauptaugenmerk auf dem Beobachten und Kennenlernen der Kinder. Ihre „Defizite" sind *vor* dem Einsatz der EK-Übungen besser erkennbar. Bei regelmäßigen

EK-Übungen zeigen etliche Kinder schon bald weniger Auffälligkeiten in ihren Problembereichen.

Nach circa sechs bis acht Wochen beginne ich langsam damit, Überkreuzübungen mit Musikbegleitung einzuführen. Viele Kinder sind zu Anfang noch etwas unsicher. Die meisten lassen sich aber durch beliebte und schwungvolle Musik mitreißen. Der größte Teil der Klasse schafft es schon nach ein paar Tagen, die Überkreuzbewegung richtig durchzuführen. Besonders hilfreich wirkt es sich dabei aus, wenn die Kinder auch durch die Klasse *krabbeln* können. In einem Fall dauerte es in diesem Schuljahr sehr lange. Das Kind hat besondere Probleme, zum Beispiel auch in der Motorik. Nach der Lateralitätsbahnung, bei der Überkreuz- und gleichseitige Bewegungen abwechseln, gelang es ihm zum ersten Mal, die Überkreuzübungen richtig nachzuvollziehen. Seitdem ist dieses Kind sicher und beteiligt sich auch aktiv an den Übungen.

Nach den Überkreuzbewegungen streichen wir den Körper von oben nach unten zwei- bis dreimal aus. Die Kinder haben viel Phantasie und stellen sich vor, daß die dabei verscheuchten schlechten Träume, Ärger, Ängste, Wut und Trauer sich verwandeln in wunderschöne Blumen, Schmetterlinge, Autos, Puppen und ähnliche geliebte Dinge. Daraufhin stellen wir uns vor, daß wir Bäume seien. Ich erkläre den Kindern: „Die Bäume holen sich ihren Lebenssaft durch die Wurzeln aus der Erde, und er steigt den Stamm hinauf bis zu den Zweigen und Blättern. Auch wir holen unsere Kraft durch die Wurzeln. Er steigt durch den Stamm hoch zu den Zweigen in die Baumkrone." Dabei zeige ich den Kindern, wie wir mit unseren Händen den Energiefluß darstellen, indem wir von der Erde über die Zehen, die Beine hoch bis in die Arme und Hände und schließlich bis zum Kopf, der Baumkrone, hochstreichen. Nun setzen sich die Kinder auf ihre Stühle, falten die Hände und legen sie auf den Kopf zur *Denkmütze.* (Gemeint ist hier eine von Renate Wennekes entwickelte Übung, die nicht identisch ist mit der Brain-Gym®-Übung gleichen Namens von Paul Dennison. Die Hrsg.) Dabei starten wir mit geschlossenen Augen zu einer Reise ins Gehirn. Ich fordere die Kinder auf: „Stell dir vor, du bist ganz winzig und kletterst durch die Nase hoch in dein Gehirn. Schau dich dort um. Was siehst du dort?" Wenn sich die Kinder einmal auf die Phantasiereise eingelassen haben, erzählen sie von Blumen oder Dinosauriern, Schmetterlingen,

Monstern, und fast immer kommt auch das Bild einer Wohnung vor, das ich dann aufgreife. „Welche Zimmer hast du in deiner Wohnung? Sind die Zimmer hell oder dunkel? Wie kannst du alle Zimmer hell erleuchten?" Von den Kindern kommen dann überwiegend Ideen wie: das Licht anschalten, eine Kerze hineinstellen etc. Oft halten einige Kinder auch automatisch die Stelle am Kopf, die sie als dunkel empfinden. Diese Idee greife ich auf, so daß auch die anderen Kinder sie übernehmen. Erst wenn alle „Wohnungen" hell erleuchtet sind, gehen wir weiter zur nächsten Übung.

Als Hörübung werden die Ohren gerieben, von oben nach unten, und gleichzeitig wird auf die Stimme der Lehrerin, anderer Kinder oder auf die eigene Stimme gehört. Gerne lassen die Kinder ihre Ohren auch von mir ausstreichen. Eine weitere wichtige Übung machen wir mit den Augen. Eine Hand liegt auf den Gehirnpunkten, die andere auf dem Bauchnabel. Während wir die *Gehirnpunkte* reiben, fixieren wir mit den Augen folgende Punkte: rechts oben, links oben, rechts unten, links unten, fern – nah, nah – fern, von links nach rechts und rauf und runter; eventuell führen die Augen noch die *Liegende Acht* aus. Am besten geht dies als Partnerübung. Ein Kind zeigt die Punkte mit der Hand an, und das andere Kind fixiert sie. Weitere Übungen vollziehen wir mit der Nase und dem Mund, machen die *Positiven Punkte*, stärken die Thymusdrüse und halten *Raum-, Erd- und Gleichgewichtspunkte.*

Es fällt auf, daß die Kinder mit den größten Defiziten anfangs auch am schwersten zu motivieren sind. Stellen sie aber fest, daß sie plötzlich Aufgaben leichter lösen können, sind die meisten auch interessierter bei der Sache. Ausländische Kinder warten meistens erst ab, weil sie auch sprachlich oft nicht erfassen, was ich dazu erkläre. Einige brauchen länger, bis sie sich aktiv beteiligen. Weiter zeigt es sich als hilfreich, wenn die Eltern der Edu-Kinestetik positiv und aktiv gegenüberstehen und auch zu Hause die Übungen mit den Kindern engagiert durchführen.

Es gibt jedoch auch Punkte, an denen ich das Gefühl der Übersättigung (sowohl bei den Kindern als auch bei mir) verspüre, so daß wir dann für einige Zeit pausieren und die regelmäßigen Übungen weglassen. Die Kinder haben aber inzwischen schon so viele Instrumente an der Hand, daß sie sich oft gegenseitig und auch mich daran erinnern, was sie in bestimmten

Situationen als Hilfen einsetzen können, zum Beispiel: die *Positiven Punkte* halten, wenn etwas vergessen wird. Um diese Dinge transparenter für alle Kinder zu machen, haben wir einfache Symbole entwickelt, die uns bei bestimmten Aufgaben und auch bei Regeln helfen sollen. Die Symbole stehen auf DIN-A5-Karten, die an der Tafel hängen und nach Bedarf umgedreht werden.

1

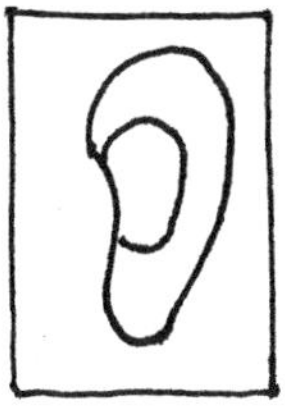
2

3

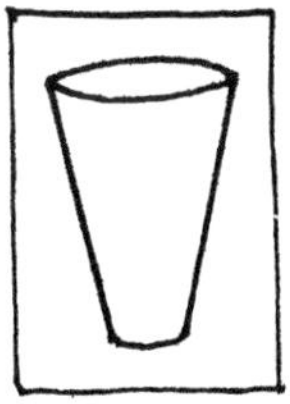
4

Diese Symbole bedeuten:

1. *Gehirnpunkte* reiben, um die Augen zu aktivieren
2. *Ohren reiben,* wenn eine Geschichte vorgelesen oder eine Aufgabe erklärt wird
3. *Überkreuzbewegungen,* wenn eine Aufgabe schwerfällt
4. *Wasser* trinken, wenn die Konzentration nachläßt

Von den Kindern kommen dazu oft neue Anregungen, so daß wir zwei unterrichtstypische Zeichen hinzugefügt haben:

5

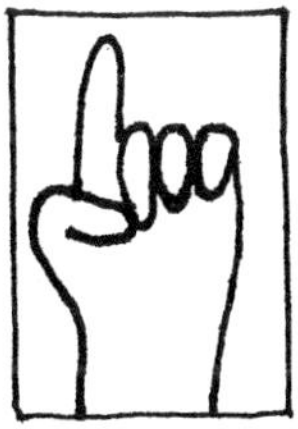
6

Sie bedeuten:

5. Still sein
6. Aufzeigen

Ein großes Glück ist für mich, daß Renate Wennekes nach Absprache mit den Eltern vier- bis sechsmal je Schuljahr zu mir in die Klasse kommt und mit den Kindern Übungen zu besonderen Themenschwerpunkten durchführt. Die von mir beschriebenen

Übungen haben wir alle beibehalten. Zu Beginn führen wir die einzelnen Aufgaben sehr intensiv durch, so daß auch sehr viel Zeit dafür benötigt wird und ich oft – um die Kinder nicht zu überfordern – nur eine ganz kurze Lerneinheit anschließen kann. Wenn alle Kinder die Übungen sicher beherrschen, variieren wir den Ablauf dahingehend, daß wir verschiedene Spiele einbauen oder uns den Bereich herausnehmen, den wir für unsere Lerneinheit am nötigsten brauchen. Die *Überkreuzübungen* sind allerdings ein Muß, auf das die Kinder nicht verzichten wollen und sollen. Damit beginnen wir jeden Ablauf. Besonders beliebt ist dabei zum Beispiel das Dinosaurierlied.* Bei unseren Phantasiereisen ins Gehirn und in den Körper lernen die Kinder auch ihre Gefühle und Bedürfnisse zu empfinden und auszudrücken. Jetzt kommt es häufiger vor, daß ein Kind, wenn es zum Beispiel Bauchschmerzen hat, selber weiß, was am besten hilft. Sei es, daß es sich selbst den Bauch hält oder reibt, oder sei es, daß ich das machen soll. Oft lösen sich solche kleinen Wehwehchen dann von selbst auf. Da viele Kinder auch zuhause Übungen machen, kommt eigentlich jedes Jahr der Punkt, an dem wir in der Klasse zurückschrauben und die Kinder ihre Übungen nach Bedarf und nach Anregung durch unsere Symbolkarten durchführen, das komplette Übungsprogramm aber nur noch gelegentlich durchgespielt wird. So bleibt mehr Zeit für spezifische Probleme wie zum Beispiel die Vorbereitung auf die Schule.

Den Kindern stehen einige Holzachten als Kugelbahnen zur Verfügung, die sie sich während der freien Spielphase holen können. Wichtig erscheint es mir, den Kindern Hilfen an die Hand zu geben, so daß sie später in der Schule selbstständig damit arbeiten können. Leider wenden erst wenige Lehrer die Edu-Kinestetik an, und unsere Kinder gehen an verschiedene Grundschulen und können nicht damit rechnen, einen Lehrer mit Edu-K-Erfahrung zu bekommen.

Bei den meisten Kindern ist eine deutliche Lernsteigerung festzustellen, nachdem mit Edu-K gearbeitet wurde. Ebenso fällt es auf, daß die Kinder seltener glauben, etwas nicht erlernen zu können. Früher war es häufig so, daß einige Kinder eher verzweifelten, wenn sie eine Ziffer oder einen Schwungbogen nicht richtig nachvollziehen konnten. Heute zeigen die Kinder eine größere Gelassenheit. Sie wissen: Wenn sie Überkreuzübungen machen und ihre Augen aktivieren, wird es besser. So kommt es auch viel seltener zu den gefürchteten Lernblockaden. Ein Fall aus meinem Schulalltag ist mir in besonderer Erinnerung geblieben:

Florian (Name geändert) war ein sehr zurückhaltendes Kind. Als er zu uns in den SKG kam, war er ängstlich, weinte oft und ging nur in meiner Begleitung in die Pause. Er sprach kaum mit mir, beteiligte sich nicht am Unterrichtsgespräch und arbeitete anfangs kaum mit. Wenn ich ihn ansprach, hielt er sich den Arm vor das Gesicht und weinte manchmal. Als er nach drei Wochen die ersten Aufgaben durchführte, zeigte es sich, daß er sie nicht verstand und sehr fehlerhaft erarbeitete. Er nahm von mir keine Unterstützung und Hilfe an. Insgesamt machte Florian den Eindruck eines lernbehinderten Kindes. Nachdem ich mit EK-Übungen in der Klasse begonnen hatte, vollzog sich mit Florian eine plötzliche und erstaunliche Veränderung. Die ersten Übungen machte er versteckt hinter einem Raumteiler. Dann wurde er immer mutiger, arbeitete auch bei den schriftlichen Lerneinheiten mit und schaffte es immer häufiger, sie fehlerlos durchzuführen. Gleich zu Beginn hatte ich den Kindern die Hintergründe und Wirkungen der einzelnen Übungen erklärt. Florian nahm alles sichtlich interessiert auf und war auch später einer derjenigen, die die Grundinformationen immer noch weitergeben konnten. Innerhalb kurzer Zeit wurde klar, daß er ein sehr intelligenter Schüler war, der seine Aufgaben oft am zuverlässigsten von allen ausführte. Einige Probleme lagen allerdings im psychischen Bereich, so daß den Eltern eine Zusammenarbeit mit einem Psychologen empfohlen wurde.

Edu-Kinestetik und Brain-Gym® haben mir weitere Möglichkeiten gegeben, Kinder im Schulkindergarten zu fördern und ihnen Mittel und Wege an die Hand zu geben, sich selber zu helfen. Zu Beginn meiner Arbeit war ich sehr euphorisch und glaubte, *alles* mit Edu-K verbessern und beheben zu können. Inzwischen bin ich aber wieder auf dem Boden der Tatsachen. Diese Methoden sind für mich allerdings zu wichtigen Bestandteilen meiner Arbeit geworden. Es haben sich dadurch schon viele Probleme der Kinder lösen lassen, wenn auch die Zusammenarbeit mit Erziehungsberatungsstellen, Psychologen und anderen Schulformen trotzdem noch in einigen Fällen nötig ist.

Mich persönlich hat die Arbeit mit der Edu-Kinestetik gelassener gemacht. Ängste, Sorgen und große Anstrengungen kann ich besser verkraften.

Das Wissen, das mir durch Edu-K und *Touch For Health* vermittelt wurde, versetzt mich in die Lage, mir selbst zu helfen. Wenn ich ein Problem habe, teste ich für mich aus, was mir am besten hilft. Inzwischen brauche ich für mich in meinem Alltag den Muskeltest oft nicht mehr, da mir mittlerweile vom Gefühl her schon klar ist, welche Übungen mir am besten helfen.

* „Der Dinosaurier Dino", aus: *Lieber Herbst und lieber Winter*, Buch und Kassette von Rolf Krenzer und Detlev Jöcker (Menschenkinder Verlag und Vertrieb, Münster)

Christina Buchner:

„Dann halt' ich mir die Ohren zu ..."

Erfahrungen mit Kinesiologie in der Grundschule

Was bedeutet für mich Brain-Gym® in der Schule?

Vor sieben Jahren bekam ich Paul Dennisons Buch *EK für Kinder* (1) in die Hand und wurde beim Lesen überhaupt nicht recht schlau daraus. So konnte ich mir zum Beispiel gar keinen Reim darauf machen, was es heißen sollte, die „Ohren aufzufalten". Auch die Rubbelei der verschiedenen Punkte und alles andere kam mir reichlich mysteriös vor. Doch eines war mir nach der Lektüre klar: Sollte von dem, was da stand, auch nur die Hälfte machbar sein, dann würde mir das in meiner Arbeit eine neue Dimension eröffnen. Mit den herkömmlichen Programmen zur Förderung lerngestörter Kinder hatte ich bereits reichlich Erfahrungen gesammelt, so zum Beispiel unter anderem mit dem Wahrnehmungstraining von Marianne Frostig, mit der Behandlung von Teilleistungsschwächen nach dem Programm von Brigitte Sindelar, mit der Legasthenikerförderung nach Rudolf Müller. (2) Ich hatte damit auch Erfolge erzielt, aber wie hoch war der Einsatz, verglichen mit den doch eher bescheidenen Verbesserungen!

Weil ich grundsätzlich bereit bin, auch das unmöglich Scheinende für möglich zu halten, ließ ich mir aus Freiburg ein Kursprogramm schicken und meldete mich für einen Edu-Kinestetik-Kurs an – damals war Brain-Gym® noch gar nicht „erfunden". Damit waren die Würfel gefallen – ich hatte mich einer Sache verschrieben, die mich seitdem nicht mehr losgelassen hat, sondern von Jahr zu Jahr mehr fasziniert!

Zwei kinesiologische Schlüsselerlebnisse

Wenn ich an meine kinesiologischen Anfänge zurückdenke, kommt es mir wirklich wie ein Wunder vor, daß ich gleich zu Beginn meiner Praxis einige überzeugende Erfahrungen machen durfte, die mich in meinem gefühlsmäßigen Urteil, auf dem richtigen Weg zu sein, bestärkten und mich zum Weitermachen ermutigten. Gerade damals hatte ich eine äußerst schwierige Klasse. Einer meiner ganz großen „Spezialisten" war Mark, ein an sich netter, sympathischer und auch intelligenter Bub, der jedoch allem Anschein nach seinen Ehrgeiz hauptsächlich darein setzte, sich gegen alles zu sperren, was auch nur im entferntesten nach „Regel" oder „Anordnung" aussah. Kurz gesagt: Es war ihm völlig unmöglich zu gehorchen. Dementsprechend hatte er auch im körperlichen Bereich Probleme mit den Ohren: Vier Röllchendrainagen hatte er bereits hinter sich.

In der Schule hörte er deutlich besser als zu Hause. Darüber mußte sich die Mutter sehr wundern. Als ich jedoch ganz vorsichtig die Vermutung äußerte, Marks Schwerhörigkeit sei vielleicht damit in Zusammenhang zu bringen, daß er manches einfach nicht hören wolle, widersprach sie ganz energisch: Nein, nein, das könne unmöglich der Fall sein. Der Arzt habe es ihr selbst gesagt: Die Eustachschen Röhren seien „schuld" daran.

Als ich nun von meinem EK-Kurs voller Begeisterung in den Alltag zurückkehrte, nahm ich mir vor, gleich an Marks Problem mit dem Gehorchen zu arbeiten. Denn daß er über seine Unfähigkeit, auf „Autoritätspersonen" zu hören, selber unglücklich war, lag auf der Hand. Ich sagte also der Mutter Bescheid und behielt ihn nach dem Unterricht länger da. Der Satz, den wir testeten, war: „Ich gehorche, wenn das Fräulein mir etwas sagt." (Das „Fräulein" bin ich – so lasse ich mich von den Kindern nennen. Es ist die altbayerische Bezeichnung für „Lehrerin".) Mark testete auf diesen Satz natürlich schwach. Wir gingen im Alter zurück. Bei zwei Jahren und drei Monaten schaltete der Muskel um und testete auf die Aussage stark.

Das kinesiologische Repertoire, das ich zur Verfügung hatte, war noch nicht sehr umfangreich. Das schreckte mich jedoch nicht. Und wenn ich meine ersten „Gehversuche" aus heutiger Sicht – vor einem ungleich umfangreicheren technischen Hintergrund – betrachte, kann ich feststellen: Ich hatte recht. Als Dennison im Sommer 1990 in Kirchzarten war, sagte er einmal: Ich gebe euch die einfachsten Dinge zuerst, denn die einfachsten Dinge helfen den meisten Leuten.

Ich wendete bei Mark also den Stirn-Hinterhaupt-Kontakt an, ließ ihn die Augen schließen und fragte: Du bist jetzt in deinem Kopf drinnen zwei Jahre und drei Monate alt. Was ist da los?

Mark: Da bin ich bei meiner Oma.
Ich: Und ist sonst noch wer da?
Mark: Meine Mama.
Ich: Und was machst du?
Mark: Ich gehe zum Schrank.
Ich: Und dann?
Mark: Ich mache den Schrank auf.
Ich: Und was ist drin?
Mark: Eier.
Ich: Was machst du damit?
Mark: Ich werfe sie raus.
Ich: Und dann?
Mark: Die Eier gehen kaputt.
Ich: Und dann?
Mark: Da kommen meine Mama und meine Oma.
Ich: Und? Schimpfen sie dich?
Mark: Nein, sie erklären's mir, warum ich das nicht darf.-

Und jetzt kommt das, was mich damals völlig umwarf und für immer von der „Power" der Kinesiologie überzeugte. Auf meine Frage: „Und was machst du dann?" antwortete Mark nämlich: *Dann halt ich mir die Ohren zu.* – Nichts anderes hatte er ja seitdem gemacht! Er hatte sich sowohl wörtlich – im physischen Bereich – als auch im übertragenen Sinn die Ohren zugehalten. Ich hielt Mark weiter die Streßpunkte und den Hinterkopf, und er dachte an die Situation, bis sie sich gut „anfühlte". Dann testete ich die Zeitlinie bis zur Gegenwart nach – alles war stark!

Es überrascht Sie sicher nicht zu hören, daß Mark von da an im disziplinären Bereich viel zugänglicher war, so daß die verschiedenen pädagogischen Maßnahmen auch etwas nutzten. Und obwohl er zu Hause ein nicht zu bändigendes Kind blieb, fiel es ihm in der Schule immer leichter, sich einzuordnen und schlicht und einfach das zu tun, worum man ihn bat.

Mein zweites Schlüsselerlebnis hatte ich wenig später mit Hubert, einem sehr schwach begabten Schüler, der mit dem Lesenlernen große Schwierigkeiten hatte. Er war jedoch willig und machte auch bescheidene Fortschritte. Als ich angefangen hatte, mit ihm entsprechende kinesiologische Übungen durchzuführen, merkte ich, daß er sich sichtlich leichter tat. Eines Tages blieb er in der Freiarbeit an einer Lesekarte hängen. Da stand: Im Winter kann ich Schlitten fahren oder Schi fahren. Er hatte bereits gelesen: Im Winter kann ich Schlitten fahren. Aber das Wörtchen „oder" brachte er nicht heraus. Er verdrehte das d und das o und setzte immer wieder an: „Do, do ..." Eingedenk dessen, was ich aus vielen schlauen Büchern wußte, versuchte ich zunächst auf herkömmliche Weise, ihm weiterzuhelfen. Ich deckte alles ab bis auf das o: „Hubert, was steht da?" Brav antwortete er: „O." – „Gut. Und wie heißt es jetzt?" Ich hatte das d aufgedeckt. Hubert: „Do."

Nein, so kamen wir nicht weiter. Also anders. Ich deckte wieder alles ab bis auf das o. „Jetzt sag mir nochmal: Wie heißt das?" Hubert: „O." Ich deckte jetzt alles ab bis auf das d: „Sehr gut. Und wie heißt das?" Hubert: „D." Nun deckte ich die ersten beiden Buchstaben auf und fragte hoffnungsvoll: „Und wie heißt es jetzt?" Hubert: „Do."

Das war jetzt eine Situation, in der der Lehrer für gewöhnlich verzweifelt und dem Schüler Bosheit, Faulheit oder was auch immer unterstellt. Es klingt ja auch ganz logisch: Wenn er ein so schweres Wort wie „Schlittenfahren" lesen kann, warum bringt er das einfache Wörtchen „oder" nicht heraus? Da kommen dann solche Appelle wie: „Du mußt dich besser konzentrieren!" oder „Wenn du dir Mühe gibst, kannst du es schon!" Daß damit alles nur noch schlimmer gemacht wird, weiß der Lehrer für gewöhnlich ja nicht. Wer sagt ihm denn, daß sich dyslektische Kinder nicht *zuwenig,* sondern ohnehin schon *zuviel* anstrengen? Diejenigen, die die Lehrer ausbilden, wissen das ja selbst nicht. Mir fiel – Gott sei Dank – ein, was ich kurz vorher in meinem Kurs gelernt hatte. Weil es sich bei Hubert eindeutig um eine Rechts-links-Verwechslung handelte – do statt od –, rubbelte ich ihm die *Gehirnknöpfe* und ließ ihn *Liegende Achten* in die Luft malen. Nach etwa einer Minute gab ich ihm wieder die Lesekarte und fragte ihn: „Wie heißt das?" –

„Oder", sagte er in einem so selbstverständlichen Ton, als wolle er damit ausdrücken: „Warum fragst du denn so dumm?" Gerade dieses Erlebnis mit Hubert erzähle ich oft, wenn ich für Lehrer einen Vortrag halte. Jeder, der aus eigener Erfahrung weiß, wie mühsam die Arbeit mit lerngestörten Kindern sein kann, erkennt sofort das Besondere und Einzigartige daran.

Kinesiologie wird ein fester Bestandteil unseres schulischen Alltags

Nun war ich felsenfest davon überzeugt, mit „Gehirnturnen" ein wirkungsvolles Instrument zur Verfügung zu haben, um Unterricht und Schule angenehmer zu gestalten. Dabei ist es mir sehr wichtig anzumerken, daß ich immer sehr „alternativ" gearbeitet habe und daß ganzheitlicher Unterricht und Projekte aller Art bei mir immer eine wichtige Rolle spielten. Meine Ausgangslage war also nicht so, daß ich ausgebrannt und voller Frust nach einem Rettungsanker suchte, sondern ich wollte eine Möglichkeit, um das Lernen an sich leichter zu gestalten.

Weil ich so überzeugt war von der „neuen" Gymnastik, gelang es mir mühelos, meine Klasse in Schwung zu bringen. Nun bin ich allerdings selber jemand, der sich gerne nach Musik bewegt. Deshalb sind mir gymnastische „Trockenübungen" ein Greuel, und deshalb gab es bei mir auch von Anfang an flotte Musikbegleitung. Damals waren ja die Kassetten für Lerngymnastik noch nicht auf dem Markt, und ich mußte mir selber etwas Geeignetes aussuchen. Wir turnten bevorzugt nach englischen Kinderliedern und nach der Musik zu verschiedenen Westerntänzen. Dabei war unser Programm am Anfang äußerst simpel: *Cross Crawl (Überkreuzbewegungen),* Punkte rubbeln, *Liegende Achten* in allen möglichen Variationen

Als wir das einige Zeit regelmäßig gemacht hatten, stellte ich fest, daß nicht nur das Lernen grundsätzlich „irgendwie" leichter und lockerer ging, sondern daß auch die Lernatmosphäre positiv beeinflußt wurde. Dabei könnte ich gar nicht sagen, was im einzelnen so anders war als vorher, denn es war für mich auch vorher in der Schule schön gewesen; aber die Dinge „liefen" einfach besser.

Das merkten anscheinend auch die Eltern. Eines Tages fragte mich eine Mutter, als sie ihren Sohn von der Schule abholte: „Sagen Sie mal, was machen Sie eigentlich mit den Kindern? Der Benni kann plötzlich rechts und links unterscheiden. Was hab' ich mich da schon geplagt, ihm das beizubringen. Bisher war das einfach nicht zu machen. Und jetzt erzählt er mir, Sie machen mit ihm immer irgendwelche Übungen, wenn er was verwechselt."

Ich erklärte der Mutter so kurz wie möglich, was Kinesiologie sei, und schickte ihr am nächsten Tag ein Buch – *Befreite*

Bahnen von Dennison (3), sicher nicht die ideale Einstiegslektüre, aber damals gab es eben noch nicht viel anderes. Es schien mir an der Zeit, einen Elternabend über Kinesiologie abzuhalten.

Gehirnturnen mit den Eltern

Nun war es natürlich wichtig, meine Botschaft den Eltern so zu übermitteln, daß sie damit etwas anfangen konnten. Ich hatte vor, von Bekanntem und bereits Aktzeptiertem auszugehen und das Neue – die Informationen über das Gehirnturnen – damit zu verknüpfen.

Was bietet sich als Ausgangspunkt an? Natürlich das Gehirn als „Lern- und Denkmaschine". Ich sprach über die funktionelle Hemisphärenasymmetrie des Gehirns, also über die Tatsache, daß rechtes Gehirn und linkes Gehirn Spezialisten für zwei recht unterschiedliche Aufgabenbereiche sind. Diese Materie rückte ja in den letzten Jahren zunehmend in den Vordergrund des Interesses. Auch die Eltern meiner Klasse waren voll bei der Sache.

Ebenso auf fruchtbaren Boden fiel ein kurzer Abriß über die neurologische Entwicklung des Menschen. Dabei ging ich natürlich besonders auf die Bedeutung der im Krabbelalter erfolgenden Überkreuzbahnung ein. Für diesen Teil meines Vortrags stützte ich mich hauptsächlich auf die Erkenntnisse von Carl Delacato (4): erstens, weil er die Abfolge der verschiedenen Entwicklungsstufen und ihre Bedeutung sehr gut verständlich beschreibt, und zweitens, weil es die Glaubwürdigkeit der kinesiologischen Aussagen erhöht, wenn Ähnliches von ganz anderer, „wissenschaftlicher" Seite vorgebracht wird.

Weiter führte ich dann aus, daß unter Streß die Verbindung zwischen den Hemisphären auf ein Minimum reduziert wird und wir – neurologisch gesehen – auf eine primitivere Entwicklungsstufe abrutschen. Auch das war für meine Zuhörer nachvollziehbar, denn schließlich hat jeder schon einmal erlebt, daß er unter Streß so konfus wurde, daß er die einfachsten Dinge nicht mehr konnte. Ich betonte also besonders einige grundlegende Aussagen:

Verschiedenartigkeit der beiden Hemisphären
Wichtigkeit ihrer Zusammenarbeit

Auswirkung fehlender Überkreuzbahnung
Auswirkung von Streß
Möglichkeit, einen defizitären Zustand durch *Cross Crawl* wieder auszugleichen

Nach diesen ersten Erklärungen fand ich es wichtig, den Eltern selber die Erfahrung zu vermitteln, wie man sich nach Gehirnturnen fühlt. Ich schaltete also flotte Musik ein und zeigte einige *Cross-Crawl*-Übungen. Alle turnten eifrig. Das tat nach dem konzentrierten Zuhören gut, entspannte alle und machte für weitere Informationen aufnahmebereit. Im Anschluß daran erklärte ich nur noch den Hintergrund und Zweck einiger weiterer Übungen, die wir dann immer gleich miteinander ausprobierten.

Darauf müssen Sie unbedingt achten, wenn Sie Elternabende halten: Bringen Sie nicht zuviel Theorie auf einmal! Der Fehler, daß man es zu gut meint und möglichst viel auf einmal an den Mann und die Frau bringen möchte, wird oft gemacht. Meine Erfahrung bestätigt mir jedoch immer wieder: Weniger ist mehr! Einige grundlegende Informationen über das Gehirn und die Überkreuzbahnung sind für das erste Mal leicht ausreichend. Sehr wichtig ist, daß die Eltern selber spüren, wie Gehirnturnen ist. Deshalb: Erklären Sie einige Übungen *kurz,* und dann *turnen Sie!* Es spricht einfach für die Sache, wenn Ihre Zuhörer nach einem zweistündigen Vortrag frisch und fit sind und noch Lust hätten, Bäume auszureißen.

Und hier die Übungen, die wir an diesem ersten Abend gemeinsam durchführten:

Cross Crawl
Liegende Achten
Elefantenachter
Denkmütze
Wechselatmung
Gehirnknöpfe, Erdknöpfe, Raumknöpfe
Streßpunkte (= Positive Punkte)

Etwas sollten Sie an so einem Einführungsabend *auf keinen Fall* machen: den Muskeltest vorführen. Lassen Sie sich nicht durch Ihre eigene Begeisterung dazu hinreißen, Ihren Zuhörern zuviel zuzumuten! Der Muskeltest allein ist ein abendfüllendes Thema. Ihr Publikum ist einfach überfordert, wenn es damit „aus dem

Stand" konfrontiert wird. Sie laufen dann Gefahr, in die Nähe von Voodoo und Schamanentum gestellt zu werden, und das wäre sowohl im Hinblick auf die Sache als auch auf Ihre eigene Person einfach schade. Ich achtete jedenfalls sehr darauf, „auf dem Teppich" zu bleiben.

Nach dem Vortrag herrschte eine sehr gelöste, angenehme Stimmung. Das war ein Beweis für mich, daß es richtig war, den Abend so zu gestalten. Inzwischen habe ich nach diesem Muster viele erfolgreiche Elternabende gehalten. Nun ist die Gefahr natürlich sehr groß, daß zu Hause keiner mehr weiß, wie eigentlich alles zusammenhing, und vor allem, wie die Übungen genau gehen und was sie bewirken. Deshalb stellte ich ein kleines Heft über „Gehirnturnen" zusammen, in dem noch einmal alles beschrieben und mit Skizzen und Fotos veranschaulicht wurde.

Sie werden sich vielleicht fragen, warum ich nicht einfach ein Buch empfahl. Das hat zwei Gründe: Erstens gab es damals außer *EK für Kinder* (5) noch nichts, und da ich selbst die Lektüre schon so verwirrend gefunden hatte, konnte ich mir einfach nicht vorstellen, daß „meine" Eltern so ohne weiteres damit zurechtkämen. Zweitens ist es für mich – was den Energieaufwand betrifft – ein sehr großer Unterschied, ob ich mir etwas noch einmal als Skript vornehme, was ich bereits gehört, verstanden und sogar durch Bewegung aktiviert habe, oder ob ich mich in ein Buch – noch dazu über eine mir fremde Materie – erst einlesen muß. Inzwischen gibt es einige Bücher, die ich den Eltern darüber hinaus als Lektüre empfehle. (6)

Sollten Sie Lust haben, für Ihre Elternabende ebenfalls ein Heft über Gehirnturnen zusammenzustellen, finden Sie am Schluß dieses Beitrags meine Version eines Einführungsheftes, die Sie als Anregung benutzen können.

Weil diese Abende sehr gut ankommen, mache ich dieses „Gehirnturnen mit Eltern" zweimal im Jahr. Außerdem gibt es dann noch ein- bis zweimal im Jahr ein „Mutter-Kind-Gehirnturnen" am Nachmittag. Dazu lade ich grundsätzlich zwar alle, besonders aber die Mütter ein, deren Kinder entweder

- bestimmte Lernprobleme haben oder
- sich zu leicht unter Druck setzen lassen oder auch
- in ihren Bewegungen zu wenig integriert sind.

Ich deklariere also diesen Nachmittag nicht als Extra-Veranstaltung für lerngestörte Kinder, sondern halte ihn allgemeiner, damit niemand sich diskriminiert fühlen muß, wenn er teilnimmt. Viele Eltern empfinden es ja ganz klar als Schande, wenn ihr Kind beim Lernen Probleme hat. Deshalb ist es wichtig, alles so zu „verkaufen", daß es ohne Gesichtsverlust angenommen werden kann. Hier mein Einladungsbrief für diesen Nachmittag:

Sehr geehrte Eltern!

Sie wissen aus dem Informationsabend über Kinesiologie, daß Gehirnturnen Ihrem Kind manches erleichtern kann: Nicht nur das **Lernen** ganz allgemein, sondern auch den Umgang mit **Streß** und **Anforderungen** aller Art. Darüber hinaus wird das **Körpergefühl** verbessert. **Hausaufgaben** werden **schneller** erledigt. Und noch etwas ganz Wichtiges: Gemeinsames Gehirnturnen von Eltern und Kind schafft eine **positive Atmosphäre**.

Deshalb sind Sie ganz herzlich eingeladen,
an dem Nachmittag
„Gehirnturnen für Mutter und Kind"
am Mittwoch, dem 10. Februar 1993
von 14.30 h bis 16.00 h teilzunehmen.

Selbstverständlich sind auch Väter sehr gerne gesehen, wenn sie sich am Nachmittag freimachen können!

Mit freundlichen Grüßen
Christina Buchner

Inzwischen ist Kinesiologie aus meinem schulischen Alltag nicht mehr wegzudenken. Außer in den täglichen Brain-Gym®-Sequenzen arbeite ich auch ganz spezifisch entweder mit der Klasse oder mit einzelnen Kindern.

Warum bei uns so schön gesungen wird

Die Kollegin, die in meiner Klasse den Religionsunterricht erteilt, ist immer ganz begeistert, wenn sie mit den Kindern singt. Als Fachlehrerin kommt sie ja in viele Klassen und kann also recht gut Vergleiche ziehen. Sie findet, daß meine Kinder die Töne sehr sauber halten und daß sie unwahrscheinlich schnell ein neues Lied „im Ohr" haben.

Gerade die musikalische Erziehung ist ein Bereich, auf den ich sehr viel Wert lege. Sie halten das vielleicht für ein marginales Thema, verglichen mit Fächern wie Lesen, Schreiben oder Rechnen. Das ist auch durchaus verständlich, wenn Sie sich mit der Bedeutung des Gehörs für die Entwicklung von Psyche und Intelligenz noch nicht eingehend befaßt haben. Alfred Tomatis und J. E. Berendt gehen in ihren Büchern ausführlich auf die entsprechenden Zusammenhänge ein. (7)

Ich betrachte Gehörerziehung als Intelligenzförderung. Wie plausibel das ist, wird Ihnen sicher gleich klar, wenn Sie einmal diejenigen Schüler Ihrer Klasse vor Ihrem geistigen Auge Revue passieren lassen, die am oberen beziehungsweise unteren Ende der Leistungsskala stehen: Wie viele Ihrer leistungsstarken Schüler können Melodien richtig nachsingen? Und wie viele Ihrer schwachen Schüler können das? Sie müßten schon eine ganz besonders zusammengesetzte Klasse haben, wenn sich bei Ihnen ein anderes Bild zeigte als in allen bisher von mir unterrichteten Klassen: Der Anteil „musikalischer" Kinder ist in der leistungsstarken Gruppe hochsignifikant größer als in der leistungsschwachen.

Ich lege also – wie gesagt – Wert auf Gehörerziehung. Wenn wir ein Lied lernen, singe ich es den Kindern zunächst vor. Dann mache ich einige Vorübungen. Ich lasse alle Kinder einen Ton auf „La" nachsingen – einige Male. Bei jedem „La" gebe ich einen Beobachtungsauftrag, zum Beispiel: Achte darauf ...

... wie kräftig deine Stimme klingt,
... wie leicht du den Ton singen kannst,
... wie es klingt, wenn alle miteinander singen,
... wie locker dein Kiefer und deine Muskeln sind.

Um das in der Sprache der Edu-Kinestetik auszudrücken: Wir machen *Noticing*. Auf dieses Noticing, auf das Freistellen und Bewußtmachen eines Zustandes, legt Paul Dennison großen Wert. Wenn wir eine Veränderung bewußt zur Kenntnis nehmen, dann ankern wir sie auf diese Weise. Wir verlassen uns dabei nicht auf das Feedback durch den Muskeltest, sondern benutzen unser Sinnessystem, übernehmen damit gleichsam auch Verantwortung für die festgestellte Veränderung. Gerade bei der Arbeit mit einer Klasse ist das Noticing für mich von unschätzbarem Wert. Alle kinesiologischen Übungen sind viel wirksamer, wenn das Vorher und das Nachher miteinander verglichen werden.

Nachdem wir uns also bewußtgemacht haben, wie unser „La" geklungen hat, wie es sich für uns anfühlte, machen wir eine der Übungen, die für Hören oder Singen „zuständig" sind. Zur Auswahl stehen: *Energiegähnen, Eule, Denkmütze, Elefantenachter.* Nachfolgend beschreibe ich die Übungen kurz, damit Sie alles gleich ausprobieren können, ohne erst wieder in einem anderen Buch nachschlagen zu müssen. Wenn Sie sich genauer über die einzelnen Übungen informieren wollen, lesen Sie am besten im *Lehrerhandbuch Brain-Gym®* nach. (8)

Energiegähnen

Der Mund wird soweit wie möglich aufgerissen. Wir massieren auf beiden Seiten am Kiefergelenk und an den Kieferknochen entlang. Dadurch wird ein Gähnen ausgelöst, das die Muskulatur lockert und entspannt.

Eule

Mit der rechten Hand wird der Trapezmuskel auf der linken Schulter gehalten. Wir drehen den Kopf langsam, soweit es geht, über die linke Schulter zurück und achten darauf, wie weit unser Gesichtsfeld reicht. Dabei atmen wir aus. Dann drehen wir den Kopf in die Mitte und atmen ein. Der Kopf wird über die rechte Schulter zurückgedreht – ausatmen. Alles wiederholen.

Dann Seitenwechsel: Linke Hand hält den Trapezmuskel auf der rechten Schulter. Kopf nach rechts zurückdrehen – ausatmen. Kopf in die Mitte – einatmen. Kopf nach links zurückdrehen – ausatmen. Alles wiederholen.

Zum Schluß in der Mitte einatmen, dann Kopf soweit wie möglich auf das Brustbein herabhängen lassen und ausatmen.

Denkmütze

Der eingerollte Ohrenrand wird zwischen Daumen und zwei Fingern gehalten und nach hinten „gebügelt". Wir beginnen am oberen Ohrenrand und massieren nach unten. Am Ohrläppchen rubbeln wir. Das Ganze wird mindestens fünfmal wiederholt.

Elefantenachter

Der nach oben gestreckte Arm wird am Ohr „festgeklebt". Der Oberkörper wird in der Taille nach vorne gebeugt. Wir malen *Liegende Achten* in die Luft. Dabei bleiben Hals, Arm und Kopf unbewegt, die Bewegung erfolgt mit dem ganzen Oberkörper. Mit den Augen schauen wir auf den ausgestreckten Arm oder noch besser – aber für die Kinder viel schwerer! – am ausgestreckten Arm entlang in die Ferne. Seitenwechsel. Wir malen mit jedem Arm fünf *Liegende Achten.*

Da ich Entspannung der Hals-, Nacken- und Kiefermuskulatur besonders wichtig finde, fangen wir meistens mit dem *Energiegähnen* oder mit der *Eule* an. Nach der ersten Übung singen wir wieder unser „La" mit anschließendem Noticing. Die Kinder stellen ganz deutlich fest, daß jetzt der Ton wesentlich besser, reiner, kräftiger usw. kommt. So setzen wir das „La-Singen" fort, bis wir alle vier Übungen durchgeturnt haben. Manchmal machen wir am Anfang aber auch nur eine oder zwei Übungen. Das kann und soll natürlich flexibel gehandhabt werden, genauso, daß Sie sich dabei wohlfühlen.

Danach nehme ich einige Tonsequenzen aus dem Lied heraus, zum Beispiel die Anfangstöne, und lasse sie nachsingen. Wenn ich es für nötig halte, kommt nochmals eine Übung. Meistens reicht aber das grundsätzliche „Anschalten" am Anfang. Diese Art, Lieder einzuüben, bringt uns allen sehr viel mehr Spaß am Singen. Es ist einfach schöner, wenn ein Lied gut klingt. Weil wir eifrig und voller Freude singen, haben wir auch ein sehr reichhaltiges Repertoire. Und genauso wie die Brain-Gym®-Übungen gehört auch das Singen ganz selbstverständlich zu unserem Alltag. Die Vorteile liegen auf der Hand:

- Es schaltet die rechte Gehirnhälfte ein.
- Zu flotten Liedern paßt gut *Cross Crawl.*
- Zu langsamen Liedern kann man *Liegende Achten* machen.

Und für NLP-Freaks: Singen ist eine sehr wirksame Methode, den Rapport herzustellen.

Einzelbalancen während des Unterrichts – geht denn das?

Wenn ich höre, was von Schweizer oder österreichischen Kollegen über Therapiemöglichkeiten im Rahmen der Schule berichtet wird, dann muß ich immer wieder feststellen: Wir – ich unterrichte in Bayern – leben allem Anschein nach im pädagogischen Urwald. Daß es jede Menge förderungsbedürftiger Schüler gibt, ist zwar so gut wie unbestritten, aber was dann konkret getan wird, ist durch und durch unzureichend. Dem Lehrer, der engagiert arbeitet und der weiß, welche Möglichkeiten sich durch die Kinesiologie bieten, stellt sich sehr schnell die Frage: Soll ich den Jochen einmal in meiner Freistunde balancieren oder vielleicht nach der Schule länger dableiben?

Auf die Dauer ist jedoch der Versuch, die Mängel des Systems auszugleichen, für den einzelnen Lehrer ausgesprochen unbefriedigend. Außerdem ist es in unserem Beruf nicht nur legitim, sondern sogar notwendig, daß wir auf unser eigenes Energieniveau achten. Gerade für den engagierten und qualifizierten Lehrer ist die Gefahr sehr groß, sich von den Bedürfnissen anderer aussaugen zu lassen. Der Schuß geht aber nach hinten los, und das Ende ist unschön: Ausgepowert, ausgebrannt, frustriert und verbittert sind oft gerade die Kollegen, die zuviel von sich hergegeben haben. Was ist also zu tun? Gibt es so etwas wie den goldenen Mittelweg, und wo liegt er?

Ich habe diesen Zwiespalt für mich dadurch gelöst, daß ich zunächst einmal die Anforderungen, die ich an mich selber stellte, realistischer gestaltete und mit meinen Möglichkeiten in Einklang brachte. Dabei halfen mir einige „Merksätze", die ich mir auch jetzt noch immer wieder vor Augen halte:

- Es sind nicht alle 32 (!) Schulkinder meine eigenen Kinder.
- Ich kann für ein Kind nicht mehr tun, als es selbst will.
- Mein Bestes ist gut genug.

In der Praxis bedeutet das, daß ich zu äußerst einfachen Kurzbalancen übergegangen bin, die ich während des Unterrichts durchführen kann. Den Spielraum dafür habe ich während der täglichen Freiarbeitsphase und immer dann, wenn die Klasse still beschäftigt ist. Für eine Balance brauche ich circa zehn Minuten, das heißt, daß ich mit zwei bis drei Kindern pro Tag gezielt arbeiten kann. Die Gesamtwirkung ist auf diese Weise viel besser, als wenn ich einmal in der Woche nach dem Unterricht für eine längere Balance dableibe.

Die Themen, an denen wir arbeiten, ergeben sich durch die jeweils aktuellen Probleme: Lesen, Rechtschreiben, flüssiges Schreiben, Rechnen. Es kommt auch vor, daß wir uns vornehmen, etwas am Verhalten zu verbessern. Der Ablauf ist denkbar einfach:

Vortests:

Ich lasse das Kind einen Schluck Wasser trinken.
Ich teste das Switching mit wechselnder Testerhand.
Ich teste das Zentralgefäß aufwärts, abwärts, aufwärts.

Thema:

Wir nehmen uns eine Arbeit vor, mit der das Kind Probleme hat. Damit der Kontext, für den wir balancieren, verankert wird und auch wirklich „on line" ist, führt das Kind jetzt kurz die entsprechende Aktivität aus:

Es liest eine Zeile.
Es schreibt einige Wörter ab.
Es schreibt einige Wörter nach Diktat.
Es schreibt oder liest einen Buchstaben, der ihm schwerfällt.
Es schreibt eine Zahl, die ihm schwerfällt (häufig die 2!).
Es schreibt eine Rechenaufgabe ins Heft (ohne sie auszurechnen, das ist einfacher).

Es stellt sich vor, ein bestimmtes „Wohlverhalten" an den Tag zu legen. –

Nach der Aktivität wird getestet. Der Muskel schaltet ab.

Korrektur:

Ich biete drei bis vier Übungen an und teste sie aus, zum Beispiel: „Wir brauchen die *Denkmütze*." Immer, wenn der Muskel eine Übung „bejaht", führen wir sie gleich durch. Danach: „Wir brauchen noch mehr von der *Denkmütze*." – Wenn „ja", wird wiederholt, bei „nein" gehe ich zum nächsten Vorschlag über. Zum Schluß teste ich den Satz: „Wir brauchen noch irgendeine Übung." – Wenn „nein", beenden wir die Balance. Wenn „ja", frage ich die drei oder vier Übungen des Angebots noch einmal durch. Wichtig: Ich lasse mich nicht dazu verleiten, bei „ja" – also: „Wir brauchen noch eine Übung" – weitere Angebote zu machen. Ich bleibe bei den drei oder vier ursprünglichen Übungen. Die werden so lange wiederholt, bis die Balance beendet werden kann.

Nachaktivität:

Der Schüler macht mit der Arbeit weiter, die er vor der Balance begonnen hat. Er soll darauf achten (Noticing!), wie es ihm jetzt dabei geht, ob er sich besser fühlt, es besser kann usw. Wir testen den Muskel noch einmal. Im Regelfall ist er jetzt angeschaltet. Meistens stellen die Schüler unmittelbar eine Besserung fest. Aber auch bei hartnäckigen Fällen zeigt sich fast immer ein Erfolg, wenn einige Male auf die beschriebene Weise balanciert wurde. Wichtig: Die Übungen aus der Balance bekommen die Kinder als Hausaufgabe. Hier kommt auch der „Merksatz" zum Tragen: „Ich kann nicht mehr für ein Kind tun, als es selber will."

Nun möchte ich Ihnen einen kurzen Überblick über die Übungen geben, die ich meistens zu den einzelnen Themen anbiete. Ich lasse mich dabei jedoch auch von meiner Intuition leiten und schlage manchmal etwas vor, weil es mir gerade für diesen Fall passend erscheint. Unter manchen Themen werden Sie mehr als vier Übungen finden. Wie viele Sie davon anbieten, bleibt Ihnen überlassen. Ich suche mir – wie gesagt – jeweils drei, höchstens vier aus. Es würde den Rahmen dieser Veröffentlichung sprengen, wollte ich jetzt die vorgeschlagenen „Menüs" ausführlich beschreiben. Sie finden alles entweder im *Lehrerhandbuch Brain-Gym®* (9) oder in *Neues Lesen – Neues Lernen* (10).

Lesen: *Gehirnknöpfe, Erdknöpfe, Raumknöpfe, Cross Crawl, Liegende Achten*
Schreiben: *Double Doodle, Liegende Achten, Gehirnknöpfe, Alphabet-Achten*
Rechtschreiben: *Denkmütze, Liegende Achten, Elefantenachter, Cross Crawl, Eule*
Einzelne Buchstaben und Zahlen: Entstressen nach der Methode von *One Brain* (11)
Rechnen: *Erdknöpfe, Raumknöpfe, Eule, Cross Crawl, Elefantenachter, Wadenpumpe*

Verhaltensprobleme: *Positive Punkte* mit ESR (*Emotional Stress Release*), *Cook-Energieübungen*

Schluß

Das Thema Lern- und Verhaltensstörungen hat seit Beginn meiner Lehrtätigkeit – und das sind jetzt immerhin zwanzig Jahre – nicht aufgehört, mich zu faszinieren. Ich war auf diesem Gebiet schon immer sehr erfolgreich tätig. Aber seit ich kinesiologisch arbeite, geht alles noch viel leichter. Sicher: Die Erwartungen dürfen nicht zu hoch gespannt werden. Wir können nicht zaubern. Aber manches, was geschieht, ist so drastisch und eindrucksvoll, daß es an ein Wunder grenzt. Deshalb hoffe ich, daß mein Beitrag Sie dazu ermutigt, Ihren eigenen kinesiologischen Weg zu gehen. Dann werden sicher auch Sie sagen:

Kinesiology is great!

Literatur

(1) Dennison, Paul & Gail: *EK für Kinder. Das Handbuch der Edu-Kinestetik für Eltern, Lehrer und Kinder jeden Alters,* Freiburg: VAK Verlag für Angewandte Kinesiologie GmbH, 1987; 9. Auflage 1994

(2) Frostig, Marianne: *Wahrnehmungstraining,* Dortmund: Crüwell Verlag, 1974
Sindelar, Brigitte: *Lernprobleme an der Wurzel packen,* Wien: Ertl Verlag
Müller, Rudolf: *Frühbehandlung der Leseschwäche,* Weinheim und Basel: Beltz Verlag, 1984

(3) Dennison, Paul: *Befreite Bahnen,* Freiburg: VAK, 1987; 9. Auflage 1994

(4) Delacato, Carl H.: *Ein neuer Start für Kinder mit Lesestörungen,* Freiburg: Hyperion Verlag, 1973

(5) Dennison, *EK für Kinder,* a.a.O.

(6) Buchner, Christina: *Neues Lesen – Neues Lernen,* Südergellersen: Verlag Bruno Martin, 1991
Ballinger, Erich: *Lerngymnastik,* Wien: Neuer Breitschopf Verlag/hpt, 1992
Dennison, Paul & Gail: *Lehrerhandbuch Brain-Gym®,* Freiburg: VAK, 1991; 4. Auflage 1994

(7) Tomatis, Alfred A.: *Der Klang des Lebens,* Reinbek: Rowohlt Verlag, 1987
Berendt, Joachim Ernst: *Ich höre – also bin ich,* Freiburg: Hermann Bauer Verlag, 1989

(8) Dennison, *Lehrerhandbuch,* a.a.O.

(9) ebd.

(10) Buchner, a.a.O.

(11) ebd.

Gehirn - Gymnastik

1. Gehirn einschalten
   a) rechts - links

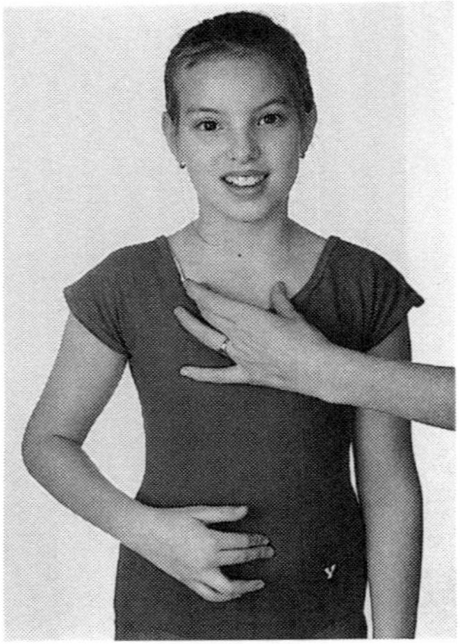

b) oben - unten

+ Nabel

c) vorne - hinten

2. Wechselatmung
   reguliert Ionisation - wichtig für Informationsfluß

rechtes Nasenloch zuhalten
links einatmen
linkes Nasenloch zuhalten
rechts aus- und einatmen

usw. im Wechsel
3 x auf jeder Seite

3. Cross Crawl

- die Superübung

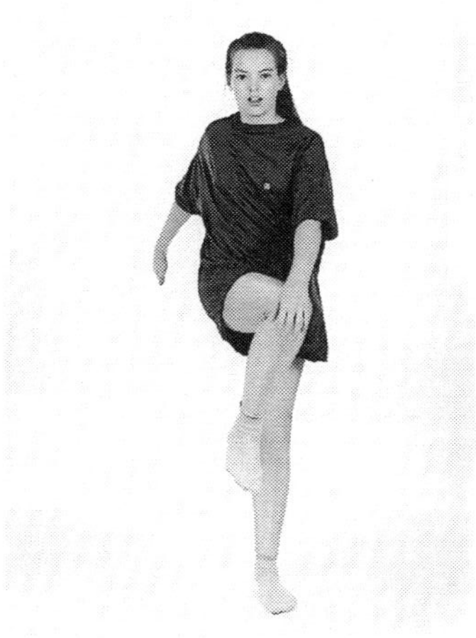

Grundübung:

rechte Hand auf linkes Knie,
linke Hand auf rechtes Knie, usw.
im Wechsel.

Wichtig:

Übung nicht hastig und zappelig ausführen.

Richtig: schwungvoll, exakt, nicht zu schnell.

Variationen:

Ellbogen auf die Knie
Finger an Zehenspitzen
rechtes Bein und linker Arm seitwärts
nach hinten: linke Hand an rechte Sohle

Noch einiges zum Cross Crawl

Wann ist der richtige Zeitpunkt?

Immer dann, wenn man sich

gestreßt
müde
nervös
lustlos usw.

fühlt.

Verstärkung der Wirkung

Cross Crawl (X) im Wechsel mit gleichseitigen (II) Bewegungen.

X II X II X

Wichtig!

Unbedingt mit X aufhören!

4. Die Denkmütze

- stimuliert ca. 400 Akupunkturpunkte am Ohrenrand
- aktiviert das Denken
- verbessert das Hörverständnis

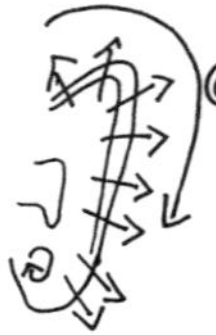

a) eingerollten Ohrenrand nach außen massieren, von oben nach unten

b) Ohrläppchen rubbeln

Mindestens fünfmal!

Zehnmal ist besser!

5. Die liegende Acht

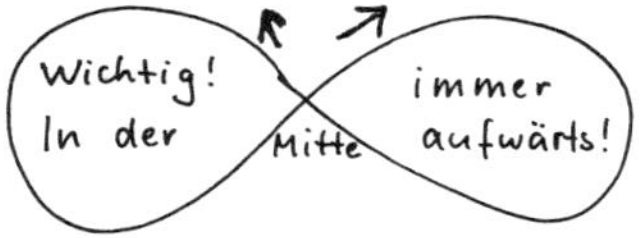

Hilft beim Lesen und Schreiben, die visuelle Mittellinie zu überqueren.

Übungen:

- auf einem DIN A 4-Blatt quer die ∞ nachfahren lassen, rechts, links, mit beiden Händen;
- groß in die Luft malen, rechts, links, mit beiden Händen.

6. Der Elefanten-Achter

Verbessert die Merkfähigkeit und das Hörverständnis

Ausführung:

Der linke Arm wird am linken Ohr „festgeklebt". Kopf und Nacken bleiben unbewegt.

Rumpf und Arm zeichnen Achter in die Luft. Wechsel nach rechts. Auf jeder Seite fünf Achter.

(7.) Die Streßpunkte

Stirnbeinhöcker mit je 3 Fingerkuppen halten, oder Hand einfach quer auflegen.

Wann?
Bei Streß aller Art,
Ärger mit Kindern,
Steckenbleiben bei der Arbeit,
auch abends vor dem Einschlafen.

Das ist noch wichtig:

- Gehirnturnen soll am besten täglich gemacht werden, wie Zähne putzen.
- Gut ist es vor den Hausaufgaben
- Wenn ein Elternteil mitmacht bei den Übungen, ist es für das Kind lustiger. Außerdem tun die Übungen auch den Eltern sehr gut!
- Ein wirkungsvoller Trick: Fangen Sie einfach an zu turnen, nur für sich, nach flotter Musik. Wahrscheinlich wird Ihr Kind bald mitmachen.

Margrit Hammer:

Springen – lernen – fröhlich sein

Bericht einer Stützlehrerin aus Wien

Als Stützlehrerin arbeite ich an einer Volksschule. Ich betreue Kinder mit Lernproblemen – vorrangig jene Kinder in den ersten Volksschulklassen. Kinder, die in einem Hauptfach gar nicht mitkommen, kann ich nach dem Lehrplan der Allgemeinen Sonderschule unterrichten. So können sie im Klassenverband bleiben und erhalten ein Volksschulzeugnis, in dem die Extrabeurteilung mit Fußnote gekennzeichnet ist. Diese Kinder gehen dann weiter in eine Hauptschule, in der sie weiter von Stützlehrerinnen oder Stützlehrern betreut werden.

Ziel unserer Arbeit ist es, Probleme in der Schuleingangsphase rechtzeitig anzugehen und zu lösen, die Zahl der Klassenwiederholer zu senken, die Integration von Kindern mit Leistungsdefiziten zu fördern und – durch die Zusammenarbeit mit den Kollegen und Kolleginnen – neue Sichtweisen einzubringen.

Die Ursachen der Lernprobleme liegen oft in der Entwicklung: Das Kind ist bei Schuleintritt noch nicht reif genug, all den Anforderungen gerecht zu werden. Oft handelt es sich um Teilleistungsstörungen: Wahrnehmungsdefizite in den Bereichen der Optik, der Akustik, der Intermodalität, der Motorik oder der Serialität (mangelnde Fähigkeit, Reihenfolgen richtig wahrzunehmen, in ihrem zeitlichen Zusammenhang zu erfassen und zu behalten). Häufig liegen psychische Ursachen vor, zum Beispiel mangelndes Selbstvertrauen. Meine Aufgabe ist es, gemeinsam mit dem Kind, den Eltern und dem Klassenlehrer einen Weg aus den Problemen des Kindes zu finden.

Unsere Arbeit ist sehr großzügig projektiert. Entweder ich unterrichte mit dem Klassenlehrer gemeinsam in der Klasse, oder ich arbeite mit den Kindern einzeln oder in Kleingruppen. Ich kann meine Arbeitsweise ganz den jeweiligen Bedürfnissen anpassen.

In 25 Jahren als Sonderschullehrerin und Stützlehrerin habe ich immer neue Wege und Techniken gesucht, um den Kindern in ihrer Eigenheit zu helfen. Vor fünf Jahren erfuhr ich in einem Vortrag von Edu-Kinestetik und Brain-Gym®. Es hat mich richtig gepackt und nicht mehr losgelassen. Bücher, Kurse ... – ich hatte mich zuvor noch nie so intensiv mit einer Sache befaßt.

Brain-Gym® ist ideal für meine Arbeit als Stützlehrerin. Ich habe sämtliche Übungsprogramme für die Teilleistungsstörungen beiseite geschoben. Im Mittelpunkt meiner Arbeit stehen nun die Übungen aus dem Brain-Gym®-Repertoire. Über den Muskeltest oder die Karten, die das Kind zieht (später mehr darüber) finden wir genau die Übungen, die das Kind braucht, um zum Beispiel u und o akustisch zu differenzieren. Ganz klar, daß sich das Kind lieber die Ohren ausrollt, als listenweise akustische Differenzierungsübungen zu machen – eine Sache, die es nicht kann und die ihm zuwider ist. Welche Freude macht der bunte Achter auf der Tafel im Vergleich zu Orientierungsübungen mit d und b! Was für ein beglückendes Gefühl bei dem Satz „Ich gebe mein Bestes!" im Gegensatz zu „Versuche es doch nochmals!" oder gar „Reiß dich doch zusammen!" Und dann die Freude, wenn das Unvorstellbare gelingt – o wird als o gehört, u als u, das d schaut in die richtige Richtung, das b ist wirklich ein b. Brain-Gym® ist eine wunderbare Möglichkeit, allen Kindern, und besonders solchen mit Lernproblemen, Mut zu machen. Die Freude am Lernen steht wieder im Vordergrund.

Mein kinesiologischer Werdegang

Während der ersten zwei Jahre meiner Ausbildung ging es stetig vorwärts. Vier Kolleginnen und ich fanden sich zu einer Arbeitsgruppe zusammen. Wir übten, spornten einander an und tauschten Erfahrungen aus. Mit dem ermutigenden Satz meiner Lehrer „Go and do it!" traute ich mich zu testen, zu üben und neue Erfahrungen zu sammeln. Ich war recht sicher in meinem Tun. Natürlich passierten mir Fehler. Ich denke da an meine erste *Lateralitätsbahnung.* Plötzlich wußte ich nicht mehr, wo rechts und links war, wo das Kind hingeschaut hatte, was der nächste Schritt war. Das Mädchen Silvia war verwirrt und ich noch mehr! (Alle Namen wurden geändert.) Wir brachen ab und spielten „Ruck-Zuck". Doch war meine Zuversicht nicht gebrochen. In der nächsten Stunde machten wir uns wieder daran, Silvias Seitigkeit neu zu bahnen. Ich hatte mich gut vorbereitet. Zusätzlich hatte ich die Übungsabfolge, groß geschrieben, an die Wand geheftet. So war ich sicher in der Reihenfolge. Die Lateralitätsbahnung gelang. Silvia und ich sprangen ganz vergnügt über Kreuz und sangen die „Vogelhochzeit" dazu.

Sehr wichtig für meine Arbeit waren die regelmäßigen Übungstreffen mit meinen Kolleginnen. Als diese ihre Interessen anderen Richtungen zuwandten, fand ich mich plötzlich allein. Das war eine karge Zeit. Zweifel an meinem Tun kamen auf. Beim Testen wurde ich unsicher. Obwohl ich EK-Balancen schon recht erfolgreich gemacht hatte, ließ ich das Testen sein und zog mich auf die Übungen zurück. Alles hat natürlich auch sein Gutes. Ich begann, die Übungen auf Spielkarten zu zeichnen, und ließ die Kinder einfach ziehen. Sie haben nach wie vor Spaß daran.

Ich besuchte weiter Kurse und kam an eine Lehrerin, die mit erhobenem Zeigefinger arbeitete. Meine Unsicherheit beim Testen wurde noch größer. Schweiß auf den Händen. Waren meine Knie locker? Atme ich richtig? Ach, schon wieder zu stark gedrückt! Interpretiere ich auch nichts hinein? Wie mache ich die *Cook-Energieübungen*? Welches Bein? Stört die Musik dabei? Und überhaupt – war alles, was ich gemacht hatte, falsch?

Gott sei Dank! Nach etwa einem Jahr des Suchens fand ich im Pädagogischen Institut einen „Kinesiologischen Nachmittag". Da war ich nun mit meiner Unsicherheit. Was werden sich die anderen denken? Jetzt befaßt sie sich schon seit drei Jahren mit Brain-Gym® und kann's noch immer nicht! – Das Aussprechen meiner Probleme am richtigen Ort war wohltuend. Der Kollege, der uns durch das kinesiologische Einmaleins führte, war mir eine große Hilfe. Allmählich kehrte meine Zuversicht wieder. Wir übten jeden Donnerstag. Der Erfahrungsaustausch ist so wichtig für ein sicheres Arbeiten. Ich wiederholte dann die Kurse Brain-Gym® I und II.

Auf dem Weg zum Instruktorkurs war ich recht aufgeregt. War es nicht vermessen von mir, lehren zu wollen? Konnte ich auch genug? Ich fand mich in einer großen Gruppe wieder. Uns allen gemeinsam war die Begeisterung für Brain-Gym®. Wir teilten Ängste, Sorgen, Wünsche und Hoffnungen. Unser wunderbarer Lehrer, Alfred Schatz, die Begeisterung meiner Ausbildungskolleginnen und -kollegen sowie die vielen Balancen haben mir Klarheit, Kraft und Zuversicht gegeben – eine sichere Grundlage für mein jetziges Tun.

Brain-Gym® – jetzt

Seit viereinhalb Jahren mache ich täglich Brain-Gym®. Die Übungen sind ein Teil von mir geworden. Ich liebe sie so wie Farben, Reime und Geschichten. Im Laufe der Zeit haben sich diese Vier zusammengefunden. Ich freue mich, daß ich davon erzählen kann. Und wer ein kindliches Gemüt hat wie ich, freut sich vielleicht mit mir.

Denkmütze:

Ich rolle meine Ohren, Ohren, Ohren,
damit ich alles höre, höre, höre.
Ich rolle meine Ohren, Ohren, Ohren,
damit ich mir alles merke, merke, merke,
alles, was für mich wichtig ist.

Gehirnknöpfe:

Ich schalte die Gehirnknöpfe an,
damit die Augen lachen,
damit die Augen leuchten
und viel Interessantes sehen.

Cook-Energieübungen:

Ich verwende dazu Entspannungsmusik, die ich in der Suggestopädie kennengelernt habe, Barockkompositionen, von denen nur die langsamen Sätze gespielt werden (*Relax with Classics* vom Lind Institute San Francisco). Ich sitze mit den Kindern im Kreis. Die Musik läuft. Wir setzen uns in *Cook*-Position. Bevor wir in die Übung hineingehen, biete ich den Kindern die folgenden Möglichkeiten an:

Höre, wenn du magst, der Musik zu,
vielleicht kommen dir Gedanken,
vielleicht siehst du Bilder in deinem Kopf,
vielleicht hörst du etwas,
vielleicht riechst oder schmeckst du etwas,
manchmal sind es angenehme Dinge,

manchmal vielleicht traurige,
manchmal kommt gar nichts.
Laß es einfach sein,
atme ein, atme aus.

Nach Abschluß der Übung: „Nun recke und strecke ich mich und ziehe eine helle Farbe rund um mich. Ich bin ganz darin eingehüllt. Diese Farbe gibt mir Schutz, sie gibt mir Kraft bei allem, was ich tue."

Wenn die Kinder mögen, erzählen sie von ihren inneren Erlebnissen, erzählen von den Farben, die sie für sich ausgewählt haben. Manche behalten es lieber für sich.

Durch die Regelmäßigkeit der Übungen kann sich das Nach-innen-Schauen bei den Kindern wunderbar entfalten. Das Darübersprechen hat eine entspannende Wirkung und schult das Verbalisieren innerer Vorgänge.

Whirl:

Wir nennen diese Übung „Wirbelwind" (vgl. Abbildung S. 112 unten), es ist keine Brain-Gym®-Übung. Manche Kinder mögen den „Wirbelwind" lieber als *Cook.*

Ich bin der wilde Wirbelwind,
ich wirble wild herum,
w, w, w.
Ich wirble hin, ich wirble her,
ich wirble immer mehr,
w, w, w.
Ich wirble rauf, ich wirble runter,
ich wirble immer munter,
w, w, w.

Überkreuzspringen:

Dazu kann man singen, zum Beispiel die „Vogelhochzeit". Es eignen sich alle Kinderlieder. Oder man spielt eine Kassette (*1, 2, 3 im Sauseschritt,* Menschenkinder Verlag).

Liegende Acht:

Ob groß an der Wand oder klein auf dem Zeichenpapier, male ich sie in der Lieblingsfarbe des Kindes, mit einem Gesicht. Dazu sagen wir den Zauberspruch: „Ich gebe mein Bestes!" Weitere Möglichkeiten: Sage den Zauberspruch der Hand, dem Kopf, ... leise, laut, im Stehen, ... leise in die Handflächen, wird dann eingerieben und fließt über die Arme weiter in den ganzen Körper.

Liegende Acht ...
... mit Fingerpuppen,
... weiterverarbeitet als Maske,
... als Blume.
Dazu ein Reim:
„8, 8, 8, was hast du denn gemacht in der Nacht?
Ich habe gelacht, gelacht, gelacht
die ganze Nacht.
Ich hatte so einen lustigen Traum.
Da bin ich aufgewacht und habe gelacht.
Die Susi ist auch aufgewacht und hat mitgelacht.
Die Mutti, der Vati ...
Das war eine lustige Nacht!"

Liegende Acht als Schmetterling an der Decke plus Reim:
„Ich bin der Schmetter-, Schmetterling,
ich wohne auf der Wand,
ein Flügel gelb, ein Flügel grün,
ein Flügel rot, ein Flügel blau,
schau, schau!"
Ich zeichne die *Liegende Acht* mit der Stablampe an die Wand. Das Kind schaut mit.

Simultanzeichnen:

Ich bleibe bei der Bezeichnung *Double Doodle* – das klingt so nett. Möglichkeiten:

Dirigieren plus Singen von Kinderliedern.
Zeichnen an der Tafel plus Singen, oder zur Musik.
Zeichne, solange ich singe! Schau, was da entstanden ist! –

Kinder finden zum Beispiel eine Ente, eine Schlange heraus und malen sie an. Reim:
„Hinaus, hinauf, hinein, hinunter
Elfi spring vom Sessel runter."

Elefant:

Erster Arm:

„Ich bin der große Elefant,
ich wackle durch das Elefantenland.
Ich wackle hin und wackle her,
ich wackle immer mehr."

Zweiter Arm:

„Ich bin der kleine Elefant,
ich wackle hintendrein im Elefantenland.
Ich wackle rauf, ich wackle runter,
ich wackle immer munter."

Kobra:

Das Kind liegt auf dem Teppich – entspannende Musik – Geschichte:

„Von der Kobra im Urwald
Es war einmal eine Kobra, die war sehr müde vom Herumschlängeln. Sie machte ein Schläfchen und träumte einen wunderbaren Kobratraum ..." (Stille, den Kindern Zeit lassen, sich etwas vorzustellen) ... Oder Vorschläge wie: „Es wuchsen ihr Kobraflügel, und sie erhob sich aus dem Urwald und flog hinauf in den leuchtendblauen Kobrahimmel. Dort grüßten sie ..., dort sah sie ... Plötzlich störte etwas ihren wunderbaren Kobratraum. Tirili, tirila, wer schläft denn da?" (Kind richtet den Oberkörper auf und schaut auf die sich bewegende Hand der Lehrerin.) „Ihre Freunde, die Vögel, waren gekommen. Zsch, zsch, zischte die Kobra. Sie wollte ihre Ruhe." (Kind atmet zischend aus.) „Ziwitt, ziwitt, spiel doch mit! Zsch, zsch ... Gru, gru, gru, hallo du Ä die Urwaldtaube gab auch keine Ruh. Zsch, zsch ... Kra, kra, kra, ich bin auch schon da! (Rabe) Zsch, zsch ... Nun war's vorbei mit Kobras Ruh."

Erdknöpfe und Raumknöpfe

... heißen bei uns „Entenübung": Beide Punkte halten = Entenschnabel

Schaue rauf, schaue runter (zweimal).
Lockere die Lippen mit den Fingern: blblblbl

Spielkarten:

Ich habe alle Übungen auf leere Spielkarten gezeichnet. (Vgl. die Abbildungen zu diesem Beitrag in der Mitte des Buches, S. 110-113. Leerkarten sind in Wien bei der Spielkartenfirma Piatnik zu kaufen.) Nach den Übungen für PACE:

Ziehe die Übung(en), die du für dein Ziel brauchst. Jedes Kind der Gruppe darf eine Übung ziehen.

Dennison-Lateralitätsbahnung:

(Die Abfolge der Übungen ist in einem Kurs zu lernen.)

Spruch zur Geste der Sammlung (Integrationsmetapher):
Meine beiden Gehirnhälften arbeiten jetzt zusammen (oder: sind gute Freunde),
das gibt mir Kraft, das macht mir Freude
bei allem, was ich tue.

Ich (wir) sage(n) diese Sprüche oft dazu, besonders am Anfang. Sie haben sich aus der Situation heraus ergeben und können immer wieder verwendet werden, oder es werden neue erfunden, oder es wird nichts dazu gesagt. Oft ist die Stille wohltuend.

Brain-Gym® in der Klasse

Mein Part in der Teamarbeit ist oft das Erzählen oder Vorlesen. Ich gehe regelmäßig in Klassen und erzähle Geschichten. In den ersten Schulstufen geschieht das im Rahmen der Buchstabenerarbeitung, in den höheren Stufen sind es Entspannungsgeschichten, oder ich lese aus schönen Büchern vor. Dieses wöchentliche Zusammentreffen nutze ich dazu, die Brain-Gym®-Übungen vorzustellen oder zu üben. Das behutsame Vorgehen ist sehr wichtig. Ich biete immer nur *eine* neue Übung an und erkläre, wobei sie hilft – oft in Form des begleitenden Reimes. Als Einstiegsgeschichte bringe ich oft den „Zauberspruch" („Ich gebe mein Bestes") mitsamt der *Liegenden Acht* auf Packpapier mit. Dann folgen die *Denkmütze* und die *Gehirnknöpfe.* Diese Übungen machen wir immer vor der Geschichte. In den folgenden Stunden zeige ich jeweils eine neue Übung, wobei diese eine immer so lange geübt wird, bis sie für alle ganz leicht und selbstverständlich ist.

Wenn die Kinder nun eine Reihe von Übungen kennen, lasse ich ein bis zwei für den Tag (die Stunde) auswählen (eventuell durch Ziehen der Brain-Gym®-Karten).

Am Anfang kommt es öfter vor, daß Kinder nicht mitmachen oder blödeln. Durch die Regelmäßigkeit gibt sich das jedoch bald. Wenn einer die Übung nicht mitmachen will, ist das auch gut. Die anderen darf er halt nicht stören. Das ist eine Regel, die vorher vereinbart wird. Die Übungen werden häufig von den Klassenlehrerinnnen übernommen und im Unterricht eingesetzt.

Brain-Gym® in der Einzelarbeit

Zu Beginn unserer gemeinsamen Arbeit bekommt jedes Kind von mir einen mit seinem Namen gekennzeichneten Becher für Wasser. Ich erzähle den Kindern von der Bedeutung des Wassers für alle Lebewesen (Hinweis auf Pflanzen, die welk werden, wenn man sie nicht gießt). Jede Stunde beginnt mit dem gemeinsamen Wassertrinken. Manche Kinder trinken viel, manche nur ganz wenig, ganz selten mag ein Kind gar nicht. Dann halte ich es an der Hand und trinke für uns beide. Zusätzlich zu den Übungen verwende ich dem Tempo entsprechend Barockmusik, Vogelstimmen, Kinderlieder. Nicht alle Kinder mögen Musik, darum frage ich sie vorher.

Nun erzähle ich ihnen von den Übungen, die bei allen Dingen im Leben helfen, bei solchen Dingen, die man schon gut kann, und bei solchen, die man noch nicht so gut kann: Jetzt das Kind erzählen lassen! Daraus zur Zielfindung kommen. Ich stelle dem Kind dann die Übungen der Reihe nach vor, wobei das Kind das Tempo bestimmt. Manchmal habe ich den Eindruck, *eine* Übung pro Stunde ist genug, manchmal kann es auch mehr sein. Ich halte mich da an einen Satz meines Qui-Gong-Lehrers: „Weniger ist mehr!"

- *Liegende Achten* plus Zauberspruch auf Zeichenpapier in der Lieblingsfarbe des Kindes
- *Wasser* plus weitere Übungen, um „im PACE" zu sein (positiv, aktiv, klar, energetisch):

Wasser macht energetisch.
Gehirnknöpfe machen klar.
Springen („Kinderhüpfer", Laufen) macht aktiv.
Cook gibt die positive Einstellung.

- Wenn die PACE-Übungen dem Kind geläufig sind, frage ich erneut nach dem wichtigsten Ziel des Kindes.
- Bei den Kleinen (1. Schulstufe) oder solchen, die nicht mögen, teste ich gar nicht. Nach den Übungen für PACE lasse ich das Kind sein Ziel sagen und fordere es auf: „Ziehe die wichtigste(n) Übung(en), um zu deinem Ziel zu kommen!" Die Kinder ziehen (fast) immer die richtigen Karten. Manchmal habe ich es mit Muskeltest überprüft. Der bedeutende Tiefenpsychologe C. G. Jung nannte diese Art der Sinnverknüpfung „Synchronizitätsprinzip".

- Wenn ein Vertrauensverhältnis zwischen mir und dem Kind entstanden ist und meine innere Stimme sagt „Jetzt!", beginne ich mit dem Testen. Ich erzähle vielleicht von Franzi und seinem Fahrrad oder von Papas Auto, von etwas, das dem Kind Freude macht: „Franzi radelt vergnügt im 3. Gang über die Landstraße. Ganz leicht geht das, er braucht sich gar nicht anzustrengen. Er radelt ganz von allein. Dort vorn aber wird es weniger fein. Der Asphalt hört auf, und die Straße geht in einen Schotterweg über, und bergauf geht's außerdem noch. Franzi schaltet herunter und rattert mit dem 1. Gang dahin. Er muß ganz genau auf den Weg aufpassen und fest in die Pedale treten. Franzi muß lernen, auf dem Schotterweg mit seinem Rad zurechtzukommen. Huch! Das ist ganz schön mühsam! Der Schweiß strömt ihm aus allen Poren. Durst! Halt, so ein Glück: Am Wegesrand ist ein Brunnen. Franzi hält an, steigt vom Rad und trinkt. Köstlich, so ein Wasser! Dann steigt er wieder auf seinen Drahtesel. Weiter geht's. Mit viel Kraft holpert er nun das letzte steile Stück hinauf. Es macht ihm richtig Spaß. Hat vielleicht das Wasser mitgeholfen?"

Testen:

Schneller Gang – Ja, sagt der Arm, damit geht es mir gut. – Franzi im 3. Gang.

Langsamer Gang – Nein, sagt der Arm, damit geht es mir nicht so gut. Das muß ich erst lernen. – Franzi im 1. Gang.

Beim Testen gilt wieder: Schrittweise vorgehen – das Kind gibt das Tempo an. Aktionsbalance durchführen, dazwischen immer überprüfen, ob das Kind noch weitermachen möchte. In der Aktionsbalance das Korrekturmenü austesten oder die Übungen mittels Kartenziehen herausfinden. Ebenso die Hausaufgaben ziehen lassen oder austesten.

Fallbeispiele

Milos

Vorgeschichte: Sohn jugoslawischer Eltern, in Österreich geboren. Im ersten Lebensjahr zurück zur Großmutter nach Sarajevo. Kurz vor Schulanfang holten ihn die Eltern nach Wien.

Milos war sehr verschlossen, saß immer allein, verstand und sprach wenig (auch nicht mit serbokroatisch sprechenden Mitschülern). Ein ständiger Schnupfen beeinträchtigte Nase, Augen und Ohren. Erst zu Beginn der 2. Schulstufe allmählich Kontakt zu Mitschülern. Große schulische Probleme im auditiven Bereich, in der Raumorientierung, in der Konzentration. Ich arbeitete sehr intensiv mit Milos. Als Milos in der 2. Schulstufe war, begann ich mit Brain-Gym®.

2. Schulstufe – Herbst:
Milos und ich lernten Brain-Gym® gemeinsam kennen. Milos brauchte sehr viel Zuwendung. Wenn ich ihm die *Denkmütze* machte, schmolz er förmlich dahin. *Liegende Acht* in allen Variationen, *Cook,* die *Gehirnknöpfe* kamen dazu. Im Frühjahr *Lateralitätsbahnung.* Regelmäßige Übungen. Milos' Gesicht wurde klarer, der Schnupfen hörte auf. Er konnte das Lernziel der 2. Schulstufe nicht erreichen, wiederholte diese Klasse.

Milos fügte sich gut in die neue Klassengemeinschaft ein. Er hatte Freunde. Einzelbetreuung zweimal pro Woche, Schwerpunkt: Lesen. Regelmäßige Übungen, Aktionsbalancen.

Obwohl Milos noch recht dahinholperte, hatte er Freude am Lesen. Er war stolz darauf, Bücher zu lesen. Wir maßen seine Lesekunst auf einer Skala von 40 mittels des Muskeltests. Das war ein Ansporn. Im Frühjahr neuer Schwerpunkt: Einmaleins-Tiefenbalancen für Rechnen, für die Konzentration. Regelmäßige Übungen. Neu: Affirmationssatz für die Niere plus *Positive Punkte.* Licht auf das dritte Auge – Milos spürte die Energie fließen.

3. Schulstufe:
Wir arbeiteten weiter am Lesen und am Einmaleins, nun samt Umkehrungen. Bewunderswert war Milos' unverdrossenes Voranschreiten. Trotz wiederholter Rückschritte las er schon sein

15. Buch. Er meldete sich in der Klasse beim Einmaleins. Milos liebte die Brain-Gym®-Übungen, sein Wesen wurde heller.

4. Schulstufe:
Im Rechnen ging es Milos recht gut. Er war über den Berg. Deutsch, auch durch die Schularbeiten „verschärft", war ihm zuviel. Wir entschlossen uns, ihn in Deutsch nach dem Lehrplan der Allgemeinen Sonderschule zu beurteilen. Das war eine Entlastung für ihn. Er kam nun viermal in der Woche zu mir. Ich stellte den Deutschunterricht für ihn so zusammen, daß er ihn mit Freude schaffen konnte.

Januar: Am Ziel! „Milos liest fließend!" Das war für uns alle eine große Freude. Ich bin sicher, Brain-Gym® hatte wesentlich dazu beigetragen, Milos die Freude auf seinem langen, holprigen Weg zum Lesen zu erhalten. (Milos' Eltern zeigten wenig Interesse an unserer Arbeit.)

Andreas

Vorgeschichte: Ein kleiner, lebendiger Bub mit einem Entwicklungsrückstand von etwa drei Jahren. Dieser war besonders auffallend in der Sprache: Stammeln, Disgrammatismus. Weiter gab es Probleme in der optischen und akustischen Differenzierung, der Merkfähigkeit, der Serialität und der Motorik. Andreas hatte große Schwierigkeiten beim Erlernen des Lesens, beim Schreiben, besonders dann bei der Schreibschrift. Selbständiges Schreiben war ihm unmöglich.

Ich arbeitete mit Andi über einen Zeitraum von drei Jahren. Wir machten zusammen Brain-Gym®-Übungen. Das Testen mochte er nicht. Die notwendigen Übungen fanden wir über die Karten. In den ersten zwei Jahren betreute ich Andi je zwei Stunden pro Woche.

2. Schulstufe:
Liegende Acht mit den Händen plus „Zauberspruch" auf dem Papier. Es fiel Andi schwer, die Achterlinie zu ziehen. Er übte auch zu Hause und in der Klasse. Die Klassenlehrerin übernahm die Übungen: *Denkmütze, Gehirnknöpfe, Cook.* Andi genoß die körperliche Nähe. Er ließ sich die Ohren ausrollen. Während er auf meinem Schoß lag, machte ich *Cook* für uns beide. *Elefantenübung* – sehr schwer für ihn. Lange Zeit führte ich ihn bei der Bewegung.

3. Schulstufe:
Andi erlernte den Schleifakt. Er las, jedoch recht abgehackt. Ebenso war es beim Schreiben. Wir übten regelmäßig. *Lateralitätsbahnung* durch mich. Als Übungen kamen „Gaits" (vgl. Abbildung auf S. 112 oben) und *Überkreuzspringen* dazu. Andi sprang auch zu Hause. Die Anforderungen in der Klasse waren zu hoch. Wir beschulten Andi in Deutsch nach dem Lehrplan der Allgemeinen Sonderschule.

4. Schulstufe:
Nun arbeitete ich mit Andi vier Stunden pro Woche. Wir übten sehr intensiv. Er übte nun auch viel zu Hause. Das Lesen wurde fließender, Andi zeichnete die Acht beim Lesen klein mit dem Finger dazu. Die Merkfähigkeit verbesserte sich auffallend. Das Kind tat sich hervor beim Auswendiglernen von Geschichten. Ebenso verbesserte sich seine Rechtschreibung. Obwohl wir in den Übungsstunden „wenig lernten", kam viel in Bewegung. Seine Schrift wurde runder. Er hatte Freude an der Schule.

Anfangs war seine Mutter skeptisch. Im letzten Jahr überzeugte sie sich selbst von der Wirksamkeit der Übungen: „Andi merkt sich jetzt alles ganz von allein."

Franzi

Vorgeschichte: Der Bub litt unter Asthma, war häufig krank, hatte große Probleme in Deutsch (Lesen, Schreiben, besonders Abschreiben). Schwierigkeiten in der Motorik. Die Klassenlehrerin dachte an eine Beurteilung nach dem Lehrplan der Allgemeinen Sonderschule. Ich arbeite mit Franzi nun seit sechs Monaten (2 bis 3 Stunden pro Woche).

3. Schulstufe:
Franzi hat Spaß an den Brain-Gym®-Übungen und später am Testen. Sein erstes Ziel (18.9.1992): „Ich schreibe richtig und schnell von der Tafel ab." Korrekturmenü: Affirmationssatz, Zauberspruch, Wasser, *Denkmütze, Gehirnknöpfe, Cook, Balanceknöpfe.* Franzi macht die Übungen und den Affirmationssatz täglich.

7.10.1992: *Lateralitätsbahnung* und *Überkreuzspringen.* Das Lesen und Abschreiben wird für ihn leichter. Seine Lieblingsübung sind Achten in jeder Form.

Cook kann er nicht leiden. Wir ersetzen diese Übung durch den *Whirl.*
4.11.1992: Aktionsbalance: „Ich bin beim Schreiben der Schnellste in der Klasse."
11.11.1992: Aktionsbalance: „Ich bin in 40 Minuten mit der Aufgabe fertig."
1.12.1992: Übungen für das Lesen – Karten ziehen. *Elefant, Gehirnknöpfe,* mit den Augen, *Double Doodle, Schwerkraftgleiter.* Franzi spricht auf die Übungen besonders gut an. Seine Balancen zeigen sofortige Wirkung. Seit er Brain-Gym® macht, ist er nicht mehr krank. Seine Leistungen in der Klasse haben sich wesentlich verbessert. Wurde am Schulanfang noch eine Sonderschulbeurteilung in Erwägung gezogen, so bekam er im Halbjahreszeugnis eine 3 in Deutsch und Lesen. Seine Eltern befürworten die Übungen sehr.

Sasa

Vorgeschichte: Sasa ist ein introvertiertes Kind. Er spricht wenig. Die Klassenlehrerin kennt sich nicht aus mit ihm. Versteht er sie? Warum reagiert er nicht? Ist es die Sprache (Muttersprache ist Serbokroatisch) oder nimmt er sie nicht wahr?

Ich arbeite mit Sasa nun seit sechs Monaten einmal pro Woche. Er macht die Übungen gern und spürt ihre Wirkung. Außerdem mag er auch den Muskeltest.

16.9.1992: Aktionsbalance: „Ich verstehe meine Frau Lehrerin." Die Hausübung *Wadenpumpe* wurde seine Lieblingsübung. Er macht sie regelmäßig bis heute.
5.11.1992: Aktionsbalance: „Ich denke an meine Hausübung." Hausübung: *Überkreuzspringen.*
28.1.1993: Tiefenbalance: „Ich kann die Weniger-Rechnungen." Korrektur der Atmung (emotionaler Bereich). Licht, Berührung, *Positive Punkte.* Hausübung: *Gehirnknöpfe.* Die Wirkung der Übungen und der Balancen ist hervorragend und tritt sofort ein. Es ist für Sasa und mich eine Freude, so zu arbeiten. Eine Einbeziehung der Eltern schien mir nicht zweckmäßig, da sie zu sehr mit ihren Alltagsproblemen beschäftigt sind.

Elternarbeit

Am Schulanfang findet ein Elternabend statt. Ich informiere die Eltern kurz über die Art meiner Tätigkeit, zeige ihnen einige Übungen und erkläre deren Sinn. Es ist mir wichtig, ihnen klarzumachen, daß Bewegung beim Lernen hilft.

Ist das Kind bei mir in Betreuung, halte ich regelmäßig Kontakt mit den Eltern. Ich erkläre ihnen nun die Arbeit mit den Kindern genauer. (Hinweis auf das Buch *EK für Kinder*) Wenn es den Kindern recht ist, lade ich die Eltern ein, mit uns zu üben. Ich halte es für wichtig, mich mit den Kindern vorher zu besprechen. Manche wollen die Übungen lieber für sich behalten. Es gibt Eltern, welche die Kinder mit Üben jeder Art regelrecht plagen. Viele Eltern greifen die neuen Anregungen mit Erleichterung und Freude auf. Natürlich gibt es auch solche, die wenig Zeit und wenig Interesse dafür aufbringen. Mein Ziel ist es, den Kindern die Brain-Gym®-Übungen so zu vermitteln, daß sie deren Kraft spüren, und es ihnen ein Bedürfnis wird, sie auszuführen.

Reaktionen von Vorgesetzten und Kolleginnen

Erleichternd war der Umstand, daß unsere Direktorin allem Neuen aufgeschlossen gegenübersteht. Anfangs waren meine Kolleginnen schon etwas verwundert, als sie mich mit den Kindern über den Gang hüpfen sahen. Ich erzählte ihnen dann bei passenden und auch unpassenden Gelegenheiten von den neuen Möglichkeiten. Dazu kamen die Freude und die positive Entwicklung der Kinder. Die Neugier war geweckt. Schritt für Schritt habe ich Brain-Gym® in die Klassen getragen. Parallel dazu wurde am Pädagogischen Institut ein Kurs angeboten, so daß das Ganze einen offiziellen Charakter bekam. Erst letzten Monat besuchte eine Kollegin einen Brain-Gym®-Kurs. Brain-Gym® ist eine anerkannte und wirkungsvolle Methode an unserer Schule geworden.

Was bedeutet Brain-Gym® für mich persönlich?

Brain-Gym® hilft mir auf meinem Weg zu mir. Die vielen Balancen und die regelmäßigen Übungen haben mir geholfen, klarer zu sehen und aufrechter zu gehen. Brain-Gym® gibt mir Kraft und Zuversicht. Habe ich keinen Testpartner „zur Hand", wähle ich die notwendigen Übungen nach Gefühl aus. Durch Brain-Gym® bin ich den Nöten und Ängsten des Alltags nicht mehr so ausgeliefert. Ich kann mir selbst helfen. Meine Arbeit hat durch Brain-Gym® eine innere Erneuerung erfahren und ist wieder jung und kraftvoll. Brain-Gym® ist sehr wichtig für mich geworden.

Astrid Hofer:

Der Elefant muß getröstet werden

Brain-Gym® und eine musikalische Bildgeschichte

Ich komme aus dem Lehrberuf, unterrichte aber mittlerweile nicht mehr, sondern arbeite mit Schülern individuell in Form einer Lernberatung, unter Anwendung von Brain-Gym®. Außerdem gebe ich Kurse in Brain-Gym® für Eltern und Lehrer. Durch meine Arbeit in der Lehrerfortbildung des Landes Salzburg komme ich immer mehr zu der Erkenntnis, daß es für Lehrer wichtig ist, möglichst viele praktische Vorschläge für die Anwendung von Brain-Gym® im Unterricht zu bekommen. So habe ich also damit begonnen, konkrete Beispiele zu erarbeiten, wie Lehrer Brain-Gym® als Hilfsmittel zum Erarbeiten oder Festigen eines Lehrzieles einsetzen können. Meine Ideen sollen vor allem als Anregung dienen, selbst Wege zu finden, um Brain-Gym® kreativ in den Unterricht einzubauen. Beispiel:

Erarbeiten einer Bildgeschichte, unter Verwendung von Brain-Gym®, kombiniert mit Orff-Instrumenten

Das Hauptaugenmerk wird auf das Einbeziehen aller drei Lernstile (visuell, auditiv, kinästhetisch = Tun) sowie auf das Anregen beider Gehirnhälften gelegt. Diese Bildgeschichte wurde bereits von einigen Lehrern mit viel Erfolg angewandt.

②

③

④

⑤

Idee: Astrid Hofer
Zeichnungen: Dr. Gernot Burger

Erläuterung zur Anwendung im Unterricht

1. Visuelles Aufnehmen

Die Bilder werden in Reihenfolge an der Tafel befestigt. Der Lehrer fordert die Schüler auf, alle Bilder genau zu betrachten.

2. Verbalisieren

Die Schüler erzählen, was auf den einzelnen Bildern dargestellt ist: Der Wärter vergißt, die Käfigtür zu schließen – der Elefant reißt aus – es ist schon dunkel, er wird müde und schläft ein – der Wärter geht aufgeregt den Elefanten suchen – der Elefant irrt traurig umher – endlich findet der Wärter den Elefanten, beide freuen sich. – Der Inhalt kann selbstverständlich auch anders interpretiert werden.

3. Orff-Instrumente

Xylophon, Metallophon, Trommeln, Tamburin, Schellen etc. werden an einen Teil der Schüler verteilt (zur Untermalung der Geschichte).

4. Brain-Gym®-Übungen

Sie werden von den restlichen Schülern der Klasse ausgeführt. Folgende Übungen werden vorbereitet (oder sind den Schülern schon vertraut): *Elefant, Cook, Eule, Überkreuzbewegungen, Positive Punkte, Schwerkraftgleiter, Liegende Acht, Simultanzeichnen.*

5. Anweisungen zur Darstellung der Bildgeschichte

Ein Bild nach dem anderen wird besprochen und dann gespielt.

BILD 1
Orff: Trommeln – die stampfenden Schritte des Elefanten werden symbolisiert (1-2-1-2). Xylophon – die Noten c und e werden gleichzeitig im Rhythmus der Trommeln gespielt.
Brain-Gym®: *Elefantenachter* – symbolisiert den ausreißenden Elefanten (Schüler spielen die Rolle des Elefanten).

BILD 2
Orff: Xylophon, Metallophon – sanftes Darüberstreichen mit dem Schlegel von unten nach oben, dann wieder zurück, in

Wiederholung. Die Nacht wird symbolisiert – leichter Wind streicht durch den Wald.
Brain-Gym®: *Cook* – die Schüler identifizieren sich mit dem ruhenden Elefanten. Anschließend wird von allen Schülern die Eule in Form der Brain-Gym®-Übung dargestellt (eventuell mit „Schu-huu" beim Ein- und Ausatmen).

BILD 3
Orff: Xylophon – die Noten f und d werden im Wechsel gespielt – das hastige, aufgeregte Suchen des Wärters wird symbolisiert. Tamburin/Schellen – Schütteln im selben Rhythmus.
Brain-Gym®: *Überkreuzbewegung,* dabei in alle Richtungen schauen – die Schüler spielen den suchenden Wärter.

BILD 4
Orff: Tamburin – mit den Fingern abwechselnd leise und langsam klopfen – Tränen des traurigen Elefanten werden symbolisiert. Xylophon – Tonfolge e – d – c, Traurigkeit wird symbolisiert (Tonfolge von oben nach unten).
Brain-Gym®: Zur Auswahl ...
a) *Positive Punkte:* Der Elefant wird „getröstet".
b) *Schwerkraftgleiter:* Der Rüssel des Elefanten baumelt ganz unten hin und her – er läßt „alles hängen".

BILD 5
Orff: Xylophon – Tonfolge c – e – g, Freude wird ausgedrückt. Mit den restlichen Instrumenten ist alles erlaubt, was Freude symbolisiert.
Brain-Gym®: Zur Auswahl ...
a) *Liegende Acht* als Partnerübung (Schüler fassen sich paarweise an den Händen)
b) *Simultanzeichnen.*

6. Erzähler

Ein Schüler darf die Funktion des Erzählers übernehmen. Die Bildgeschichte wird als Einheit durchgespielt. Jedes Bild wird zuerst kurz erzählt, dann dargestellt.

7. Individuelle Niederschrift

... der Bildgeschichte in der nächsten Deutschstunde.

Hinweise

Wenn die Bildgeschichte von den Schülern selbst dargestellt wird, können sie sich besser mit den Personen und Situationen identifizieren. Sie erleben Gefühle, Stimmungen und Reaktionen der Handlungsträger intensiver, was sich in der Verwendung reicheren Wortschatzes und im Ausdruck niederschlägt. Es ist also wichtig, die Kinder darauf aufmerksam zu machen, sich in die diversen Rollen hineinzuversetzen und mitzufühlen. Diese Form des Erarbeitens kann selbstverständlich für jede x-beliebige Bildgeschichte angewandt werden: Brain-Gym®-Übungen sowie Orff-Instrumente nach Wahl werden den in der Handlung vorkommenden Personen, Tieren und auch Dingen zugeordnet.

Silvia Stier:

„Streßpunkte halten, Frau Stier!"

Die Schulleiterin einer Grundschule berichtet

Ich kann mich noch gut erinnern. Vor einigen Jahren saß ich bei einer Kollegin im Auto, und sie erzählte mir von der „kinesiologischen Behandlung" ihres Sohnes. Immer wieder fragte ich nach, ob sie auch ganz sicher sei, daß sie das, was sie erzählte, wirklich erlebt hatte. Es schien alles so ungeheuerlich, so unglaublich und doch so einfach. Einige Tage später hatte ich ein Programmheft des Instituts für Angewandte Kinesiologie Freiburg in der Hand. Es wurde noch spannender. Ich las die Inhalte der einzelnen Kurse und bemerkte, daß alles für mich sehr fremd und zugleich enorm faszinierend war. Und dann entdeckte ich die Beschreibung des damaligen EK- und heutigen Brain-Gym®-Kurses. Immer wieder las ich den kurzen Abschnitt über die sogenannte Legasthenie, über Lateralität und Neubahnung. Nun war ich auch beruflich angesprochen. In der Schule hatte es schon immer große Diskussionen darüber gegeben, wie diesen sogenannten LRS-Kindern geholfen werden könne. Die Mittel, die uns Lehrern zur Verfügung standen, hielt ich immer schon für nicht ausreichend. Ich beschloß sofort, mich für den nächstmöglichen Kurs anzumelden. Das war der Beginn, und es hat bisher noch nicht aufgehört. Inzwischen habe ich in fast 300 Kursstunden viel lernen dürfen, habe den Brain-Gym®-Instructor gemacht und gebe seit einiger Zeit selbst Brain-Gym®-Kurse.

Aber nun zu Brain-Gym® in der Schule. Ich bin Leiterin einer Grundschule mit circa 360 Schülern. Und natürlich haben wir – wie jede andere Schule auch – Kinder mit den verschiedensten Problemen: sogenannte LRS-Kinder, Kinder mit Sprachproblemen, verhaltensgestörte und verhaltensauffällige Kinder, hyperaktive Kinder ...

Ich denke, für uns im Grundschulbereich ist es besonders leicht, Kinder für die Brain-Gym®-Übungen zu begeistern. Diese Übungen kommen ihrem Bewegungsdrang entgegen und bieten eine willkommene Abwechslung. Die Kinder sind noch für alles offen und gerne bereit, das, was der Lehrer oder die Lehrerin engagiert einbringt, aufzunehmen.

Als ich mit diesen Übungen in der Klasse begann, war ich anfangs etwas frustriert, weil ausgerechnet *die* Kinder, für die ich sie besonders notwendig hielt, nicht immer mitmachten. Es stellte sich jedoch bald heraus, daß sie sich nicht lange verschließen konnten. Nach und nach machten auch sie immer bereitwilliger mit. Inzwischen habe ich **mein eigenes Ritual, Brain-Gym®-Übungen einzuführen**, wenn ich eine Klasse neu übernehme:

Irgendwann in den ersten Wochen, wenn wir uns gegenseitig schon ein klein wenig kennen, nehme ich irgendeinen Anlaß wahr (davon gibt es in der Schule genügend) und beginne, den Kindern etwas über die zwei Gehirnhälften zu erzählen. Wenn wir über die Aufgaben der rechten und der linken Gehirnhälfte gesprochen haben und die Bedeutung des „Balkens" dazwischen geklärt ist, sind die meisten Kinder sehr empfänglich für die ersten Brain-Gym®-Übungen. Meist beginne ich mit dem Rubbeln an den *Gehirnknöpfen* und dem *Überkreuzgehen* mit gleichzeitigem Singen. Grundschulkinder kennen in der Regel eine Menge Lieder, die sich dazu eignen.

Diese beiden Übungen werden dann regelmäßig gemacht. Nun warte ich erneut. Und zwar darauf, daß eine stressige Situation den Kindern und mir zu schaffen macht. Diese Gelegenheit nutze ich, um den Kindern so anschaulich wie möglich zu erzählen, was im Körper bei Streß vor sich geht. Wenn wir dann bei der Tatsache sind, daß die Durchblutung im Bereich hinter der Stirn nicht mehr so gut funktioniert, zeige ich den Kindern die *Stirnbeinhöcker* zum Halten und die *Cook-Energieübungen*. So haben die Kinder schon vier verschiedene Möglichkeiten kennengelernt, sich selbst zu helfen. In den folgenden Wochen wird dann auch über die Wichtigkeit gesprochen, ausreichend Wasser zu trinken. Dies ist – wie die Brain-Gym®-Übungen selbst – ein gutes Thema am Elternabend.

Um Übungen für alle drei Dimensionen, die nach dem Brain-Gym®-Programm für das effektive und streßfreie Lernen notwendig sind, zur Verfügung zu stellen, zeige ich in den folgenden Wochen noch *Liegende Acht, Armaktivierung, Wadenpumpe* und *Denkmütze.* So haben die Kinder Übungen für die Lateralität, die Zentrierung und die Fokussierung zur Verfügung. Sicherlich ist es wohl kaum notwendig zu erwähnen, daß der Lehrer selbstverständlich alle Übungen mitmacht – nicht nur wegen der Kinder, sondern vor allem für sich selbst. Die Schüler werden von mir dazu ermuntert, diese Übungen immer dann einzusetzen, wenn sie das Bedürfnis danach haben. So kann es sein, daß ein Schüler dasitzt und sich die Stirn hält oder daß ein Schüler vor die Tür geht (oder nach hinten im Klassenzimmer), um über Kreuz zu gehen.

Die drei Dimensionen

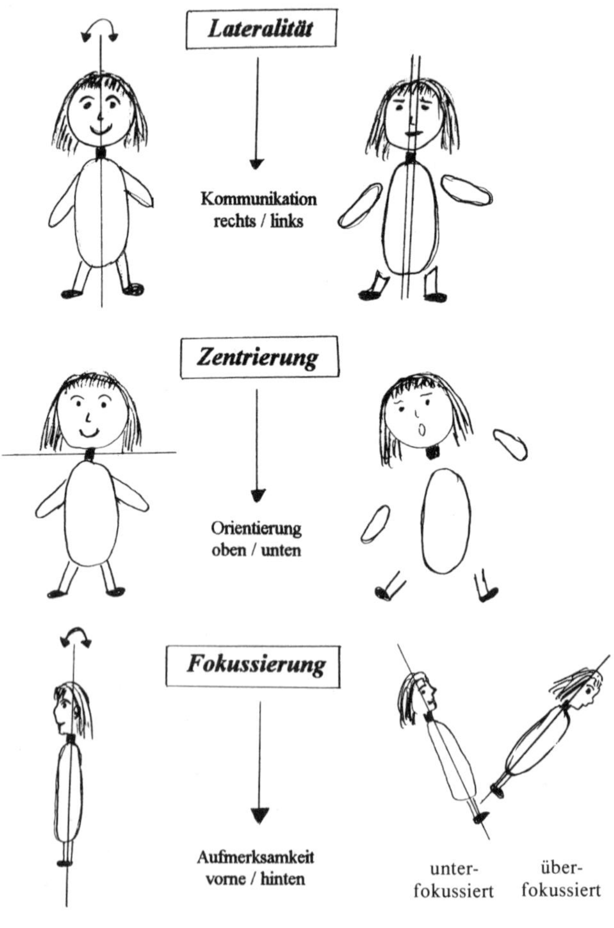

Natürlich werden bestimmte Übungen zu bestimmten Zeiten nach wie vor gemeinsam gemacht. So hat es sich als äußerst wirkungsvoll erwiesen, nach der großen Pause, wenn die Klasse allzu unruhig ist, den *Cook* einzusetzen. Die Kinder werden sehr schnell ruhig, und der Lehrer kann nach kurzer Zeit mit dem Unterricht beginnen. Auch vor Klassenarbeiten machen wir gemeinsame Übungen. Vor dem Diktat zum Beispiel machen wir gerne folgende Reihe: *Rubbeln, Überkreuzgehen, Liegende Achten und Denkmütze.* Während ich das Diktat zum ersten Mal vorlese, können die Schüler, die das Gefühl von Streß haben, sich die Stirn halten.

Im ersten Jahr meiner Arbeit mit Brain-Gym® vergaß ich öfter, die Übungen mit den Kindern regelmäßig zu machen, aber das hat sich inzwischen eingespielt. Wichtig ist mir mit der Zeit auch geworden, mit den Kindern ab und zu über die Übungen zu reden. Je nachdem, was die Kinder schon verstehen können, erkläre ich ihnen auch, welche Übung für welchen Bereich gut ist. Die Kinder verstehen meist schon ganz gut, daß die Dimensionen vorne-hinten, oben-unten und rechts-links im Körper ausgeglichen sein sollten, um gut lernen zu können. Ich möchte an dieser Stelle kurz **einige Erfahrungen mit Schülern** darstellen.

*

Ich erinnere mich an Claudia. Ich hatte sie in Deutsch. Probleme hatte sie jedoch in Mathematik. Nachdem ich ihr gesagt hatte, sie solle doch die bekannten Brain-Gym®-Übungen auch vor dem Mathetest machen, ging sie voller Hoffnung an den nächsten Test heran. In der darauffolgenden Stunde erzählte sie folgendes: „Das lief ja am Anfang ganz prima mit den Übungen. Ich war ganz ruhig und hatte keine Angst. Aber nach etwa zehn Minuten bat die Mathelehrerin uns, die Arbeit kurz zu unterbrechen, weil sie noch etwas Wichtiges dazu sagen wolle. Und ab diesem Moment war ich im Streß und es ging gar nichts mehr."

Ich fragte sie, ob sie sich denn nochmals die Stirn gehalten habe, aber sie meinte, daran habe sie überhaupt nicht mehr gedacht – was ja für eine Streßituation ganz typisch ist. Ich bin überzeugt: Wenn die betreffende Lehrerin sie daran erinnert hätte, dann hätte sie ihre Mathearbeit ruhig zu Ende bringen können. Sicherlich machen ein paar Brain-Gym®-Übungen vor einer Klassenarbeit aus einem schwachen Kind keinen Spitzenkönner. Aber die Übungen verändern die Bedingungen, unter denen gearbeitet werden muß, und das Kind hat dadurch erst die Möglichkeit, eine andere Einstellung zum Fach zu bekommen.

*

Ich erinnere mich auch an Timo. Wir machten einen Sprachkundetest, und ich bemerkte nach einiger Zeit, daß er immer nervöser wurde. Ich ging hin und fragte, was los sei, und er antwortete, ihm falle nichts mehr ein. Nun wußte ich aber aus dem Unterricht, daß Timo die Fragen eigentlich alle beantworten können müßte. Ich munterte ihn auf und ging noch einmal weg. Aber es war schrecklich mitanzusehen. Es wollte einfach nicht klappen, und Timo war kurz vorm Weinen. Ich ging wieder zu ihm hin, stellte mich hinter ihn und hielt seine Stirn. Es dauerte keine zwei Minuten, und Timo begann zu schreiben. Er hat übrigens den Test noch mit einer recht ordentlichen Note geschafft.

*

Aber nicht nur der Lehrer kann für die Schüler in solchen Situationen etwas tun. Es geht auch umgekehrt. Ich werde folgendes Ereignis sicher nie vergessen:

Ich stand vor meinem Pult, als ein Schüler auf mich zukam, der gerne andere Schüler verpetzte. Ich hatte ihn schon das ganze Schuljahr über immer wieder gebeten, nicht zu petzen. Ich sah ihn an und ahnte schon, was kam. Und wirklich, ein anderer Schüler hatte doch tatsächlich einem dritten Schüler den Radiergummi kurz weggenommen. Halb in echter und halb in gespielter Verzweiflung streckte ich die gefalteten Hände in die Luft und rief den Namen des petzenden Schülers. Alle Kinder wurden natürlich aufmerksam, und es wurde ganz still in der Klasse. Bis ein Schüler aus der hinteren Reihe mir zurief: „Streßpunkte halten, Frau Stier!" Ich tat dies natürlich sofort, atmete dann tief durch und bedankte mich anschließend für den guten Tip.

Schüler mögen es sehr, wenn die Lehrerin deutlich zu erkennen gibt, daß die Übungen auch für sie sehr hilfreich sind und sie auch davon Gebrauch macht. Auch fordern sich die Schüler gegenseitig öfter auf, doch einfach eine Brain-Gym®-Übung zu machen. Wenn ein Schüler einen anderen etwas fragt, weil er im Moment nicht versteht, wie es gemacht werden soll, kann es schon vorkommen, daß er von diesem angewiesen wird, doch erst mal über Kreuz zu gehen. Und die meisten Kinder tun das dann auch (übrigens mit recht gutem Erfolg).

*

Ganz anders sieht natürlich die **Einzelarbeit** mit Brain-Gym® aus. Sicherlich werden Sie sich sofort fragen, wie in der Schule Einzelarbeit möglich ist. Ich habe an meiner Schule im Moment noch sogenannte LRS-Stunden, die wir dafür einsetzen. Das läuft in der Regel so ab, daß ich mit Kindern meiner eigenen Klasse arbeite oder daß mich der Klassenlehrer einer anderen Klasse bittet, nach einem bestimmten Kind zu schauen. Ich lasse mir in diesen Fällen von ihm erklären, wo das Problem des Kindes seiner Meinung nach liegt. Kennt sich der Kollege oder die Kollegin in der Kinesiologie aus, bitte ich darum, zuerst mit den Eltern zu sprechen, um die Einwilligung für eine Balance zu bekommen. Sollten diese LRS-Stunden in den kommenden Jahren wegfallen, bleiben nur noch eventuell vorhandene Stütz- oder Förderkurse übrig. Hier muß der Lehrer natürlich gut abwägen, wieviele Stunden er für die Einzelarbeit ansetzt. Leider zeichnet sich zumindest für Baden-Württemberg eine Verschlechterung der Situation in den kommenden Jahren ab, da vor allem diese Stunden gestrichen werden sollen.

Für die Einzelarbeit ist es notwendig, daß man gut testen kann. Der Schüler kann sich dann ein Ziel vornehmen, über das genau gesprochen wird, um zu klären, was der Schüler konkret für eine Vorstellung hat, wenn er zum Beispiel sagt, er möchte im Diktat gut sein. Wie viele Fehler sind für ihn akzeptabel, ist ihm nur das Diktat wichtig, oder möchte er auch im Aufsatz weniger Fehler machen? Was bedeutet es für ihn, weniger Fehler im Diktat zu haben? Manchmal kommt nach der Klärung ein anders formuliertes Ziel heraus, an dem dann gearbeitet wird. Beschränkt man sich auf die Brain-Gym®-Balancen, kann man nun testen, welche Brain-Gym®-Übungen für welchen Bereich notwendig sind, um dieses Ziel zu erreichen.

Die meisten Kinder genießen diese Stunden, sicherlich auch deshalb, weil die Lehrerin sich ausschließlich mit ihnen beschäftigt. Ganz wichtig ist es, an dieser Stelle deutlich zu machen, daß Kinesiologie kein Wundermittel ist, mit dem sich alle Störungen oder Defizite „heilen" lassen. Das ist keineswegs so. Oft genug kommt es vor, daß man keine Wirkung erkennen kann. Aber noch öfter ist es so, daß die Wirkung einer Balance für Eltern und Lehrer ganz offensichtlich wird. Das Beste, was einem passieren kann, ist sicherlich, wenn es gleich beim ersten Kind, das man balanciert, zu deutlich sichtbaren Erfolgen kommt. So ging es mir mit meinem ersten Schüler. Er verbesserte sich schlagartig in der Rechtschreibung, und gleichzeitig entwickelte er ein völlig anderes Schriftbild. Dies gab mir natürlich Mut und Selbstvertrauen, diese Möglichkeit weiter zu nutzen.

Gut ist es sicherlich auch, wenn der Tester sich nicht nur im Brain-Gym®-Bereich auskennt. Manchmal ist es notwendig, einen alten Stressor herauszufinden und zu korrigieren. Dies erfordert, daß man sich auch mit *One-Brain*-Balancen auskennt, um Blockaden aufdecken zu können.

Im übrigen informiere ich in der Regel die Eltern darüber, welches die Stressoren waren und welche Übungen der Schüler zu Hause noch über einen längeren Zeitraum machen sollte, um sein Ziel zu erreichen. Ich bitte die Eltern immer, wenn irgend möglich, die Übungen mit dem Kind gemeinsam zu machen. Oft bekomme ich dann die Rückmeldung, daß es der Mutter oder dem Vater auch sehr gut tut. Im Durchschnitt benötigt ein Kind zwei bis drei Sitzungen. Meist soll dann eine Pause von mehreren Wochen eingelegt werden. Ab und zu habe ich schon mit Kindern gearbeitet, bei denen ich mir nach zwei bis drei Sitzungen darüber im klaren war, daß dieses Kind (und oft auch die Eltern) Hilfe von außen brauchte. Hier bietet es sich an, mit den Eltern darüber zu reden und verschiedene Möglichkeiten aufzuzeigen. In solchen Fällen ist es sicherlich angezeigt, noch besser ausgebildete Fachleute hinzuzuziehen.

*

Aus der Sicht der Schulleiterin wäre es mir natürlich am liebsten, wenn sich alle Kollegen zumindest in Brain-Gym® auskennen würden. Dies würde einerseits eine aufgeschlossenere Haltung der Verantwortlichen in der Lehrerausbildung voraussetzen (im übrigen auch für NLP), und andererseits wäre eine intensivere Lehrerfortbildung nötig. Hier versuche ich vor allem durch die Gestaltung von Pädagogischen Tagen, interessierte Kollegien zu informieren. Dies macht sehr viel Spaß, da ich die Aufgeschlossenheit und die Bereitschaft, sich über Neues zu informieren, in den Lehrerkollegien sehr schätzen gelernt habe.

Um mich an dieser Stelle noch einmal klar auszudrücken: Ich erwarte nicht, daß jeder Lehrer ein perfekt ausgebildeter Kinesiologe sein sollte. Wichtig ist für mich, daß die Kolleginnen und

Kollegen offen sind, zuhören, ausprobieren und dann entscheiden, ob sie damit arbeiten wollen oder nicht. Es gibt sicherlich keine Methode, die für alle die richtige ist. Und wenn sich jemand, nachdem er sich mit Brain-Gym® auseinandergesetzt hat, entscheidet, es vielleicht doch lieber mit NLP oder anderem zu versuchen, so finde ich das vollkommen in Ordnung. Schwierigkeiten habe ich nur mit den wenigen Kolleginnen und Kollegen, die zwar fürchterlich über die immerzu schwieriger werdenden Kinder in der Schule jammern, aber nicht bereit sind, sich mit neuen Erkenntnissen und Methoden auseinanderzusetzen.

Auch hoffe ich als Schulleiterin, daß es von der Stundenversorgung her weiterhin möglich sein wird, Kinder, die in der Schule große Schwierigkeiten haben, in Einzelarbeit zu betreuen. Ob dies jedoch bei steigenden Schülerzahlen und immer weniger Stunden im Ergänzungsbereich möglich sein wird, ist anzuzweifeln. Und ich hoffe auch, daß nicht gerade die gut ausgebildeten „Kinesiologen" wegen dieser schwierigen Bedingungen den Schuldienst verlassen und in den privaten Bereich der ganzheitlichen Lernförderung abwandern. Die Schule braucht gerade sie, um eine humane, kindgerechte und vor allem die Würde des Kindes achtende Schule zu schaffen – zusammen mit vielen Kollegien, die das gleiche wollen.

Helga Heimeier:

Edu-Kinestetik und die Entdeckung der Langsamkeit

Erfahrungen einer Schulleiterin

Begegnung mit Brain-Gym®

Während einer Mineralienexkursion hörte ich bei abendlichen Tischgesprächen erstmals von John Diamonds *Der Körper lügt nicht.* Neugierig las ich dieses Buch und belegte bald darauf einen *One-Brain*-Kurs in Freiburg. Was ich hierbei und in weiteren Brain-Gym®-Kursen über „auf Lernen bezogene Körperbewegungen" und den Muskeltest erfuhr, war irritierend und faszinierend zugleich.

Zunächst einmal stellte ich fest, daß wir Lehrer lehren und doch wenig über das Lernen wissen. Wir konditionieren Verhaltens- und Lernmuster, in denen wir selbst gefangen sind. Methodendiskussionen über Jahrzehnte, vom wissenschaftlichen bis zum erziehenden Unterricht, vom spielenden Lernen bis zu Gruppen- und Freiarbeit ... haben die Lernfähigkeit des einzelnen nur wenig verbessern können. Ausgeklügelte Lernprogramme und viele Förderkurse – vor allem bei lese-rechtschreib-schwachen Schülern – zeigten oft nur geringen Übungserfolg. Bei aller Differenzierung betont der heutige Unterricht überwiegend die auditive und die visuelle Lernebene. Dabei zeigt ein Blick in die jüngere Gehirnforschung mit ihrem sich ständig erweiternden technischen Instrumentarium, wie sich die Hirnfunktionen immer weiter entschlüsseln lassen. Mit diesen neuen Erkenntnissen gewinnt auch das Lernen durch Bewegung an Bedeutung, das die Grundwahrnehmungssysteme verbessert und damit ganzheitliches Lernen weiter abrundet. Lernen durch Bewegung und Brain-Gym® sind also eine neue Dimension in den sogenannten Lerntheorien, die sich aber zunächst noch „handelnd" weiter werden beweisen müssen, um ihrem Anspruch individueller Lernoptimierung gerecht werden zu können.

Brain-Gym®-Übungen sind als Aufforderung zum Tun angelegt. Die zunächst noch fehlende Dimension eines phänomenologischen Wissens verunsichert vor allem in der verbalen Interaktion. Und so ist es notwendig, sich einiger Hilfsmittel zu bedienen. Eines davon ist die Beobachtung von Körperhaltungen.

So begann ich damals vor sechs Jahren in meinem Sportunterricht Brain-Gym®-Aussagen zunächst beobachtend zu überprüfen. Einige Schüler, die auch im übrigen Unterricht Durchhalteschwächen zeigten, hatten Schwierigkeiten beim einfachen Balancieren, beim Hüpfen auf einem Bein, beim Wechsel vom langsamen zum schnellen Lauf ... ; ein Hans-guck-in-die-Luft stolperte ständig, auch über die eigenen Beine – und Schüler mit schlechter Gangkoordination und gebeugter Körperhaltung hatten Schwierigkeiten bei leistungssteigernden Aufgaben und gaben schnell auf, und dies nicht nur im Sportunterricht.

Die überraschendste Beobachtung aber war, daß fast die Hälfte einer guten Klasse Überkreuzbewegungen und den Achterschwung über die Körpermitte kaum und oft nur mit Hilfe durchführen konnte. Ich beschäftigte mich also zunehmend mit dem Mittellinienproblem, führte *Dennison-Lateralitätsbahnungen* durch und überprüfte hin und wieder mit dem Muskeltest.

Hierzu gehört das Wissen um die Bedeutung und Zuständigkeit der rechten und der linken Gehirnhemisphäre und die Notwendigkeit ihrer Integration. Dies ist spätestens seit Roger Sperrys Entdeckungen im Zusammenhang mit der *Split-brain-*Chirurgie in den vierziger Jahren bekannt. (Er durchtrennte bei Epileptikern das *Corpus callosum.*)

Bei Überkreuzbewegungen benutzen wir also den neurologischen Überkreuzfluß, um den Transfer der Informationen von links nach rechts und von rechts nach links zu verbessern. Wir benötigen dies zum besseren Erwerb der Kulturtechniken Lesen und Schreiben, damit die Buchstaben nicht mehr vertauscht oder ausgelassen werden, die Summe der Buchstaben schneller zum sinngebenden Wortbild geführt und umgekehrt das Wortbild wieder leichter in seine einzelnen Buchstaben zerlegt werden kann. Dieses einfache Wahrnehmungstraining zur Gehirnintegration auf der Grundlage von Dennisons Lateralitätsbahnung verblüffte mich sehr oft in seinen Wirkungen bei der Verbesserung der Lese-Rechtschreib-Fähigkeit, aber auch bei der Verhaltensänderung einzelner Schüler.

Schüler, die vermeiden, über die Körpermitte zu schreiben, haben ein Mittellinienproblem, haben eine mangelnde Integration der beiden Gehirnhemisphären. Dabei ist es unwesentlich, ob die Ursachen dafür in der frühen Kindheit liegen oder ob ein momentanes emotionales Ungleichgewicht vorliegt. Zur Korrektur reichen aus dem Brain-Gym®-Menü nach der Lateralitätsbahnung oft schon *Cross Crawl (Überkreuzbewegungen),* Achterübungen und ESR (*Emotional Stress Release*).

Mittlerweile habe ich das Verständnis von Brain-Gym® in allen drei Dimensionen von Gehirn und Körper auf dem großen Übungsfeld Schule vielfältig anwenden können und festgestellt, daß die vermeintliche Einfachheit doch manchmal sehr kompliziert sein kann. Es gilt deshalb, immer wieder festzuhalten, daß Brain-Gym® kein Knopfdruck ist, daß die Optimierung der Lernfähigkeit vor dem Begabungshintergrund gesehen werden muß und daß Erfolge sich nach einer bestimmten Anwendungszeit nur dann einstellen, wenn die Summe der belastenden Stressoren nicht zu groß ist. Hinzu kommt, daß die Schule nur begrenzte Möglichkeiten in der Arbeit mit Brain-Gym® hat.

Einiges über Brain-Gym® und über die „Entdeckung der Langsamkeit"

Neben der Beschäftigung mit der notwendigen Literatur zum Thema fielen mir nicht nur wieder Frederic Vesters *Denken, Lernen, Vergessen* sowie sein Buch über das *Phänomen Streß* in die Hand, sondern auch der Roman von Sten Nadolny: *Die Entdeckung der Langsamkeit.* In dieser umgeschriebenen Biographie des Nordpolforschers John Franklin wird – neben der Würdigung der Langsamkeit als eines eigenen Lebensrhythmus' – auch Franklins wahrnehmungsgestörte, traurige Kindheit eindrucksvoll beschrieben. „... John war schon zehn Jahre alt und noch immer so langsam, daß er keinen Ball fangen konnte. Er sah nicht genau, wann der Ball die Erde berührte. ... John konnte lesen, aber er vertiefte sich lieber in den Geist der einzelnen Buchstaben. ... Das Singen liebte er nicht ..."

Nadolny hat hier sehr einfühlsam in einer Kindheitsstudie dargestellt, wie die Phantasie eines begabten Jungen von linkshemisphärischem Denken dominiert wurde und die Fähigkeit ganzheitlichen Sehens blockiert war. Sten Nadolny drückt das so aus: „John hatte eine Schliere im Auge." Wie gut, daß Sir John Franklin nicht mit der Ganzheitsmethode Lesen und Schreiben lernen mußte.

Neben diesem literarischen Beitrag, den ich in der Elternarbeit und der Lehrerfortbildung häufig als anschauliches Beispiel für eine mangelnde Gehirnintegration benutzte, gilt es festzuhalten, daß die zerebralen Hemisphären vom dreidimensionalen Gehirnsystem abhängig sind. Dabei kommt vor allem dem Stammhirn als dem Areal für das Grundwahrnehmungssystem besondere Beachtung zu. Die Beschäftigung mit A. Jean Ayres' *Bausteine der kindlichen Entwicklung* ist deshalb wichtig für die Bedeutung der Integration der Sinne. Alfred Schatz verwies in seinem Beitrag auf dem 1. Kongreß der Deutschen Gesellschaft für Angewandte Kinesiologie auf Ayres und betonte die Wichtigkeit der Grundwahrnehmungssysteme als solides Fundament: (sinngemäß)

Das Grundwahrnehmungssystem (die Sensitivität für Schwerkraft, Berührung und Eigen- und Tiefenwahrnehmung) ist gehirnorganisch und entwicklungsgeschichtlich älter als unsere Emotionen. Es scheint also nötig, daß die höheren und jüngeren Gehirnareale, also die Emotionen und Denkfunktionen, durch ein gut ausgebildetes und stabiles Grundwahrnehmungssystem gesichert werden. Es verwundert deshalb kaum, daß die Vielzahl der Körperbewegungstherapien (Bewegungslernen, Brain-Gym®), die überwiegend das Sinnessystem betreffen, so erfolgreich sind, daß oft in kurzer Zeit und mit wenig Aufwand emotionaler Streß fast nebenbei verschwindet. Überspitzt formuliert könnte man sagen, daß man auf einem defekten Fundament keine Emotionen korrigieren und keine Lernfähigkeit schaffen kann.

Beispiele aus der Arbeit mit Brain-Gym®

Als ich nach ersten Erfahrungen mit Brain-Gym® auch in Elterngesprächen erste Hinweise gab, sah das in einem Fall so aus: Im Gespräch mit einem Drittkläßler und seiner Mutter wurde deutlich, daß die Mutter unter den nur knapp befriedigenden Leistungen ihres Kindes sehr litt und diese immer wieder negativ entgegennahm. Der Junge, ein sehr zartes und mutterbezogenes Kind, gab stets sein Bestes. Mit Einverständnis der Mutter machte ich bei dem Jungen den Muskeltest und stellte dabei die Notwendigkeit einer Lateralitätsbahnung nach Dennison fest. Nach Durchführung dieser Bahnung und einer kleinen Zielbalance erhielt der Junge Hausaufgaben: *Überkreuzbewegungen* mit Summen und die *Cook-Energieübungen.* Der Mutter machte ich mit Hilfe des Muskeltests klar, was ihre Negativsprache beim Kind auslöst. Mit erhobenem pädagogischem Zeigefinger fuhr ich fort: „Jede Leistung, hinter der Fleiß und Übung stehen, ist verbal zu würdigen. Die noch vorhandenen Mängel werden durch das Selbstverständnis weiterer Übung nonverbal aufgearbeitet. Und wenn Sie das, was ich hier sage, ernst nehmen, kommen Sie in einem halben Jahr wieder." Nach diesem Gespräch hatte ich zunächst einmal Streß auf meine eigene Gesprächsführung. Nach einem Dreivierteljahr – ich hatte das Gespräch längst vergessen – ging die Tür auf, und eine strahlende Mutter mit einem ebenso strahlenden Sohn trat herein und schmetterte: „Also, der Bub hat seine täglichen Übungen gemacht, wie Sie gesagt haben. Aber glauben Sie mir, die schwerste Arbeit habe *ich* geleistet", und im schönsten Schwäbisch weiter: „I hab so auf meine Wörter aufpaßt, daß i schier dra verstickt bin. Aber nu hat er sogar sei Empfählung fürs Gymnasium." Aus vielen positiven Elterngesprächen habe ich dieses Beispiel aufgeschrieben, um deutlich zu machen, wie wichtig die Einsicht und Mitarbeit der Eltern ist.

Aber auch aus der schulischen Arbeit will ich noch einige Beispiele anführen. Ein Kollege ärgerte sich über einen kleinen Kurden, der – soeben angekommen – grundsätzlich die Ziffern seitenverkehrt von der Tafel abschrieb. Er hatte den Eindruck, daß der Schüler dies absichtlich mache. Auch hier konnte dem Übel mit einer Bahnung und nur wenigen anschließenden Überkreuzübungen abgeholfen werden.

In den 2. Klassen wurden in einem Förderkurs die Buchstaben mit dem Achter gesichert und geübt. Vor Leseübungen wurden gezielt *Cross Crawl, Achterschwung, Armaktivierung und Eule* eingesetzt, um besser vom technischen zum sinnerfassenden Lesen zu kommen. Und bei einigen Schülern war lautes Lesen im Gehen wichtig.

Von den vielfältigen Anwendungsmöglichkeiten möchte ich nur noch erwähnen, daß Phantasiereisen mit Hilfe von *Cook-Energieübungen* oder ESR besonders wichtig wurden, um schon lange währenden Streß auf ein ungeliebtes Fach oder ein ständiges Problem abzulösen. Dazu sollen zwei Schüler, die ich hier Max und Moritz nenne, mit ihrer Lerngeschichte vorgestellt werden.

*

Max, ein manchmal sehr verhaltensauffälliger Schüler einer 2. Klasse, erzählte mir, daß er Mathematik überhaupt nicht möge. Er habe so einen Zorn auf Mathe, daß er am liebsten nach Hause gehe. Ich sagte ihm, daß er mir seinen Zorn auf sein ungeliebtes Fach einmal malen solle. Spontan zeigte mir Max nach zehn Minuten sein Streßbild, in dem sich sein Zahlenstreß in Gestalt der Mathematiklehrerin personifizierte. (Vgl. Bild Seite 80 – eine Kinderzeichnung, auf die bisher noch jeder schwach testete.)

Max antwortete auf die Frage, ob er seine Lehrerin denn möge: „Nur, wenn sie Geschichten erzählt."

Wir ermittelten bei Max die Streßzahlen 6, 8 und 0 und begannen mit Zahlengeschichten und ESR. Diese Übungen mußten jedoch sehr häufig wiederholt werden, denn Max hatte noch mehr Probleme. Wie sehr er in seinen Grundwahrnehmungen gestört war, konnte ich anläßlich eines Unterrichtsbesuches im Fach Sport beobachten. Er konnte kaum eine Übung richtig ausführen und keine durchhalten. Statt dessen kasperte er herum, ärgerte seine Mitschüler und fand schließlich jede Übung lauthals „blöd". Und so, wie er sich im Sportunterricht zeigte, verhielt er sich auch im übrigen Unterricht; er brachte seine Arbeiten nicht oder schnell und ungenau zu Ende, war leicht ablenkbar und in allen seinen Reaktionen überzogen. Bei Max wurden viele neurologische Organisationstechniken nötig und viele tägliche Brain-Gym®-Übungen. Nachdem bereits erste positive Veränderungen in seinem Verhalten festgestellt wurden, willigte auch das Elternhaus ein, Max in weitere, außerschulische kinesiologische Betreuung zu geben. Und da bei Max eine durchaus gute Begabung zu vermuten ist, sind wir sehr optimistisch, daß er seine Lernfähigkeit und sein Sozialverhalten weiter verbessern wird. Auch hier gilt wieder, daß Schule nicht alles leisten kann; aber sie kann wesentlich mit dafür sorgen, daß der richtige Weg beschritten wird.

*

5·5=25 1·1=1
10·5=50 2·1=2

Die positive Geschichte von Moritz stellt sich selbst kurz dar. Sie ist das Verdienst einer Kollegin, die sich über Brain-Gym® kundig machte. Sie kam zu Beginn eines 2. Schuljahres zu mir und nannte mir den Schüler Moritz mit der Perspektive, ihn eventuell in die Schule für Lernbehinderte überweisen zu müssen. Wir vereinbarten mit Elternzustimmung, ihn mit wöchentlich zwei Brain-Gym®-Stunden zu fördern. Bereits nach wenigen Monaten legte mir die Kollegin die auf den beiden folgenden Seiten dokumentierte eindrucksvolle Entwicklung in Schrift und Rechtschreiben vor, die hauptsächlich auf Übungen zur Gehirnintegration beruhte.

*

Kinder lieben Brain-Gym®; nicht nur, weil ihnen die Bewegungen Spaß machen, sondern auch wegen der oft schnellen Übungserfolge. Durch Schulung der Eigen- und Tiefenwahrnehmung verbessert sich ebenfalls die Fähigkeit zur Kommunikation. Da Begreifen von Greifen kommt, sollte gerade im Anfangsunterricht der taktile Bereich mehr betont werden, dies auch wegen der Verbesserung der Sprech- und Sprachfähigkeit. Paul Dennison sagt: Bewegung ist das Tor zum Lernen.

Ein Blick in Selyes Streßspirale zeigt, wie sehr besonders die Kinder in der heutigen Zeit Umweltfaktoren ausgesetzt sind, auf die sie entwicklungsgeschichtlich nicht vorbereitet sind. Vom Elektrosmog über falsche Ernährung, fehlgeleitete Freizeitgestaltung, Meinungs- und Verhaltensmanipulation ... bis zum Lärm wird das Stressorenfaß schnell gefüllt. Natürliche Bewegung kommt dabei zu kurz und wird sogar noch verhindert, denn Computerspiele und Videofilme fördern keine Bewegung, die die eigene Sinneswahrnehmung schult.

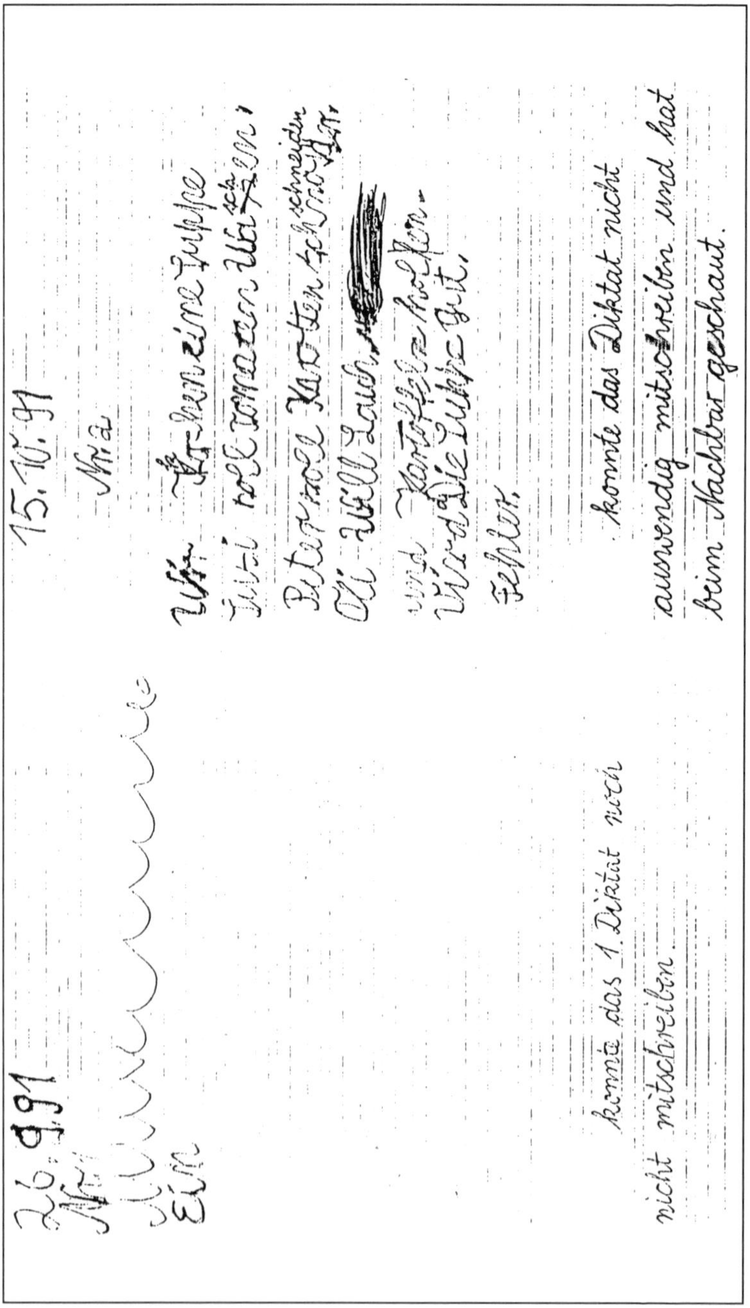
26.9.91
Ein
konnte das 1. Diktat noch nicht mitschreiben.
15.10.91
Fehler.
konnte das Diktat nicht auswendig mitschreiben und hat beim Nachbar geschaut.

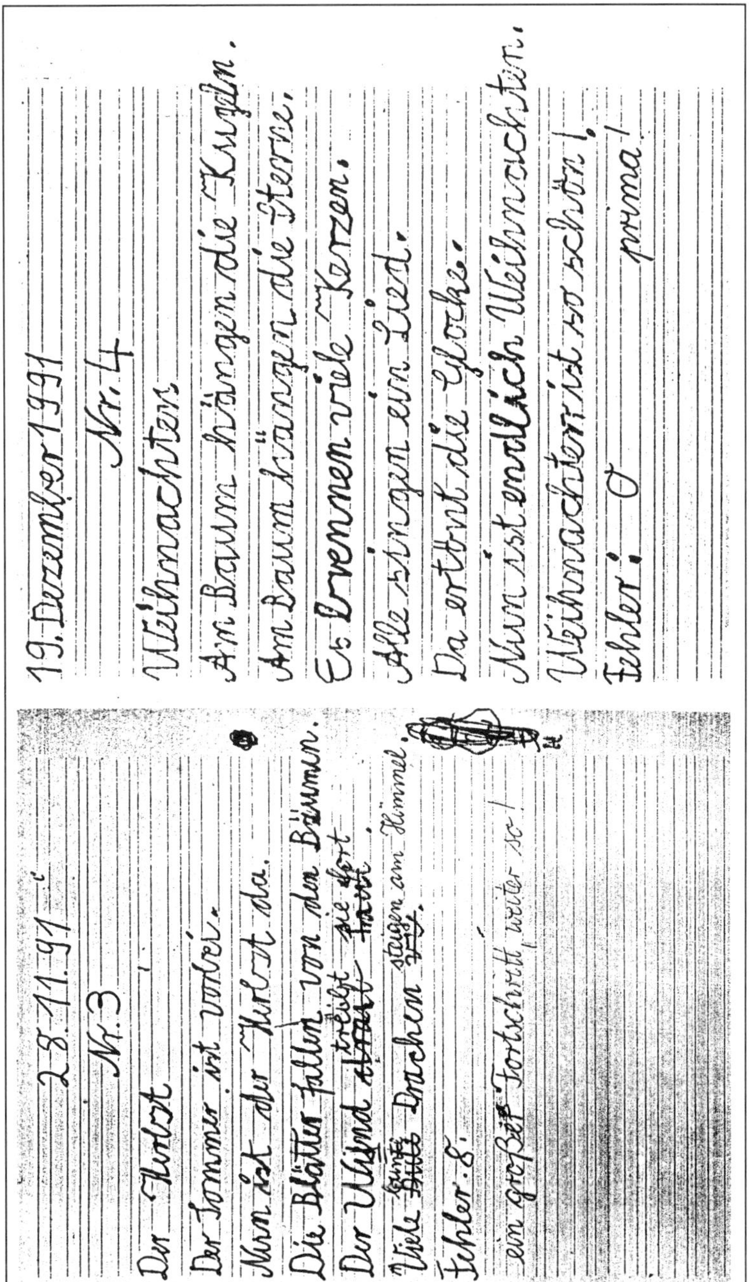
28.11.91
Nr. 3
Der Herbst
Der Sommer ist vorbei.
Nun ist der Herbst da.
Die Blätter fallen von den Bäumen.
Der Wind treibt sie fort.
Viele bunte Drachen steigen am Himmel.
Fehler: 8.
ein großer Fortschritt, weiter so!

19. Dezember 1991
Nr. 4
Weihnachten
Am Baum hängen die Kugeln.
Am Baum hängen die Sterne.
Es brennen viele Kerzen.
Alle singen ein Lied.
Da ertönt die Glocke.
Nun ist endlich Weihnachten.
Weihnachten ist so schön!
Fehler: 0 prima!

Lehrerfortbildung

Lehrerinnen und Lehrer sind gar nicht so unbeweglich, wie man oft glaubt. Auf der Suche nach neuen Wegen gegen Schülerstreß und Konzentrationsschwächen haben sich in den letzten beiden Jahren in unserem Schulamtsbereich circa 130 Lehrerinnen und Lehrer aller Schularten an teilweise bis zu sechs Fortbildungsnachmittagen in Brain-Gym® fortgebildet. Für einige war dies Anstoß zu weiteren privaten Fortbildungen in Kinesiologie, andere berichteten bald von ersten Einsätzen und Erfahrungen im Unterricht. Skeptiker gab es nur wenige, jedoch war der Anfang für viele schwer. Berichte aus der Arbeit mit Eltern waren unterschiedlich. Wurden Brain-Gym®-Übungen an Elternabenden vorgestellt, so reichte die Skala von großem Interesse bis zur Ablehnung. Festgehalten wurde dabei, daß Brain-Gym®-Übungen der Methodenfreiheit des Lehrers zugestanden werden müssen; den Muskeltest führen wir nur mit schriftlichem Einverständnis der Eltern durch.

Wie groß das Interesse in der Lehrerschaft ist, zeigt sich auch darin, daß ganze Kollegien sich an Pädagogischen Tagen mit Brain-Gym® befaßten und viele Fragen darüber hinaus zur Kinesiologie hatten. (Ein Pädagogischer Tag ist ein schulinterner Fortbildungstag, der den Kollegien in Baden-Württemberg jährlich einmal zusteht.) Allein im Schuljahr 92/93 waren es neun Schulen aller Schularten, die mich zu diesem Thema anforderten. Brain-Gym® wurde also auch in unserer Bildungslandschaft auf den Weg gebracht.

Karin G. Paul:

Total abgedreht?

Brain-Gym® in der Hauptschule

„Also ehrlich, als Sie mit den Achten ankamen, haben wir ja gedacht, jetzt ist sie total abgedreht. Aber dann kam die nächste Mathearbeit. Und ich saß da und kam nicht weiter. Da habe ich ganz heimlich angefangen, auf meinem Löschblatt Achten zu drehen ... Und wie ich die Reihe langgucke, da haben die alle schon welche!!!" – „Die Lehrer an der Berufsschule sind so ganz nett. Aber von dem Lernen durch das Gehirn hat hier noch keiner was gehört."

Als ich diese Aussagen ehemaliger Schülerinnen kürzlich in einem Volkshochschulkurs zitierte, kannte eine Kollegin noch die Fortsetzung dazu. Denn diese ehemaligen Schülerinnen fallen jetzt in der Berufsschule auf, weil sie immer noch die Achten benutzen.

Und das ist wohl der wesentlichste Punkt überhaupt: Jede/r – ganz gleich in welchem Alter – sollte Expertin/Experte des eigenen Lernens sein, das heißt, Erfolge wahrnehmen und der eigenen Leistung zuschreiben, Fehler als Lernanreize begreifen, Defizite und Blockierungen wahrnehmen, gefahrlos verbalisieren und eigenständig bearbeiten.

Die Schulwirklichkeit sieht jedoch ganz anders aus: Am Ende ihrer Schulzeit wissen SchülerInnen nichts über das Lernen; sie kennen Möglichkeiten, sich durchzumogeln, und haben das „Pauken" gründlich satt. Das verwundert nicht weiter, wenn die gleiche Untersuchung feststellt, daß LehrerInnen im Lernen hauptsächlich die Organisation und das Verwaltungstechnische sehen, motivations- statt interessenorientiert denken. (Vgl. Asselmeyer, Herbert: „Selbsttätigkeit und Selbständigkeit", in: Haller, H.-D., und Meyer, H. [Hrsg.]: *Enzyklopädie Erziehungswissenschaft,* Band 3, S. 385-387) Ein Lehrprofi müßte also ein Lernprofi sein, in jedem Lehren mitlernen, Versuch und Irrtum erleben, Fehler und Erfolge, gemeinsame Evaluation.

Menschen jeden Alters interessieren sich am meisten für Inhalte, die sie selbst betreffen; also ist es relativ leicht, LERNEN zum Thema zu machen. Der Zeitaufwand ist – gemessen am Nutzen – äußerst gering. Brain-Gym® kann hier als *ein* Angebot unter vielen helfen, den eigenen Lernprozeß stärker selbst zu steuern.

So kam es zu der Arbeitsgemeinschaft „Fit machen zum Lernen", angeboten für Klasse 7 und 8. Da die AG erst zum zweiten Schulhalbjahr eingerichtet wurde, gab es unter den 12 SchülerInnen zwei Arten von TeilnehmerInnen: diejenigen, die sich für das Thema interessierten, und diejenigen, die aus verschiedensten Gründen aus ihrer bisherigen AG aussteigen wollten.

Eine AG zum Thema Lernen

In der Bedarfsabfrage wurde schnell deutlich, daß jede/r irgendeinen Bereich kannte, in dem es „leichter gehen" sollte: Rechtschreiben, Lesen, Mathematik, Aufregung und Blackout bei Klassenarbeiten, Ängste im mündlichen Unterricht usw. Am Anfang standen Erkundungen der eigenen Denk-, Lern-, Wahrnehmungs- und Erinnerungsstrategien, welche zu ersten Informationen über das Lernen führten, die nach und nach vertieft wurden. Neben Entspannungsübungen, Phantasiereisen und Mentaltraining wurden Brain-Gym®-Übungen eingesetzt, um die jeweiligen Problembereiche zu bearbeiten. Die Rückmeldungen aus der vergangenen Woche und die neu aufgetauchten Fragen bildeten jeweils den Anfang der neuen Doppelstunde.

„Ich muß (oder will) mich besser konzentrieren", ist ein häufiger SchülerInnenwunsch. Wir machten einen Versuch mit „Gymnastik für's Gehirn": Einige Parallelbewegungen wie der „Hampelmann" wurden durchgeführt, dann waren drei Minuten Zeit für ein Rätsel, bei dem Wörter waagerecht, senkrecht oder diagonal gefunden werden müssen. Die anschließende Aussprache ergab: „Großes Durcheinander – Buchstabengewirr – es dauerte einige Zeit, bis ich etwas fand – ich war ganz unkonzentriert – hatte Kopfdruck ..." Eine weitere Gymnastikrunde folgte, diesmal mit *Überkreuzbewegungen,* dann drei Minuten Weiterarbeit am Rätsel. Obwohl es sehr schwierig ist, sich statt auf „soundsoviele

Wörter gefunden" auf das *Gefühl* bei der Arbeit zu beziehen, wurde klar: „Ich war konzentrierter – der Kopfdruck ist weg – ich habe auf einmal Wörter gefunden, die diagonal oder in Gegenrichtung verlaufen ..."

Meine wichtigste Beobachtung, die sich seither in den unterschiedlichsten Gruppen wiederholt hat, war, daß in der zweiten Arbeitsrunde fast vom ersten Augenblick an eine tiefe Arbeitsruhe herrscht. Das überzeugte mich, X-Bewegungen als Vorbereitung auf Klassenarbeiten anzubieten.

In der anschließenden Phase der Erklärung entstand ganz von selbst als Zeichen der Gehirnintegration die *Liegende Acht.*

In der nächsten Woche machte ich sie mit den *Alphabet-Achten* bekannt. Nachdem wir d und b sowie g und p hineingesetzt hatten, sagte ich so leichthin: „Ich wette, wenn wir jetzt ein Diktat aus fünf Sätzen schrieben, wäre irgend etwas anders als sonst." Zu meinem größten Erstaunen wollte die ganze Gruppe das sofort ausprobieren. Im Anschluß an das Kurzdiktat war der für mich beeindruckendste Kommentar: „Das gibt's doch gar nicht. Ich hab mich kein einziges Mal verschrieben." Und auf Nachfrage: „Ich verschreibe mich sonst fast bei jedem Wort." Die übrigen Erfahrungen waren: weniger Fehler gemacht zu haben, sich entspannter oder konzentrierter zu fühlen als in vergleichbaren Situationen.

*

Im Unterricht mit der eigenen Klasse (9, später 10) und den Englisch-B-Kursen (geringeres Leistungsniveau) 8 und 9 nahm ich mir ebenfalls die Zeit, etwas über das Lernen zu erklären und – der jeweiligen Situation entsprechend – die eine oder andere Brain-Gym®-Übung zum Ausprobieren anzubieten. Dabei nahm ich Beobachtungen aus Stillarbeitsphasen zum Anlaß, darauf hinzuweisen, daß unser Körper offensichtlich alle notwendigen Akupressurpunkte bereits kennt, denn wir benutzen *Erd- und Raumpunkte, Gehirnknöpfe oder Denkmütze,* Massieren des Trapezmuskels etc. ja häufig automatisch. Daß ich sie nun – wenn ich die Übungen kenne – gezielt einsetzen und ihre Wirkung konkret überprüfen kann, ließ erst gar keinen Drillcharakter der Übungen entstehen.

Meine Aufgabe war dann nur noch, hin und wieder zu erinnern: Weißt du noch, welche Übung dir am besten geholfen hat? Willst du sie erst noch einmal machen?

Oder vor der Klassenarbeit: Wer möchte sich fünf Minuten lang mit mir gemeinsam vorbereiten (Brain-Gym®-Menü), wer bereitet sich lieber auf andere, eigene Weise vor?

Prüfungsvorbereitung

In Niedersachsen können HauptschülerInnen am Ende der 10. Klasse bei einem bestimmten Zensurenprofil eine mündliche Prüfung ablegen und damit den Realschulabschluß erwerben. Das ist ein äußerst attraktives Ziel – aber auch ein großes Angstthema.

In einer Doppelstunde circa 14 Tage vor der Prüfung bereitete sich die ganze Klasse mit Hilfe der Balance des emotionalen Stresses darauf vor. Der Muskeltest war inzwischen den meisten bekannt; wir bildeten Paare und lernten die Muskeln kennen. Wir gingen Schritt für Schritt jede mögliche Situation durch: den Abend vorher, das Einschlafen, das Aufwachen, das Aufstehen, das Frühstück, Gespräche in der Familie und im Schulbus am Morgen, die Zeit bis zur Prüfung, die Aufgabe erhalten und zur Vorbereitung durchgehen, das Betreten des Raumes, Begrüßen der PrüferInnen, Hinsetzen, frei sprechen, Fragen beantworten, Fragen nicht beantworten können, zurückfragen ... Verlassen des Raumes, Erwarten des Ergebnisses, Feiern. Wann immer ein Streß auftauchte, wurde er über *Cook* und die *Positiven Punkte* abgebaut; die übrige Gruppe wartete. Jeder einzelne Schritt wurde entstreßt, dann erst ging es weiter ... Dieser Prüfungstag verlief wesentlich entspannter als alle, die ich zuvor erlebt hatte.

Grenzen

„Wo siehst du die Grenzen dieses Verfahrens?" fragte mich eine Kollegin. „Nirgends!" war meine Antwort in der ersten Euphorie. Und dann wurde mir allmählich klar, daß wir in zwei verschiedene Richtungen gedacht hatten. Ich freute mich über die phantastischen Möglichkeiten der Selbststeuerung – und sie sah den praktischen Einsatz, der tatsächlich auf viele Barrieren stößt:

1. In den SchülerInnen selbst:

Große, weitausgreifende Bewegungen sind gesellschaftlich nicht akzeptiert, und SchülerInnen in der Pubertät haben noch einmal besondere Probleme mit der eigenen Körperlichkeit. Da lohnt es, jeweils alternative Übungen zu zeigen oder eigene Miniversionen entwickeln zu lassen.

2. Im Kollegium:

Es ist sehr frustrierend, wenn LehrerInnen – ohne zu wissen, worum es geht – Selbsthilfetechniken von SchülerInnen als „Unfug, Humbug, Pipifax" oder ähnliches disqualifizieren. Das mangelnde Selbstvertrauen oder die fehlende Ausdrucksfähigkeit vergrößern hier die Ohnmacht der SchülerInnen, die dann dazu neigen, das Verfahren lieber nicht mehr anzuwenden. Hier kann nur gezielte Information des Kollegiums helfen, zum Beispiel in einer pädagogischen Konferenz oder schulinternen Lehrerfortbildung.

3. Bei den Eltern:

Natürlich und völlig zu recht wollen die Eltern wissen, was denn das wieder für ein „neumodischer Kram" sei. Ein Elternabend mit den Kindern, an dem verschiedene Versuche durchgeführt wurden und die Kinder ihre Eltern beobachteten und ihnen sehr detaillierte Rückmeldungen darüber gaben, brachte neben ausführlicher Information völlig neue Erfahrungen und Verständnis für Brain-Gym®.

4. Bei mir selbst:

Wenn ich Brain-Gym® – oder irgendeine andere Methode – zur Erleichterung und/oder Verbesserung des Lernens weitergeben will, muß ich sie selbst anwenden. Nicht nur mal hier und da, sondern als Bestandteil meines täglichen Lebens. Sonst bleibt alles aufgesetzt, ohne Motivation, ohne Glaubwürdigkeit – und immer mit dieser Angst im Nacken, was die anderen wohl von mir dächten, wenn sie mich so sehen könnten.

Ein Elternabend

Es war für mich immer eine Selbstverständlichkeit, Eltern und ihre Kinder gemeinsam einzuladen. Zum Thema „Neues Lernen" kamen erstaunlich viele Familien.

Wieder führten wir die Versuche mit den Parallel- und Überkreuzbewegungen und den anschließenden Rätselrunden durch. Allerdings rätselten nur die Eltern, die Kinder beobachteten und gaben den Eltern sehr detaillierte Rückmeldungen. Diese waren zum Teil erst einmal peinlich berührt, wie deutlich da ihre fehlende Konzentration sichtbar geworden war. Nachdem ich dann aber erklärt hatte, was es mit den Gehirnhälften und ihrer vorhandenen oder mangelnden Zusammenarbeit auf sich hat, wuchs das Interesse und die Zustimmung zu dieser Art von unterstützenden Arbeit.

Die hübscheste Rückmeldung erhielt ich einige Zeit später von einer Mutter: „Mir ist an diesem Abend klargeworden, daß ich auch noch etwas mit dem Thema Lernen zu tun habe – und ich mache jetzt mit einer Freundin zusammen eine Weiterbildung."

*

Inzwischen habe ich mit den unterschiedlichsten Gruppen – SchülerInnen zwischen 5 und 18 Jahren, Erwachsenen (bis 83 Jahre) – in Volkshochschul- und anderen Kursen, sowie Lehrerfortbildungen mit und über Brain-Gym® gearbeitet und immer wieder festgestellt, daß es als Instrument der Selbsthilfe einen unschätzbaren Wert haben kann, wenn ...

Brigitte Haberda:

Liebe Claudia!

Brief einer Hauptschullehrerin

Wie Du weißt, arbeite ich seit fünfundzwanzig Jahren im Schuldienst. In dieser Zeit habe ich in fast allen Schultypen unterrichtet und bin derzeit an einer Wiener Hauptschule tätig, die bei uns in Österreich vierklassig ist. Diese Schule besuchen Zehn- bis Vierzehnjährige im Anschluß an die Volksschule. Sehr oft sind es Kinder, die den Anforderungen der Allgemeinen Höheren Schule nicht gerecht werden. Zusätzlich ist besonders in den letzten Jahren der Ausländeranteil in den Wiener Hauptschulklassen stark gestiegen. In manchen Klassen beträgt er mehr als 70 Prozent. Du kannst Dir als Kollegin sicher gut vorstellen, daß ich täglich mit Lernschwierigkeiten konfrontiert werde.

In all den Jahren habe ich auf verschiedenste Art und Weise versucht, die Lernprobleme meiner Schüler zu verringern. Wirklich außergewöhnliche Erfolge verzeichne ich aber erst, seit ich auch noch Brain-Gym® einsetze. Persönlich war ich ja sehr schnell von der Wirksamkeit dieser Methode überzeugt. Was mir anfangs einiges Kopfzerbrechen bereitet hat, war die Frage, wie ich diese ganze Thematik überzeugend an meine Schulkinder heranbringe. Natürlich muß der Zugang für diese Altersstufe ein anderer sein als bei Volksschulkindern. Meine Schüler fordern schon handfeste Beweise, wenn man sie von einer Sache überzeugen will. Aber genau das benutzte ich, urn sie von Brain-Gym® zu überzeugen. Wie zum Beispiel in der Stunde, als ich ihnen zum ersten Mal davon erzählte.

Ich stellte mich also vor meine Klasse und behauptete, eine ganz besondere Gymnastik zu kennen. Eine, die hilft, besser zu hören, zu sehen, zu verstehen und zu lernen. Du kannst Dir die Gesichter sicher vorstellen, die mir nach dieser Ankündigung entgegensahen. Aber neugierig waren doch alle. Diese Neugierde wurde noch verstärkt, als ich den Kassettenrekorder einschaltete und sie aufforderte zuzuhören. Erst mit beiden Ohren und dann in der Form, daß sie abwechselnd eines zuhielten. Die meisten meiner Schüler stellten dabei Unterschiede fest. Viele hörten mit einem Ohr deutlich besser, während es mit dem anderen dumpfer oder „viel weiter weg" klang.

Nun schaltete ich den Rekorder ab, und wir turnten miteinander Brain-Gym®-Übungen. Wir begannen mit der *Denkmütze,* dann turnten wir die *Eule* und die *Ohrenachten.* Einige meiner Schüler schauten mich dabei sehr skeptisch an, und die Frage „Was soll denn das?" war ihnen deutlich vom Gesicht abzulesen. Anschließend schaltete ich die Musik wieder ein und bat, auf die gleiche Weise wie vorhin zuzuhören. „Jetzt höre ich aber auf beiden Ohren gleich gut!" rief sehr bald einer heraus. „Und bei mir ist es irgendwie anders, lauter, klarer", fügte ein anderer hinzu. Irn nächsten Augenblick schrien alle durcheinander, jeder wollte seine Erkenntnisse mitteilen. Nachdem wieder Ruhe eingekehrt war, erklärte ich ihnen, daß diese Übungen tatsächlich die Wahrnehmung verbessem und ein genaues Zuhören ermöglichen. „Und damit kann man natürlich auch dem Unterricht viel besser folgen", fügte ich noch hinzu. Es war mir gelungen, ihr Interesse für Brain-Gym® zu wecken.

Eigentlich ist es doch sehr einfach, die Schüler für Brain-Gym® zu begeistern – sie müssen nur die Wirksamkeit der Übungen unmittelbar erleben können. Nach genau dieser Strategie machte ich die Schüler auch mit anderen Brain-Gym® Übungen bekannt. Eine sehr wirkungsvolle Unterstützung beim Turnen der Übungen ist eine musikalische Untermalung. Wertvolle Informationen für die richtige Zusammenstellung der Begleitmusik habe ich beim *Movement-Dynamics*-Seminar erhalten, das Paul und Gail Dennison mit Judy Mello veranstalteten. Je nachdem welche Übungsfolge ich zusammenstelle, wähle ich die dazu passende Musik aus. Das ist am Anfang unbestritten viel Arbeit. Aber auf diese Art habe ich mir inzwischen nach und nach richtige Übungsmodule zusammengestellt, die ich jederzeit zur Verfügung habe. Zum Beispiel dasjenige zur Verbesserung der Schreibschrift:

Das Verbessern der Schreibschrift ist für die Schule überhaupt von sehr großer Bedeutung. Kinder können nach ihren mitgeschriebenen Aufzeichnungen oft sehr schwer bis gar nicht lernen. Teilweise haben sie Schwierigkeiten damit, ihre eigene Schrift zu entziffern. Nach Unterrichtsstunden, in denen ihnen die Lehrinhalte nicht so geläufig oder sogar völlig fremd sind, können sie einen möglichen Zusammenhang des Geschriebenen nicht mehr rekonstruieren. Besonders in Fächern wie Physik und Chemie ist mir das sehr oft aufgefallen. Abgesehen davon schreckt eine nachlässig hingeschmierte Heftseite oft auch den Lernwilligsten ab. Kinesiologisch betrachtet läßt uns eine solche Heftseite „abschalten", und damit wird das Lernen natürlich noch mehr erschwert. Auch auf uns Lehrer hat die Schrift der Schüler Auswirkungen. Manche Hefte möchte ich am liebsten sofort wieder schließen, wenn ich nur einen Blick darauf werfe.

Brain-Gym®-Übungen zur Verbesserung der Schreibschrift eignen sich meiner Meinung nach auch sehr gut für die erste Kontaktaufnahme der Schüler mit dieser Methodik. Und zwar deshalb, weil auch in diesem Bereich sofort eine Verbesserung erkennbar ist. Es ist ja wirklich unglaublich, wie sich innerhalb einer Stunde das Schriftbild verändern kann. Auch für Kinder ist es immer sehr verblüffend. Vielleicht interessiert es Dich, liebe Claudia, an einem ganz konkreten Beispiel zu sehen, wie ich Brain-Gym® in der Schule anwende.

Brain-Gym®-Modul zum Verbessern der Schreibschrift

Zuerst schreibt jedes Kind auf einen bereits vorbereiteten Zettel ein paar Zeilen. (Für Unschlüssige ist ein Zettel zum Abschreiben oft sehr hilfteich.) Anschließend wird der Zettel unterhalb der letzten Zeile gefaltet, damit das Geschriebene auf der Rückseite zum Liegen komrnt. Nun besprechen wir, warum es überhaupt erstrebenswert ist, leserlich zu schreiben. Das kann in Form von Brainstorming erfolgen, bei dem ein Schüler auf einem Packpapierbogen mitschreibt. Aber auch Gruppenarbeit und Partnerarbeit eignen sich dafür. Man kann sogar ein Wettspiel daraus machen. Für mich ist dabei die Selbsttätigkeit der Kinder wichtig. Denn erst wenn der Betroffene selbst von den Vorteilen einer leserlichen Schrift überzeugt ist, wird er eine Veränderung anstreben. Ich vergleiche diesen Abschnitt immer mit der Zielformulierung bei einer Balance und nehme mir dafür ausreichend Zeit.

Das Übungsprogramm beginne ich mit den *Augenachten,* die ich anfangs auch als Partnerübung ausführen lasse. Viele Kinder haben große Probleme mit der Durchführung und brauchen eine Hilfestellung bei der Handführung. Es ist auch von Vorteil, mit kleineren Gruppen zu beginnen, um den Überblick nicht zu verlieren. Bereitet diese Übung den Kindern tatsächlich große Schwierigkeiten, turnen wir davor die *Gehirnknöpfe.*

Nun lasse ich die Kinder große *Liegende Achter* auf einen Bogen Packpapier schreiben; zuerst mit der rechten Hand, dann mit der linken und schließlich mit beiden Händen; erst in der Form, als würden die beiden Stifte Fangen spielen, und dann gegengleich. Diese Übungsfolge schult die Grobmotorik und kann sehr gut variiert werden. Man kann die Kinder mit verschiedenen Schreibgeräten arbeiten lassen und die Schreibebene verändern: Schreiben am Boden, an der Tafel oder auf einer geneigten Arbeitsfläche. Wenn auch eine Verbesserung der Schrift nach einem einmaligen Einsatz von Brain-Gym® sofort erkennbar ist – eine nachhaltige Veränderung erfolgt erst, wenn das entsprechende Brain-Gym®-Programm mehrmals (auch mit Variationen) durchgeführt wird.

Jetzt kommen die *Buchstabenachter* an die Reihe. Sie werden sowohl in die Luft als auch auf Papier geschrieben. Zusätzlich kann man das Schreibforrnat immer mehr verkleinern, bis man annähernd auf Schriftgröße kommt. So wird die Feinmotorik aktiviert. Die *Armaktivierung* und *Double Doodle (Simultanzeichnen)* schließen das Übungsprogramm ab. Wie bereits erwähnt, unterstützt die richtig ausgewählte Musik das Turnprogramm. Allen, die noch keine Erfahrung mit der Musikauswahl haben, empfehle ich Erich Ballingers Kassette zur Lerngymnastik.

Nun lasse ich die Schulkinder noch einmal einen Text auf den nunmehr gefalteten Zettel schreiben. Alle falten dann ihren Zettel auseinander und vergleichen die beiden Schriftproben. Jeder möchte da natürlich seinen Zettel vorzeigen, und das darf er auch. Meistens gestalte ich mit den Schulkindern auch eine Wandtafel, an der alle Zettel aufgehängt werden. Haben die Kinder Lust, dürfen sie diese Tafel auch mit eigenen Zeichnungen ausgestalten. (Vgl. nächste Seite)

Diese Wandtafeln werden oft zu richtigen Werbeträgern für Brain-Gym®. Natürlich freue ich mich mit den Kindern über jeden kleinen Fortschritt, und wir vergessen auch nie, ordentlich zu feiern. Richtige Feste feiern wir dann, wenn sich nach mehrmaliger Durchführung spezifischer Brain-Gym®-Programme eine signifikante Verbesserung ergibt.

Kurzfassung: Brain-Gym®-Modul zur Verbesserung der Schreibschrift

1. Text schreiben – umfalten
2. Zielformulierung: Ich schreibe leserlich, weil ...
3. Brain-Gym®-Programm: *Augenachter, Liegende Achter, Buchstabenachter (Alphabet-Achten), Armlängen (Armaktivierung), Double Doodle (Simultanzeichnen)*
4. Text schreiben
5. Schriftproben miteinander vergleichen
6. Feiern

Die Übungen konsequent durchführen, bis sich die neue Schrift stabilisiert hat.

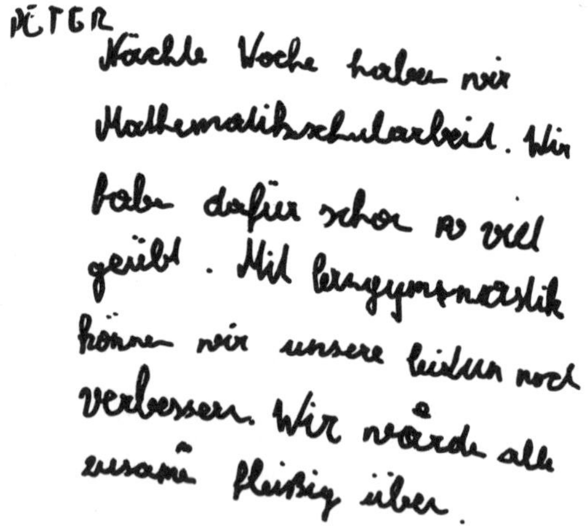

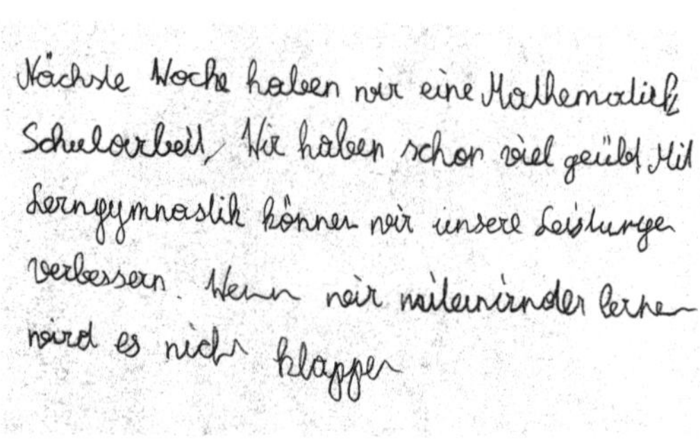

*

Wie ich Dir in Diskussionen schon oft dargelegt habe, müssen meiner Meinung nach Kinder die Wirksamkeit der Übungen immer unmittelbar erleben, dann machen sie mit großem Enthusiasmus mit. Und immer wieder ergeben sich im Schulalltag Situationen, die zum Einsatz von Brain-Gym® animieren. Als Beispiel fällt mir da ein Rechentest in der 1. Klasse unserer Hauptschule ein, der katastrophal ausgefallen war. Dieser Test umfaßte ausschließlich Grundrechenarten. Fast alle Rechenzettel wiesen viele Rechenfehler auf, und die Zeit, die zum Ausführen der Rechnungen benötigt wurde, war viel zu lang. Für die Schüler gab es eine Standpauke, und im Anschluß sah ich viele betretene Gesichter. Eigentlich beherrschten sie ja diese Rechenarten; warum sich so viele Fehler eingeschlichen hatten, wußten sie selbst nicht. Schnell schrieb ich einen Rechenzettel mit analogen Aufgaben, tauschte mit einer Kollegin die nächste Stunde und machte die Schüler neugierig auf ein Experiment.

Zuerst turnten wir das Programm für **Rechnen** aus dem *Lehrerhandbuch Brain-Gym®* von Paul und Gail Dennison *(Elefant, Eule, Wadenpumpe, Nackenrolle, Schwerkraftgleiter);* anschließend teilte ich die neuen Rechenzettel aus. Diesmal waren alle Kinder mit dem Lösen der Rechenaufgaben wesentlich schneller fertig. Auch leichter sei es ihnen diesmal gefallen, beteuerten einige beim Abgeben der Zettel. Nun waren wir alle miteinander neugierig auf die Ergebnisse. Umringt von den Kindern, verglich ich die Lösungen und schrieb die Anzahl der richtigen auf den Rechenzettel. Jede deutliche Verbesserung wurde lautstark gefeiert. Am Ende der Korrektur freuten wir uns alle über die deutliche Leistungssteigerung. Schon bald fragte mich ein Schüler, ob ich ihm die Übungen aufschreiben könne, da er sie gerne vor der Rechenaufgabe turnen würde. Und auch andere baten um einen solchen Übungszettel. Wie Du Dir sicherlich vorstellen kannst, war ich über diese Entwicklung sehr glücklich. Meine Schüler wollten von sich aus turnen und bekamen nichts aufoktroyiert. Gerne gestaltete ich einen Brain-Gym®-Übungszettel für Mathematik und teilte ihn an die Kinder aus. Alle wollten diesen Zettel haben, und viele legten sich sogar eine eigene Mappe für die Übungszettel an.

Natürlich haben sich bei unserem Rechenexperiment nicht alle Schüler signifikant verbessert. Jene, die das Einmaleins nicht richtig beherrschten, hatten auch nach Ausführung der Turnübungen Probleme mit dem Lösen der Aufgaben. Aber diese Sonderfälle habe ich mit den Betroffenen einzeln besprochen.

*

So, wie ich jetzt das Verbessern der Schreibschrift und der Rechenfertigkeit beschrieben habe, so setze ich mir das ganze Jahr über Schwerpunkte, die ich an die jeweiligen Bedürfnisse der Schüler anpasse. Ein Arbeiten mit Schwerpunktprogrammen ist – so habe ich für mich herausgefunden – viel effizienter als ein allgemeines tägliches Übungsprogramm. Dabei bespreche ich mich auch mit den anderen Lehrern der Klasse, die mich dann tatkräftig unterstützen. In Schulklassen mit Fachunterricht kann nur auf diese Weise ein tägliches Brain-Gym®-Übungsprogramm gewährleistet werden.

Natürlich ist die Kinesiologie für viele **Kollegen** Neuland, und man kann nicht sofort Begeisterungsstürme erwarten. Ich habe immer versucht, nicht zu missionieren, sondern zu informieren, Kollegen und auch meine Direktorin in Brain-Gym®-Stunden einzuladen. Gerade die Direktorin, die seit einigen Jahren unsere Schule leitet, hat mich stets in meiner kinesiologischen Arbeit unterstützt.

Auch für die **Eltern** habe ich (zusammen mit den Kindern) Einladungen geschrieben, denen teilweise Folge geleistet wurde. Die Eltern haben eifrig mitgeturnt, und die Kinder haben ihnen bei der richtigen Ausführung der Übungen geholfen. In diesen Stunden wurde bisweilen der Grundstein für ein tägliches Familienturnprogramm gelegt.

Alle Aktivitäten, die mit Brain-Gym® in Verbindung stehen, möglichst öffentlich zu gestalten, hat sich überhaupt sehr bewährt. Am Beginn des Schuljahres bekommen alle Kinder einen Zettel mit nach Hause, auf dem ich den Eltern mitteile, daß an unserer Schule zur Behebung von Lernblockaden und Lernschwierigkeiten Brain-Gym® eingesetzt wird. Auf diesem Zettel unterschreiben die Eltern auch, ob sie mit einer Teilnahme ihres Kindes an der Lerngymnastik einverstanden sind.

Nähere Informationen biete ich den Eltern dann beim ersten Klassenabend oder beim Schulforum. Für diesen Zweck habe ich mir einen kurzen Vortrag zusammengestellt und ein Informationsblatt für die Eltern entworfen. Bei dieser Gelegenheit kann ich auf alle Fragen eingehen und vielleicht vorhandene Vorbehalte zerstreuen. Stets nütze ich diese Zusammenkünfte mit den Eltern, um gemeinsam einige Brain-Gym®-Übungen zu turnen. Du kannst Dir sicher vorstellen, wie lustig es da zugeht, allein wenn wir nur *Überkreuzbewegungen* machen.

*

Ein Schwerpunktprogramm liegt mir noch besonders am Herzen: das Verbessern der **Lesefertigkeit**. Natürlich können die Schüler, die zu uns an die Hauptschule kommen, in irgendeiner Form lesen. Richtig sinnerfassend können das jedoch nur sehr wenige. Aber wie sollen Kinder lernen können, wenn sie doch nicht einmal richtig lesen können?! Auf die Sinnhaftigkeit mancher Lehrbücher möchte ich jetzt gar nicht weiter eingehen. Hier wird auf schwache Schüler manchmal überhaupt keine Rücksicht genommen. Kinder, die mit dem Lesen Schwierigkeiten haben, schaffen es nicht einmal, aus ihren eigenen Hefteintragungen zu lernen. Oft hört sich das Vorlesen akustisch gar nicht so übel an, die Schüler haben dann aber nicht die geringste Ahnung, *was* sie gelesen haben.

Bei einer Pädagogischen Konferenz konnte ich viele meiner Kollegen davon überzeugen, wie sinnlos es ist, Lernstoff in Hefte einzutragen und das Lernen der Eintragungen zu verlangen, wenn den Kindern die wesentlichen Voraussetzungen zum Lernen fehlen. Erst müssen sie lesen und leserlich schreiben können, dann erst ist das Erlernen eines Stoffes möglich. Aufgrund dieser Demonstration haben wir dann einen fächerübergreifenden Schwerpunkt Lesen geplant. Wir differenzierten dabei in ein Programm zum Verbessern der Lesefertigkeit, eins zum Verbessern des Leseverstehens und eines zum streßfreien Vorlesen. Erst arbeiteten wir ausschließlich an der Lesefertigkeit. Nach Festigung dieses Bereiches konzentrierten wir uns auf das sinnerfassende Lesen. Mein Beitrag zu diesem Leseprojekt war die Zusammenstellung der entsprechenden Brain-Gym®-Übungen und ihre Durchführung.

Turnen alleine bringt natürlich nicht den gewünschten Erfolg, und so übernahmen alle Lehrer der Klasse je einen anderen Übungsbereich. Es wurde laut und leise gelesen, vorgelesen, mitgelesen, gemeinsam gelesen. Es gab Leserätsel, Lesespiele und Leseaufgaben. Auch eine Dichterlesung und Besuche in Bibliotheken wurden organisiert. Ein sehr wichtiger Punkt war die Diskussion mit den Schülern über die Frage: „Warum und wozu soll ich gut lesen können?" Die ratlosen Gesichter vieler unserer Schüler sind mir im Zusammenhang mit dieser Fragestellung noch sehr lebhaft in Erinnerung. Doch nachdem wir uns für die Klärung dieser Frage viel Zeit genommen hatten, änderte sich die Einstellung zum Lesen deutlich.

Bevor wir unser Projekt starteten, haben wir alle Schüler beim Vorlesen mit einem Kassettenrekorder aufgenommen. Nach der Durchführung des Projekts haben wir diese Aktion wiederholt. Beim abschließenden Lesefest haben wir dann beide Aufnahmen unmittelbar hintereinander abgespielt. Die Verbesserung war nicht zu überhören, und die Begeisterung war bei allen Beteiligten sehr groß.

*

Bei einer abschließenden Besprechung diskutierten wir mit unserer Direktorin einen neuen Schulversuch: Am Beginn der Hauptschulzeit, bevor noch irgendwelche Wissensinhalte vermittelt werden, sollen die Schüler die nötigen Grundvoraussetzungen zum Lernen vermittelt bekommen. Um mit den Worten unserer Direktorin zu sprechen: „Zuerst müssen die Kinder die Kulturtechniken Lesen und Schreiben beherrschen." Bei der Verwirklichung dieser Ziele ist Brain-Gym® bereits fix eingeplant. Viel Frust könnte so beim Lernen vermieden werden, und zwar auf Schülerseite und auf Lehrerseite.

Zusätzlich zu den Schwerpunktprogrammen setze ich einzelne Übungen ganz gezielt ein. In späten Unterrichtsstunden, wenn ich das Gefühl habe, „über die Köpfe der Kinder hinwegzureden", turne ich mit ihnen *Denkmütze, Ohrenachten und Eule.* Sehr oft kann ich meine Schulkinder jetzt auch schon dabei beobachten, wie sie die Übungen aus eigener Initiative machen. Darauf angesprochen, erklären sie, danach viel besser zuhören zu können. Immer öfter berichten mir Eltern an Elternsprechtagen über die Brain-Gym®-Aktivitäten ihrer Kinder zu Hause. Für viele Eltem ist das ein Grund, sich Literatur über Brain-Gym® zu besorgen und ihre positiven Erfahrungen an Bekannte und Freunde weiterzugeben. Es macht mir immer viel Freude zu sehen, wie unaufhaltsam sich Brain-Gym® weiterverbreitet. –
Soviel für heute.

Deine Brigitte Haberda

Hermann Ritter:

Nicht in die Sonderschule ...

Kinesiologie in der Prävention

An einer Hamburger Grundschule, in der seit circa zwölf Jahren offener Unterricht praktiziert wird, bin ich mit voller Stundenzahl seit drei Jahren als Präventionslehrer tätig. Dieser Begriff bedarf einer Erklärung, denn Präventionslehrer gibt es meines Wissens nur in Hamburg.

Meine Aufgabe ist es, präventiv in Regelschulen zu arbeiten und damit Einweisungen einzelner SchülerInnen in Sonderschulen möglichst zu verhindern. Es gibt nur wenige Präventionslehrer in Hamburg, eine Ausweitung dieser Arbeit ist derzeit nicht vorgesehen. Zur Arbeitsplatzbeschreibung gehören ein eigens ausgestatteter Raum, die gänzliche Befreiung von bedarfsdekkendem Unterricht (also auch keine Vertretungsstunden), der Verzicht auf Vorgaben und Richtlinien zur inhaltlichen Gestaltung der Arbeit sowie die Methodenfreiheit zur Auswahl der Kinder, die zu mir kommen sollen (in Zusammenarbeit mit den KlassenlehrerInnen). Die SchülerInnen verlassen für jeweils eine Unterrichtsstunde die Klasse und kommen zu mir in den Raum oder werden von mir abgeholt. Einige Kinder kommen bis zu fünfmal, andere nur einmal wöchentlich zu mir. Nach Möglichkeit nehme ich nicht mehr als drei Kinder pro Unterrichtsstunde bei mir auf. In der Regel nennen mir die KollegInnen die Kinder, die Probleme mit dem System Schule haben; im Vordergrund stehen dabei Lernschwierigkeiten und Verhaltensauffälligkeiten. Über die Anzahl der Präventionsstunden entscheiden wir gemeinsam. Alle Kinder kommen gern zu mir.

Eine Stunde in „meinem" Raum läuft formal so ab: Wir setzen uns kurz an den Tisch, reden über Probleme, die die Kinder haben, und entscheiden dann über den Verlauf der Stunde. Ich äußere meinen Wunsch, die Kinder einigen sich auf gemeinsame Wünsche (notfalls über unsere Telefone im Raum). *Meine* Wünsche sind seit nunmehr zwei Jahren Brain-Gym®-Übungen. Zu den Wünschen der Kinder äußere ich mich später noch ausführlicher.

Zur Kinesiologie bin ich über Kollegen und über die Mutter eines Schülers gekommen, als ich ratlos war, wie ich mit einigen Kindern weiterarbeiten sollte. Ich habe den Kurs Brain-Gym® I mitgemacht, mich dann aber längere Zeit nicht getraut, Tests und Übungen anzuwenden, weil ich glaubte, nicht genügend Kenntnisse zu haben. Der Anlaß zur Anwendung war schließlich Lars (Namen sind geändert). Lars war ein sehr ernster, gutmütiger Schüler. Er hatte eine lange Therapiegeschichte hinter sich, war therapiemüde, nahezu schon „therapieresistent". Er konnte hervorragend rechnen, im Sachunterricht gute mündliche Beiträge formulieren, konnte konzentriert spielen – nur lesen und schreiben konnte er nicht. Alle LRS-Bemühungen waren bei ihm nach dreijähriger Schulzeit gescheitert. Lars war auch mir gegenüber anfangs sehr skeptisch. Er ließ sich in der ersten Zeit nur auf Raumtelefongespräche mit mir ein. Nach etwa drei Wochen gestattete er mir, ihn zu testen, und begann mit mir die ersten Brain-Gym®-Übungen zu machen. Zwei Monate später, nach intensiven Gesprächen und mehreren Hausbesuchen, machte er – anfangs mit seiner Mutter zusammen – dreimal täglich gemeinsam verabredete Übungen, deren Dauer drei bis fünf Minuten nicht überschritt. Im Laufe des nächsten Halbjahres buchstabierte Lars mühsam, begann mit anderen Kindern Leselotto zu spielen, erlas sich mühevoll Stationsnamen der U-Bahn und konnte am Ende des Schuljahres sinnentnehmend lesen. Er hatte auch begonnen, Texte zu schreiben.

Erstaunlich war für mich jedoch die gleichzeitige persönliche Entwicklung. Lars wurde aufgeschlossener, kontaktfreudiger, konnte lachen und war manchmal schon richtig ausgelassen.

Im Laufe dieser Zeit wurde ich mutiger mit meinen Brain-Gym®-Unternehmungen, bezog andere Kinder, Eltern und Kollegen ein und nahm an einem Kurs Brain-Gym® II teil. Inzwischen ist Brain-Gym® bei fast allen Kindern zum festen Bestandteil meiner Stunden geworden. Vielleicht abweichend von der allgemeinen Gepflogenheit teste ich mit etwas stärkerem Druck, so daß nicht nur ich „schwache" Muskeltests registriere, sondern auch die Kinder deutlich merken, wenn sie „schwach" oder „stark" testen. Nach dem Test trinken wir gemeinsam Wasser und machen anschließend Übungen. PACE ist als Kurzprogramm Teil dieser Übungen. Für jeweils eine Übung ist ein Kind (oder auch ich) der „Chef" und bestimmt Inhalt und Länge der Übung.

Dann schließen sich Übungen an, die an den jeweiligen Schwächen der Kinder orientiert sind; viele Kinder haben sich diese Übungen aus dem Buch herausgesucht. Zum Abschluß werden noch Übungen durchgeführt, die den Kindern am meisten Spaß machen und noch nicht vorher „dran" waren. *Grounder (Erden), Positive Punkte* und die Anregung der Thymusdrüse sind am beliebtesten, auch in dieser Reihenfolge. Mit den Kindern ist verabredet, daß sie bestimmte Übungen täglich dreimal durchführen. Ich achte darauf, daß diese Übungsteile jeweils nur drei bis fünf Minuten in Anspruch nehmen, auf keinen Fall länger dauern. Fast alle Eltern sind darüber informiert, einige machen auch mit. In einem Fall wurden zu Hause sogar die Geschwister einbezogen.

Bei Kindern, die ihre Übungen täglich machen, stelle ich in meinen Stunden folgende Veränderungen fest: Die Kontaktfreudigkeit wird größer, Entscheidungen werden eindeutiger und schneller getroffen, die Kinder nehmen ihre Interessen besser wahr, werden fröhlicher und weniger ängstlich. Eltern einiger Kinder berichten, daß ihre Kinder morgens leichter aufstehen könnten, vor der Schule nicht so lange trödelten und ihre Sachen besser beieinander halten könnten. Morgendliche Auseinandersetzungen verschwänden zwar nicht, nähmen aber ab. Manche Eltern sagen, sie erlebten ihre Kinder entspannter.

KollegInnen nehmen in einigen Fällen ähnliches wahr. In vielen Fällen werden sowohl meine als auch die Beobachtungen der Eltern bestätigt, wenn auch nicht so eindeutig. Teilleistungsschwächen nehmen in vielen Fällen merklich ab. Diese Entwicklung erfolgt selbstverständlich nicht rasant, ist in einigen Fällen aber deutlich zu beobachten. Bei anderen stellen sich Veränderungen erst nach längeren Zeiträumen ein (bis zu einem Jahr).

Natürlich führen nicht alle Kinder ihre Übungen täglich und schon gar nicht dreimal täglich durch. Sie scheitern an ihren häuslichen Verhältnissen und verschiedenen anderen Umständen, selbst wenn sie den guten Willen dazu haben. Diese Kinder bitte ich, die Verantwortung für ihren Körper zu übernehmen, der zur Zeit nicht so gut funktioniere, daß sie mit ihren Schwierigkeiten besser zurechtkämen. Von mir aus erfolgt das über Appelle wie: „... Wann übernimmst du die Verantwortung für deinen Körper?" Appelle dieser Art sind sicher nicht die beste Lösung, haben aber in einigen Fällen guten Erfolg gehabt. Bei einigen wenigen Kindern hat sich bisher merklich nichts geändert, ich trete auf der Stelle und komme scheinbar nicht weiter. Das sind meistens Kinder, die Schwierigkeiten haben, mit schulischen Arbeiten überhaupt erstmal anzufangen.

An diesen Kindern merke ich, daß meine Arbeit allzu „defektorientiert" ist und ich den Aktionsbalancen nicht genügend Gewicht beigemessen habe. Deshalb habe ich mich jetzt (endlich) für einen Wiederholungskurs Brain-Gym® I angemeldet, will auch in absehbarer Zeit den Kurs *One Brain I* wiederholen, um meine Trägheit in Zukunft früher zu überwinden. Selbstverständlich berichte ich gerne über meine „Paradefälle" wie Lars, es gibt auch noch einige andere davon. Mir wären aber die anderen, kaum merklichen und – wie ich meine – entscheidenden Veränderungen lieber, und deshalb will ich mich einmal wieder selbst bewegen.

Ich bin nicht nur in bezug auf die Kinesiologie mutiger geworden. Ich frage die KollegInnen jetzt nicht mehr, ob sich bei Andreas, Lars oder anderen nun schon etwas verändert habe, sondern ich stelle fest, daß ich bei den Kindern Veränderungen bemerkt habe, und frage nach, ob sich das eine oder andere Kind auch in der Klasse anders verhalte. Häufig höre ich dann nicht mehr, „wie schlimm" es immer noch mit ihm sei, sondern daß bei dem Kind eine Veränderung eingetreten sei. Für mich ist das ein wesentlicher Unterschied. Inzwischen habe ich in einer Nachmittagsveranstaltung dem Kollegium zwei Stunden lang Brain-Gym® vorgestellt, und ich habe auch schon andere KollegInnen in Fortbildungsveranstaltungen zu Brain-Gym® ermutigt. Ach ja, und besser sehen (wodurch auch immer) kann ich auch. Für Schreibmaschinenschrift brauche ich keine Lesebrille mehr!

Neben der Kinesiologie sind mir die Spiele, die sich die Kinder wünschen, ebenso wichtig, wenn nicht in einigen Fällen noch wichtiger, weil sie mir unmittelbar Aufschlüsse über die Probleme der Kinder geben. Alle Spiele haben die Kinder selbst erfunden, ich habe nur einige etwas modifiziert. Die meisten Spiele haben mit Angst und Überwindung der Angst zu tun. So soll ich ein Löwe sein, der Kinder beim Laufen über die Steppe fängt, oder ich bin ein Krokodil, das Indianer frißt, ein Ameisenbär, der Ameisen wegfängt, und anderes mehr. Die Kinder legen sich hin und „schlafen ein", damit es dem Krokodil langweilig wird, es auch einschläft und sie gefahrlos den Fluß überqueren können. Ich bin ein schlafender Dracula, die Kinder sitzen auf dem Schrank und „schlagen zwölf", damit ich aufwache und sie beiße. Und selbst Dracula können sie überlisten.

Sie sind Zirkusakrobaten, die vom Schrank oder auf dem Trampolin springen, sind Karatekämpfer, Boxer, Affen und gefährliche Wildkatzen. Der kleine Mensch Tim traut sich nicht, vom Schrank zu springen, der gefährliche Wildkater Tim aber kann so etwas. Die Kinder fahren auf Rollbrettern, rollen auf Romparollen oder arbeiten in einer kleinen Werkstatt. Neben Lernspielen gibt es also eine Vielfalt von Bewegungs- und Spielmöglichkeiten.

Vor allem die „Angstspiele", wie ich sie nennen möchte, sind aufschlußreich. Es gibt Kinder, die diese Spiele noch nicht, und Kinder, die diese Spiele nicht mehr spielen mögen. Gewünscht werden sie von allen. Die Kinder teilen mir mit, wie gefährlich ich sein darf oder sein muß. Miriam zeigte mir mit Daumen und Zeigefinger, die sie nur millimeterweit auseinanderhielt, wie gefährlich der Löwe sein durfte, und nach einem Jahr mit ausgestreckten Armen, wie gefährlich der Löwe sein mußte; danach brauchte sie das Angstspiel nicht mehr und hatte auch einen großen Teil ihrer schulischen Probleme überwunden.

Der Umgang mit der Angst weist häufig auf Erlebnisse in der frühen Kindheit hin. Schon bevor ich mit Brain-Gym® begann, war ich auf dem Weg, die Eltern nach den Umständen der Schwangerschaft, der Geburt und der Kleinkindphase zu befragen. Von 34 Kindern, die ich in diesem Schuljahr betreue, sind mindestens 24 in dieser Hinsicht vorbelastet (einige Eltern konnte ich nicht befragen). Den Müttern waren Wehenhemmer verabreicht worden, die Kinder wurden mit Kaiserschnitt zur Welt gebracht, lagen im Brutkasten, hatten längere Krankenhausaufenthalte im Baby- und im Kleinkindalter oder waren nur kurz oder gar nicht gekrabbelt.

Die Auswirkungen:
- Wehenhemmer legen nicht nur die Muskulatur der Mutter lahm, sie lähmen auch das Kind.
- Der Kaiserschnitt verhindert, daß das Kind seine Grenzen erfahren kann, es fehlen wichtige Hirninformationen.
- Der Brutkasten schneidet das Neugeborene von allen wichtigen Lebensinformationen ab; ähnliches gilt bei längeren Krankenhausaufenthalten.

– Unzureichendes oder fehlendes Krabbeln hemmt die Links-rechts-Koordination des Körpers.

Viele Eltern wissen, daß ihre Kinder „irgendwie" anders sind als andere Kinder, und sind froh – manchmal auch etwas ungläubig – für jeden Hinweis über die Ursachen des „Andersseins" ihrer Kinder. Diese Informationen erleichtern die Zusammenarbeit mit den Eltern, mit den KollegInnen und mit den Kindern. Die Kinesiologie ist mir eine wichtige Ergänzung für meine Arbeit in der Schule und inzwischen auch für meinen privaten Lebensbereich.

Erden (Grounder)

Wilfried Wendt:

Mehr als Nachhilfe

Pädagogische Kinesiologie im sonderpädagogischen Förderunterricht an der Grundschule

Ganz neue Anforderungen wurden an mich gestellt, als ich begann, in der Grundschule sogenannte lernbehinderte Kinder integrativ zu betreuen. Ich konnte beobachten, wie in nahezu allen Grundschulklassen jeweils mehrere Schüler besondere Verhaltensauffälligkeiten und Lernprobleme zeigten. Der geheimnisvolle Diagnostik-Koffer mit seinen Testmanualen – als Markenzeichen der Sonderschullehrer – gab und gibt keine brauchbaren Antworten auf die Frage, was ein Sonderpädagoge in der Grundschule Sinnvolles tun kann. Ohne einen eigenen Klassenverband fehlte mir die Sicherheit, die eine kontinuierliche inhaltliche Arbeit geben kann. So pendelte ich in meiner Tätigkeit zwischen den Modellen „Schulpsychologe" und „Nachhilfelehrer" hin und her. Seitens der Eltern und Grundschullehrer wurden hohe Erwartungen an meine Arbeit geknüpft, die in der Regel nicht zu erfüllen waren.

In dieser spannungsreichen Situation entdeckte ich für mich die Edu-Kinestetik (1). Als ich erstmals von Paul Dennison las, war ich zunächst skeptisch, aber auch gleichermaßen neugierig. Bei meinen ersten Versuchen mit der *Überkreuzbewegung* und der *Liegenden Acht* begann ich zu ahnen, daß hier ein ganz fundamentales Wissen für die praktische Arbeit mit meinen Problemschülern zugrunde liegt.

Im Sommer 1991 besuchte ich den Workshop *One Brain I* aus der *Three-In-One-Concepts*-Reihe (2). Er beinhaltet neben einer Fülle von Übungen und kinesiologischen Korrekturtechniken eine Reihe psychologischer Vorgehensweisen aus dem NLP (Neurolinguistisches Programmieren) (3). Der Inhalt dieses Workshops ist seitdem Kernstück meines sonderpädagogischen Förderunterrichts an der Grundschule. Im Gegensatz zu den Brain-Gym®-Übungen (4), die auch für den Klassenunterricht geeignet sind, konzentriere ich mich in kurzen Einzelsitzungen, den sogenannten Zielbalancen, auf die Grundprobleme beim

Lesen, Schreiben, Rechnen, bei der Konzentration und beim Selbstwertkonzept. In Einzelarbeit lassen sich mit Hilfe von Muskeltests die jeweils individuellen Mechanismen der Lernschwierigkeiten ermitteln und oftmals erfolgreich korrigieren.

Ausgangspunkt der Einzelarbeit sind die jeweils aktuellen Anforderungen aus dem Klassenunterricht. Daraus entwickle ich mit meinen Schülern Ziele, die momentan Priorität haben. Per Muskeltest werden die zum Ziel passenden Übungen ermittelt, und vorhandener Streß wird abgebaut. So kommt es zum Beispiel oft vor, daß wir mit einem Lesetext beginnen, dann eine kinesiologische Balance zum Thema Lesen durchführen, um danach am Text weiterzulesen. Meistens ist eine Verbesserung direkt hörbar.

In diesen kurzen, circa zwanzigminütigen Zielbalancen können nicht nur die Schüler selbst Grundsteine für ihren Lernfortschritt legen, sondern es können auch Einsichten gewonnen werden, die Eltern und Lehrern ein besseres Verständnis der Lernschwierigkeiten ermöglichen.

Gedächtnisübungen

Am Anfang meiner Arbeit mit pädagogischer Kinesiologie stand folgende kleine Geschichte, eine Übung zum Auswendiglernen:

> „Es saß ein Zweibein auf einem Dreibein und aß ein Einbein. Da kam ein Vierbein und nahm dem Zweibein das Einbein weg. Daraufhin nahm das Zweibein das Dreibein und schlug damit das Vierbein."

Vera Birkenbihl (bei der ich diese Geschichte fand, vgl. Anmerkung 5) betont die für gute Gedächtnisleistungen notwendige Verknüpfung analoger Informationsspeicherung, vor allem bildlicher Vorstellungen, mit digitaler oder inhaltlicher Informationsspeicherung, zum Beispiel Zahlen. Wer sich also diese Geschichte über den Weg bildlicher Vorstellungen einprägt, kann sie leicht wiedererinnern. (So könnte man sich als Zweibein etwa einen Menschen vorstellen, der auf einem dreibeinigen Hocker sitzt und einen Hähnchenschenkel ißt; da kommt eine Katze, das Vierbein, ...) Dies setzt eine gute Kommunikation zwischen der rechten Gehirnhälfte, zuständig für den analogen Aspekt, und der linken Gehirnhälfte, zuständig für den digitalen Aspekt, voraus.

In einer 2. Klasse betreute ich einen Schüler mit besonderen Schwierigkeiten in der allgemeinen Merkfähigkeit. Ich nenne ihn hier Thomas. Er konnte sich immer wieder an einzelne Buchstaben, Arbeitsaufträge oder an die Schreibweise bestimmter Wörter nicht erinnern, obwohl er sich Mühe gab. Für alle Arbeiten benötigte er viel Zeit und viele zusätzliche Hilfen. In einer Förderstunde stellte ich Thomas die Geschichte (s.o.) vor, erklärte ihm den Trick mit der bildlichen Vorstellung und stellte erstaunt fest, daß er auch mit vielen Hilfen nicht in der Lage war, diese Geschichte wiederzugeben.

Am Tag zuvor hatte ich mein erstes Buch von Paul Dennison (6) gelesen. Nach Dennison hätte Thomas Probleme mit der Integration beider Gehirnhälften und mit der *Überkreuzbewegung* haben müssen. Tatsächlich stellte die Überkreuzbewegung ihn vor zunächst kaum lösbare Probleme. Lediglich mit Handführung oder ganz bedacht, sozusagen in Zeitlupe, gelang es ihm, die rechte Hand ans linke Knie zu führen und umgekehrt. Bei jeder fließenden Bewegung rutschte er wieder ins gleichseitige Bewegungsmuster.

In den folgenden drei Förderstunden übte ich mit Thomas Überkreuzbewegungen und *Liegende Achten.* Als Thomas so weit war, daß er seine Übungen mit etwas Leichtigkeit und Sicherheit durchführen konnte, stellte ich ihm nochmals die Geschichte „mit den vielen Beinen" vor. Nun war ich ein zweites Mal erstaunt, da es ihm gelang, die Geschichte ohne Schwierigkeiten wiederzugeben. In dieser Zeit beobachtete auch die Klassenlehrerin einen deutlichen Fortschritt in Thomas' Schulleistungen. Er wirkte selbstsicherer und aufnahmefähiger. Mir wurde erstmals klar, daß die Fortschritte in seinen Schulleistungen in direktem Zusammmenhang standen mit der Verbesserung seiner motorischen Fertigkeiten bei der *Liegenden Acht* und der *Überkreuzbewegung.* Diese Grundannahme hat sich in meiner praktischen Arbeit immer wieder bestätigt, auch wenn sich Erfolge nicht immer so leicht einstellten, wie es bei Thomas der Fall war.

[Fortsetzung S. 116]

Zeichnungen: Margrit Hammer

Simultanzeichnen

Hilft dir beim Schreiben

Elefant

Aktiviert dein Gehör und Gedächtnis

Zeichnungen: Margrit Hammer

Gaits oder Zehen-
zwicken

Wirbelwind

Macht dich ruhig
und frisch

Zeichnungen: Margrit Hammer

Wadenpumpe

Hilft dir beim
Sprechen u. Verstehen

Gehirnknöpfe

Stärkt deine
Augen

Zeichnungen: Margrit Hammer

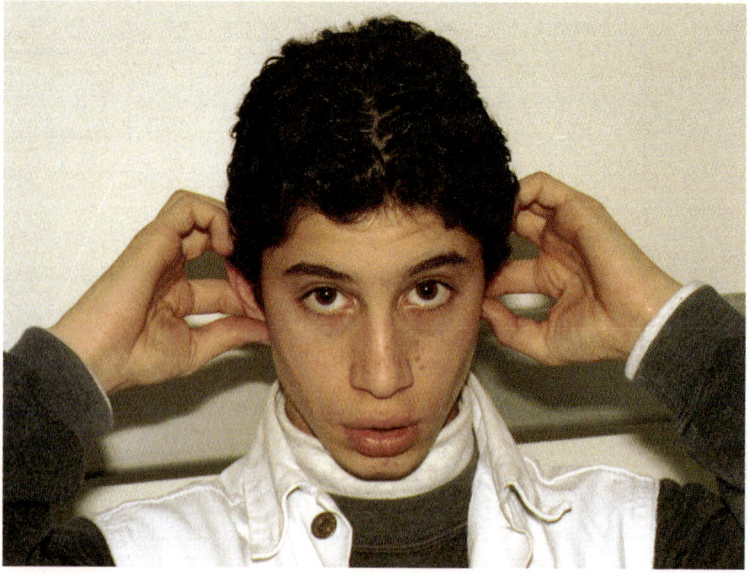

Murat faltet sich die Ohren aus.

Double Doodle (Simultanzeichnen)

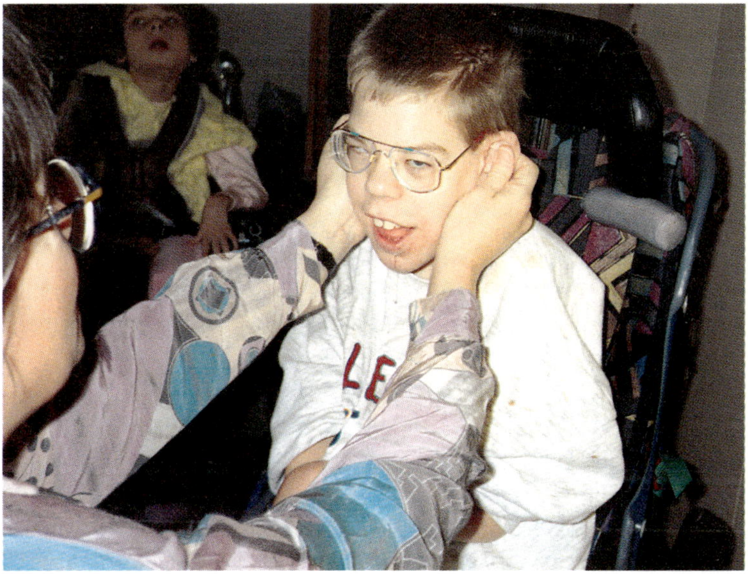

Denkmütze

Michael schreibt in der liegenden Holzacht.

Beispiele aus meiner Arbeit mit *One-Brain*-Balancen

Viele der „schwierigen" Schüler zeigen zunächst Teilleistungsschwächen und problematische Verhaltensweisen im Unterricht. Sie verweigern, stören, träumen etc. und haben Angst, in der Schule zu versagen. Oftmals genügen fünf bis zehn kurze kinesiologische Balancen und ein Übungsprogramm für Zuhause, um diesen Schülern wieder Motivation und Erfolg in ihrem Lernen zu ermöglichen. Folgende Beispiele aus meiner Unterrichtspraxis haben einen typischen Charakter, da sich die Themen oftmals wiederholen.

Leseschwäche

Marco zeigte zu Beginn der dritten Klasse noch große Leseschwierigkeiten. Noch immer setzte er mühsam Buchstabe für Buchstabe aneinander. Trotz Buchstabensicherheit konnte er auch einfache und bekannte Wörter nicht fließend erlesen.

Im Förderunterricht konzentrierte ich mich zunächst auf die Grundfertigkeiten zur Lesewahrnehmung, das heißt auf das Überkreuzbewegen, die *Liegende Acht* und die Ohrenkorrektur, jedoch mit geringem Erfolg, bis ich verschiedene Blickrichtungen ausprobierte und feststellen konnte, daß Marco seinen Text deutlich besser in Augenhöhe und darüber lesen konnte, als – wie üblich – mit dem Blick nach unten. In der darauffolgenden kinesiologischen Balance erinnerte er sich daran, wie sein kleiner Bruder ihm von unten einen Bauklotz ins Auge geworfen hatte und wie er mit seinem schmerzenden Auge beim Augenarzt war. Mit verschiedenen Korrekturübungen lösten wir den Streß ab, der mit dem Blick nach unten verknüpft war, und festigten seine Motivation zu lesen. Eine Woche später begann Marco, fließend zu lesen. Vermutlich war es das negative Erinnerungsmuster – ausgelöst durch bestimmte Blickrichtungen –, das seinen Leselernprozeß empfindlich gestört hatte.

Rechnen ohne Mengenvorstellung

In Mathematik fiel Tilo durch überhastete und zumeist völlig falsche Lösungsversuche auf (zum Beispiel 3 x 9 = 84) Über den Zahlenraum von 20 hinaus schien er ohne genaue Mengenvorstellung zu rechnen. So begann er zu raten, wenn er nicht Schritt für Schritt Lösungen durch Abzählen erreichen konnte. Bei Textaufgaben, Multiplikation und Division traten diese Schwierigkeiten besonders zutage. Bei der kinesiologischen Überprüfung zeigten sich deutliche Schwächen in der Hemisphärenintegration und der Fähigkeit, innere visuelle Vorstellungen zu konstruieren.

Ausgiebiges Überkreuzbewegen – einschließlich Lateralitätsbahnung und Korrekturen der Augenposition für visuelles Konstruieren – führten nach ungefähr drei Wochen zum Erfolg. Tilo übte auch zuhause eifrig seine *Überkreuzbewegung,* wurde im Rechnen zunehmend sicherer und konnte am Ende des Schuljahres befriedigende Leistungen erzielen.

Blockiertes Schreiben

Carsten versagte im Deutschunterricht. Er schrieb ganze vier Wörter in sein Heft, wenn seine Mitschüler in der gleichen Zeit zwei Seiten schrieben. Ermahnungen, Belohnungen etc. blieben wirkungslos. Bei Diktaten kam er nicht mit, Aufsätze und Hausaufgaben wurden nicht fertig, statt dessen träumte oder kasperte er im Unterricht. In Mathematik dagegen zeigte er gute Leistungen.

Im Förderunterricht begannen wir mit der *Überkreuzbewegung,* um eine stärkere Aktivierung der rechten Hemisphäre zu erreichen, die für flüssiges und leichtes Schreiben zuständig ist. Hinzu kamen Übungen zur Schulter- und Nackenmuskelbefreiung. Beides zeigte nur geringen Erfolg, bis sich Carsten in einer kinesiologischen Balance daran erinnerte, einen Schlag auf die Schreibhand (wegen unsauberer Schrift) bekommen zu haben. Wir tauschten dieses negative Erinnerungsmuster gegen ein neues Muster nach seinen Wünschen aus und verknüpften diese motivierende Vorstellung mit seiner Schreibmotorik. Bald darauf begann Carsten flüssiger zu schreiben. Er erledigte seine Hausaufgaben und störte weniger im Unterricht.

Ein negatives Selbstbild

Simon schrieb besonders unleserlich, störte und verweigerte sich dem Unterricht. In Einzel- oder Kleingruppenarbeit zeigte er sich sehr sensibel gegenüber möglichen Mißerfolgen. Bei jeder neuen Anforderung betonte er: „Das kann ich nicht!" Meine kinesiologische Überprüfung ergab ein festgefahrenes Erlebnismuster, in dem er sich abgelehnt und als Versager fühlte, die Schuld daran aber anderen zuschob.

Die Korrektur begann mit der Aktivierung von Erfolgserlebnissen (aus dem Sport). Die Erfahrung von Erfolg verknüpften wir mit dem schulischen Lernen und festigten ein neues Selbstbild. („Ich kann das, wenn ich will.") In Verbindung mit regelmäßigen häuslichen Übungen, besonders der Nackenmuskelbefreiung, begann Simon recht bald eigene Verantwortung für seinen Schulerfolg zu übernehmen. Seine Schrift wurde besser lesbar, Verweigerungen und Störungen im Unterricht seltener.

*

Die Beispiele zeigen, daß mit pädagogischer Kinesiologie ganz neue und effektive Möglichkeiten der Unterstützung „schwieriger" Schüler bestehen. Ähnliche, relativ schnelle Erfolge wiederholen sich, sind aber an bestimmte wesentliche Voraussetzungen gebunden. Dazu gehören ein Freisein von ausgeprägten Allergien und besonderen sensumotorischen Störungen, ein positives Umfeld im Klassenverband und zuhause sowie eine dominante linke Hemisphäre.

Nun gibt es in meinem Arbeitsbereich ebenso Schüler, die diese Voraussetzungen nicht mitbringen. Oftmals zeigten sie schon frühkindliche Entwicklungsverzögerungen und haben eine Reihe krankengymnastischer und medizinischer Behandlungen hinter sich. Bestimmte Probleme im sensumotorischen Bereich (mit neurophysiologischen Ursachen) sind natürlich nicht mit kinesiologischem Streßabbau zu beheben. Dies gilt auch für Kinder, die in besonders belastenden häuslichen Bedingungen leben.

Das Ziel meiner Arbeit mit diesen offensichtlich beeinträchtigten Kindern ist vorrangig eine gelingende Integration in die Klassengemeinschaft, und zwar trotz ihrer geringeren Leistungsfähigkeit und trotz ihrer besonderen Schwierigkeiten. Auch in diesem Arbeitsbereich haben sich kinesiologische Balancen bewährt, wenn es darum geht, die individuellen Lernvoraussetzungen zu verbessern und individuelle Ziele und Kriterien der Beurteilung zu entwickeln, die den Umständen angemessen sind. Bei umfänglichen Lernstörungen ist es oft sinnvoll, ein vordringliches Problemfeld zu bestimmen, um ein scheinbares „Totalversagen" in eine Teilleistungsschwäche zu verwandeln. Häufig sind es Blockaden im visuellen oder akustischen Gedächtnis (das heißt fehlender Zugang zu einem ganzen Repräsentationssystem), die das schulische Lernen besonders erschweren. Gemeinsam mit den Klassenlehrern ist es dann notwendig, mit Rücksicht auf die Teilleistungsschwierigkeiten individuelle Anforderungen, Ziele und Erwartungshaltungen zu bestimmen, die realistische Erfolgsperspektiven vermitteln. Neben der kinesiologischen Einzelarbeit gewinnen unterrichtsbegleitende Maßnahmen an Bedeutung.

Was hat sich bewährt?

Da ist zunächst einmal der Muskeltest. Muskeltesten ist eine faszinierende Art, miteinander zu kommunizieren. Kindern fällt es oft leichter, sich auf spielerische Art und Weise den überraschenden Antworten des Muskeltests zu stellen. Zum Einstieg biete ich ihnen meinen Arm und demonstriere ihnen die Veränderung der Muskelreaktion durch ein Zusammenkneifen des Muskelbauchs. Diesen „Trick" wenden wir dann in spielerischer Form an, indem wir abwechselnd unseren Muskel *Deltoideus anterior* testen. Daraus entwickeln wir einen Ja-nein-Modus und finden Antworten auf Fragen, die uns gerade interessieren. Zunächst frage ich oft, ob diese Person, die gerade vor mir sitzt oder steht, schlau sei. Die Muskeln bestätigen meine Vorannahme, und Schüler, die mit Lernproblemen zu mir kommen, freut es natürlich zu erfahren, daß sie zwar bestimmte Schwierigkeiten haben, aber eigentlich „schlau" sind. In dieser Einstiegsphase benutze ich den Muskeltest nicht unbedingt korrekt im kinesiologischen Sinne, sondern eher, um mit etwas Suggestion ein Selbstbild des Schülers zu etablieren, das weiteres Arbeiten mit diesen ungewöhnlichen Methoden ermöglicht. Je nach Interessen der Schüler setze ich auch Metaphern ein. Zum Beispiel: „Stell dir vor, du hast einen schlauen Computer, der genau über dich Bescheid weiß und den wir so (mit Muskeltest) etwas fragen können." Wenn ich mir sicher bin, daß der oder die Schüler(in) sich beim Muskeltest gut und kompetent fühlt, stelle ich eine Reihe von Fragen, um ein brauchbares Arbeitsziel zu ermitteln. Alle Fragen werden nun mit Muskeltest geprüft, und der Muskeltest (MT) zeigt uns, wie es weitergeht. Dazu ein Beispiel:

L.: „Mark, was möchtest du besser können?"
Mark: „Ich möchte gern besser lesen können."
L.: „O.K. Laß uns mal sehen, was deine Arme dazu sagen!
Ist das ein gutes Ziel? (MT: Ja)
Gut, es ist also ein gutes Ziel.
Kann Mark bald lernen, besser zu lesen? (MT: Ja)
Tatsächlich. Nun! Gibt es etwas, was wir jetzt dafür tun können? (MT: Ja)
Sind das etwa Übungen aus meinem Programm? (MT: Ja)
Oder lieber etwas anderes? (MT: Nein)
Also Übungen. Darf ich eine Übung vorschlagen? (MT: Ja)"

In den ersten Übungsstunden wähle ich entweder die *Liegende Acht* oder die *Überkreuzbewegung* für eine spielerische, aber gründliche Korrektur. Als Anreiz zur Übung mit der Liegenden Acht hängt eine „Autorennbahn" an der Wand, und ich lasse die Schüler bei leicht abgedunkeltem Raum mit einer Taschenlampe ihre Runden auf der Rennbahn fahren.

Zur Unterstützung der *Lateralitätsbahnung* wende ich eine Form von Überkorrektur an, indem ich meine Schüler auffordere, sich zunächst im homolateralen Bewegungsmuster – „wie ein Roboter in Zeitlupe" – zu bewegen. Erst wenn eine Menge Spannung und Muskelkraft vom „Roboter" verbraucht ist, gehe ich zur *Überkreuzbewegung* über. Die Polarisierung der Bewegungsmuster in den „Roboter in Zeitlupe" (homolateral) einerseits und den „summenden Tänzer" (Überkreuzbewegung) andererseits erleichtert eine spätere Integration beider Muster auf höherer Ebene. Bei geübten Schülern wähle ich oft den direkten Weg einer kinesiologischen Balance nach dem *One-Brain*-Konzept, daß heißt mit der sogenannten Altersrezession, mit Fingermodi und was sonst noch dazu gehört. Die Technik der Altersrezession erhöht die Wirksamkeit der Korrekturen beträchtlich. (2)

Oftmals werden Lernschwierigkeiten, Verhaltensauffälligkeiten oder Entwicklungsverzögerungen der Schüler für Lehrer und Schüler fast unerträglich. Dann spielen festgefahrene Glaubenssysteme oder Überzeugungen eine wichtige Rolle. *Reframing* – das heißt Umdeuten – ist eine ganz wesentliche Technik, um einen neuen Rahmen für mögliche positive Veränderungen zu schaffen. (3) Aus „unerträglichen Belastungen" kann zum Beispiel eine „Herausforderung zu neuen Lernwegen" werden. Alle Erfolge sind nicht existent, solange wir nicht gelernt haben, sie zu sehen und zu würdigen. Das ist eine Frage der Perspektive, die in Gesprächen mit den beteiligten Kollegen, insbesondere mit den Klassenlehrern, erarbeitet werden muß. Erfahrungsgemäß leiden viele Menschen mehr unter ihren Vorstellungen als unter der Realität.

Zusammenfassung

Meine sonderpädagogische Arbeit an der Grundschule hat mit der Anwendung der pädagogischen Kinesiologie einen qualitativ neuen und effektiven Schwerpunkt bekommen. Damit sind meine Möglichkeiten, die begonnene „komplexe Integration" (7) sogenannter lernbehinderter Schüler in die Grundschule zu unterstützen, deutlich gewachsen. Besonders in der Prävention von Schulversagen bieten sich erfolgversprechende Perspektiven. Darüber hinaus gibt es ein lebhaftes Interesse seitens der Grundschullehrer, Übungen der Edu-Kinestetik in ihren Unterricht zu integrieren und es damit Schülern und Lehrern etwas leichter zu machen.

Insgesamt betrachtet hat diese Arbeit eher therapeutischen und beratenden Charakter als den der inhaltlichen Wissensvermittlung. So bleibt der didaktische Aspekt des Unterrichts ganz in der Hand der Klassenlehrer, und meine Mitwirkung konzentriert sich auf methodische Probleme und den zusätzlichen Förderunterricht. Diese klare Aufgabenteilung hat sich in meiner Arbeit als positiv für die Zusammenarbeit zwischen Sonderschullehrer und Grundschullehrern herausgestellt. Eine gute Zusammenarbeit zwischen den beteiligten Lehrkräften ist für eine gelingende Integration von Problemschülern besonders wichtig. Hier kommt es darauf an, die auftretenden Schwierigkeiten so zu interpretieren, daß sie produktiv bearbeitet werden können. Dabei haben sich die NLP-Techniken des Umdeutens *(Reframing)* und der Kommunikation (*Pacing* und *Leading*) als besonders hilfreich erwiesen. (3)

In der Entwicklung meines sonderpädagogischen Arbeitsstils konnte ich nur begrenzt auf Inhalte meiner Ausbildung zurückgreifen. Und so versuche ich weiterhin – mit der Zielperspektive einer möglichst effektiven integrativen Förderung „lernbehinderter" Kinder –, Verfahren aus der pädagogischen Kinesiologie und des NLP in den Schulalltag zu integrieren.

Literatur:

(1) Dennison, Paul E.: *Befreite Bahnen,* Freiburg: VAK, 1984

(2) Stokes, Gordon / Whiteside, Daniel: *ONE BRAIN-Workshop-Buch. Korrektur legasthenischer Lernstörungen und Gehirnintegration,* Freiburg: VAK, 1990; 3. Aufl. 1994

(3) O'Connor, Joseph / Seymour, John: *Neurolinguistisches Programmieren. Gelungene Kommunikation und persönliche Entfaltung,* Freiburg: VAK, 1992; 4., bearb. u. erweit. Aufl. 1994

(4) Dennison, Paul E. / Dennison, Gail: *Lehrerhandbuch Brain-Gym®,* Freiburg: VAK, 1991; 4. Aufl. 1994

(5) Birkenbihl, Vera F.: *Stroh im Kopf. Eine Gebrauchsanleitung fürs Gehirn,* Speyer 1988

(6) Dennison, Paul E. / Dennison, Gail: *EK für Kinder. Handbuch der Edu-Kinestetik für Eltern, Lehrer und Kinder jeden Alters,* Freiburg: VAK, 1987; 9. Aufl. 1994

(7) Grissemann, Hans: *Lernbehinderung heute,* Bern 1989

Überkreuzbewegung mit Aufsitzen

Claudia Meyenburg:

Eine neue Qualität von Sanftheit

Chronologie der Einführung von Brain-Gym® in eine Förderschulklasse

Meine erste Begegnung mit der Edu-Kinestetik bestand darin, daß ich mich in einem falschen Kurs befand. Unzufrieden mit den Möglichkeiten meiner Arbeit, hatte ich einen Kurs zum Thema Suggestopädie belegt. Ich wußte: Es müssen andere Wege gegangen werden als die gewohnten, nicht mehr ausreichenden. Die Suggestopädie, das spürte ich recht schnell, war nichts für mich. Aber dort in diesem Kurs lag unter anderem das Buch *EK für Kinder* von Paul und Gail Dennison aus. Von den unterschiedlichen Aufgaben der beiden Gehirnhälften war da in kindgerechter Weise die Rede, von der Unmöglichkeit zu lernen, wenn man sich zu sehr anstrengt, sich mit negativen Anfeuerungen bedenkt. Und Körperübungen gab es da, die speziell das Lernen verbessern sollten. Ich war gepackt!

Spontan erinnerte ich mich auf dem Heimweg von diesem Kurs, aus dem ich ausgestiegen war, an die Äußerung einer Kollegin vor einigen Jahren. Irgend jemand, so erzählte sie damals, habe gesagt, das ständige Vergessen (unserer Schüler) von eben Gelerntem sei nur scheinbar. In Wahrheit sei das Gelernte sehr wohl abgespeichert. Was aber nicht funktionieren würde, sei der Zugriff zum Gelernten. In Computersprache: Der Input klappt sehr wohl, es hapert aber mit dem Output. So, als fände man die abgespeicherte Information in seinem Programm nicht wieder. Ich konnte mich gut erinnern, wie sehr mich das damals fasziniert hatte, wie ich aber auf meine dringende Frage, wo ich mehr darüber lernen könne, keine Antwort, keinen Hinweis fand. Heute weiß ich, daß meine Kollegin mit einem der ersten kinesiologisch arbeitenden Lehrer gesprochen haben mußte.

Nachdem diese neue Methode so heftig in meinen Wahrnehmungsraum gerückt war, kam sie in Windeseile auf mich zu. Schon zwei Wochen nach der ersten Begegnung mit dem Buch saß ich wieder in einem Wochenendkurs, diesmal im richtigen:

Brain-Gym® I, dem ersten Grundkurs für Edu-Kinestetik. Mit diesem ersten Grundkurs aus einem der vielfältigen Bereiche der Kinesiologie hatte sich mir eine neue Tür geöffnet, eine Tür zur ganzheitlichen Pädagogik, zum ganzheitlichen Lernen.

Gleich zu Beginn meiner Arbeit mit Brain-Gym® in meiner Klasse beschloß ich, die Einführung dieser Methode chronologisch aufzuzeichnen. Obwohl für mich damals alles noch ganz neu war, spürte ich die große Wichtigkeit dessen, was ich zunächst nur sehr zögerlich zu begreifen begann. Mitten im Unterricht, in den Pausen, wann immer sich ein Fitzelchen Zeit bot, nahm ich ein Stück Papier und hielt das Erlebte fest. Zuhause konnte ich es nicht erwarten, diese Protokollfetzen in den Computer zu schreiben. Es war eine aufregende Zeit. Im Laufe der Monate und bald Jahre sammelte sich umfangreiches Material an.

Im nachfolgenden Beitrag habe ich bewußt den Stil des chronologischen Protokolls beibehalten. Aus dem Wust von Alltagsaufzeichnungen wurde nur das übernommen, was tatsächlich exemplarischen Charakter bewies. Es geht mir nicht darum, beliebig austauschbare Erfahrungsberichte aneinanderzureihen. Aus jeder Episode läßt sich Allgemeingültiges ableiten, das Allgemeine wird somit im Besonderen sichtbar gemacht. Es ist mir persönlich wichtig, nicht nur einzelne Regeln oder Rezepte für die Arbeit mit Edu-Kinestetik aufzulisten. Auch die Genese jeder Verallgemeinerung sollte durchsichtig und nachvollziehbar gemacht werden. Hier findet sich auch eine Entsprechung zur Ganzheitlichkeit der Kinesiologie wieder: Erst wenn ich das Ganze sehe, kann ich das Detail verstehen. Da ich persönlich auf diese Weise am besten lerne, hoffe ich, damit auch einige LeserInnen ansprechen zu können.

*

„Erst wenn ich wirklich gut Bescheid weiß, wenn ich ein fundiertes Wissen habe, wenn ich mindestens einige der grundlegenden Brain-Gym®-Kurse hinter mir habe, werde ich mit dieser Methode in meiner Klasse beginnen ..." Die Realität der Praxis und meine Intuition lehrten mich anderes und ließen mich alle Pläne und Prinzipien verwerfen.

Ich unterrichte in einer sogenannten Förderschule – die Hamburger Bezeichnung für Sonderschulen. Meine Klasse besteht aus neun Schülern, die durchweg stark lernbehindert, zumeist auch erheblich verhaltensgestört sind. Von Lernbereitschaft, Konzentration und guter Klassenatmosphäre waren wir anfangs noch weit entfernt. Ich hatte die Klasse als 6. Klasse übernommen und habe selten in meiner über 20jährigen Unterrichtserfahrung eine derart problematische Klasse gehabt.

Ich begann mit den Brain-Gym®-Übungen in der Mitte des 6. Schuljahres, kurze Zeit nach meinem ersten Brain-Gym®-Kurs. Mitten im Unterricht fing ich damit an, ohne es auch nur eine Minute vorher geplant zu haben. Das hat natürlich seine Genese. Ich hatte durch einige der Brain-Gym®-Übungen, die ich nun selbst kennengelernt hatte und deren Wirkung mich täglich verblüffte, körperliche, seelische und geistige Erfahrungen gemacht, die mich so spontan handeln ließen. Es war jetzt, nachdem ich die neuen Methoden kennengelernt hatte, schwer, die SchülerInnen mit ihren extremen Lernblockaden vor mir sitzen beziehungsweise herumzappeln zu sehen und *nicht* zu handeln. Einige Wochen hielt ich es durch.

Dann war es wieder einmal Montag; jeder Lehrer weiß, was Montage an Unruhe und geistig-seelischer Erschöpfung für die SchülerInnen bedeuten. Die Kinder waren müde. Sie hingen auf ihren Stühlen herum, konnten nicht zuhören und wirkten vollkommen schlapp. Und es war kein bloßes Arbeitsvermeidungsverhalten, wenn sie baten: „Können wir nicht spielen, wir haben keine Lust zu lernen!" Ich war selbst sehr überrascht, als ich mich plötzlich ankündigen hörte: „Also, jetzt machen wir erst mal ein paar Körperübungen, damit ihr wach werdet." Soweit, so unverdächtig. Körperübungen können ja auch noch Gymnastik sein, ein altes, erprobtes Mittel. Also auf den ersten Blick nichts Neues, nichts, was erst einmal lange erklärt werden mußte. Nun mußte ich weitermachen. Ich war selbst über meine Worte erschrocken. Wie es dazu kam, kann ich sehr gut nachvollziehen. Seit dem Edu-K-Kurs machte ich fast täglich meine Brain-Gym®-Übungen zu Hause. Dazu gehörten bestimmte *Überkreuzübungen,* die zur Integration der beiden Gehirnhemisphären führen.

Ich hatte vor meinem inneren Auge die fröhlich herumhüpfende Kursleiterin und wollte den Kindern einfach zu mehr Wachheit und Koordination verhelfen. Plötzlich standen sie also alle brav von den Stühlen auf, was ich erst einmal gar nicht erwartet hatte. Meist ist es bei lernunwilligen, verhaltensgestörten Kindern sehr schwer, sie zu einer Veränderung ihrer augenblicklichen Körperposition und überhaupt zu einer Bewegung zu veranlassen. Diese aber standen, bis auf zwei, alle in der Mitte der Klasse und sahen mich erwartungsvoll an. Ich mußte innerlich über mich lachen. Denn ich sah mich selbst in einer mir höchst unliebsamen Rolle, nämlich in der der Vorturnerin, der Arme und Beine schwenkenden Lehrerin. Ein Aspekt des Lehrerinnendaseins, den ich bisher immer erfolgreich aussparen konnte.

Ich ließ sie langsam die Beine heben, wie beim Auf-der-Stelle-Laufen, und dabei das Knie immer mit der gegenüberliegenden Hand berühren. Das war sehr schwer für einige. Die meisten machten parallele, also homolaterale Bewegungen. Wunderbar, dachte ich, eine Bestätigung der Edu-K-Thesen. Es war für sie extrem schwer, die *Überkreuzbewegungen* auszuführen. Immer wieder fielen sie in die Homolateralität zurück. Also ging ich von Schülerin zu Schüler und korrigierte die Bewegungen. „Oh, das ist aber schwer", hörte ich dabei immer wieder. Und wieder und wieder mußte ich sie korrigieren. Die Anstrengung, die ihnen diese Übung abverlangte, bestätigte ihren nichtintegrierten Zustand, in dem beide Gehirnhälften nicht zusammenarbeiteten. Heute weiß ich, daß dieses Korrigieren nicht förderlich ist; es ist besser, von selbst in die Überkreuzbewegung zu kommen.

Zwei Schüler blieben auf ihren Stühlen hocken und schauten dem Treiben skeptisch zu. Silvio, der eine, veralberte jede Bewegung, persiflierte sie und redete laut und aufreizend dazwischen. Er hopste durch die ganze Klasse und quietschte vor sich hin. Erhan blieb auf seinem Stuhl an seinem Tisch sitzen, zusammengesunken wie immer. Wenn er sich nicht beobachtet fühlte, blickte er neugierig zu uns herüber.

Als zweite Übung wollte ich mit ihnen die *Cook-Energieübung* machen, da ich an mir selbst erlebt hatte, wie erfolgreich und schnell diese Übung zentriert und beruhigt. Also setzten wir uns in einen Stuhlkreis, und ich fragte zunächst einmal, ob sie sich etwas frischer fühlten. Doch, das konnten sie bestätigen. Ich begann jetzt den Kindern zu erzählen, daß ich nicht nur eine einfache Körpergymnastik mit ihnen gemacht hatte, sondern eine Übung, die sie zu einem besseren Lernen bringen würde. Große Augen bei allen. Was? Wie denn das? Also begann ich – unvorbereitet und mit einem Stoßgebet, daß mir jetzt die richtigen Worte zufliegen möchten –, ihnen von den beiden Gehirnhälften zu erzählen: Beide müssen gut zusammenarbeiten, denn jede hat eine andere Aufgabe und kann etwas anderes sehr gut. Zum Lernen brauchen wir beide. Manchmal arbeitet aber nur eine der beiden Gehirnhälften mit; das kann viele Gründe haben. Wenn wir nur mit einer lernen, dann fällt uns allen, auch den Erwachsenen, das Lernen schwer;auch das Zuhören und das Erinnern an das, was wir gelernt haben. Nun hat ein kluger Wissenschaftler in Amerika herausgefunden, wie man durch Körperübungen erreichen kann, daß diese beiden Gehirnhälften anfangen zusammenzuarbeiten. Da gebe es eine Menge Übungen, erzählte ich ihnen, und auch, daß ich beabsichtige, diese ab jetzt regelmäßig mit ihnen zu machen, da ich im Begriff sei, diese ganze Sache für mich selbst zu lernen. Sie hörten aufmerksam zu und schienen auch bereit zu sein, sich darauf einzulassen.

Ich lehrte die Kinder jetzt die Position der nicht ganz einfachen *Cook-Energieübung.* Das erforderte wiederum Hilfestellung, denn einige wollten eine homolaterale Haltung einnehmen. Dabei zeigte ich ihnen die Acht, die während der Übung durch ihren Körper gebildet wurde, und erklärte ihnen, daß dies eine Zusammenarbeit ihrer beiden Gehirnhälften bewirke. Nachdem die Kinder so dasaßen, erklärte ich ihnen die Atmung und bat sie für eine Minute um Ruhe. Es wurde keine sonderlich ruhige Minute, denn die meisten Kinder wehrten sich gegen diese Haltung, die Hände rutschten ab, sie redeten, schimpften mehr oder weniger darüber, sich an die schmutzigen Schuhsohlen fassen zu müssen, vergaßen dadurch natürlich die Atmung etc. Ich hatte sie bewußt nicht gebeten, den einen Schuh auszuziehen, wie es für diese Übung erforderlich ist. Das wäre zuviel gewesen für den Anfang. Heute sehe ich das allerdings anders.

Nur drei Kinder saßen bereitwillig und folgsam auf ihren Stühlen, aber auch ihre Hände rutschten immer wieder in falsche Positionen. Silvio saß zwar mit in der Runde, hampelte aber auch hier dauernd herum und störte heftig. Interessant war Erhans Verhalten, das ich aus den Augenwinkeln beobachtete. Er hockte immer noch an seinem Tisch, sah verstohlen zu uns herüber, hatte inzwischen auch ein Bein über das andere gelegt und versuchte, die richtige Haltung einzunehmen. Wenn er meinen Blick bemerkte, bemühte er sich, harmlos in die Welt zu gucken, und tat so, als säße er schon immer so da. Sobald ich scheinbar wegsah, versuchte er wieder, in die Übungsposition zu kommen;

er wollte also lernen, wollte seine Lernprobleme angehen. Innerlich jubelte ich vor Freude.

Nachdem diese endlose Minute herum war, in der ich nur hin und her gegangen war und Hände oder Füße korrigiert hatte, zeigte ich ihnen die Handhaltung für den zweiten Teil der Übung und bat sie, dementsprechend weiterzuatmen. Auch das gelang nicht sonderlich gut, denn auch jetzt redeten vor allem Silvio und auch Murat laut hinein; die Hände schienen sie nicht so halten zu können, sie rutschten ständig auseinander. Natürlich bedeutete es rein physisch kein Problem, die Handstellung der zweiten Cook-Position einzunehmen. Die Schwierigkeit liegt im geistig-seelischen Bereich. Für etliche Kinder – und auch Erwachsene – ist es schwer, sich selbst etwas Gutes zu tun.

Nachdem diese zweite Übung auch beendet war, sagte ich ihnen, daß es ganz klar sei, daß ihnen das alles ungewohnt und neu und sonderbar vorkomme, und bat sie, sich einfach darauf einzulassen und mal abzuwarten, ob sich nicht doch einiges bei ihnen ändern würde.

*

Ich ließ sie jetzt vor jeder Stunde, in der Schreiben oder Lesen anstanden, diese Übungen durchführen. Anfangs fehlte mir noch die tägliche Konsequenz. Nach und nach führte ich dann die *Gehirnknöpfe*, die *Positiven Punkte* und die *Liegenden Achten* ein. Bei den Gehirnknöpfen bereitete es zunächst große Probleme, die Finger an der korrekten Stelle unterhalb des Schlüsselbeins zu halten. Die Hände rutschten immer wieder lustlos herunter und fummelten ziellos am Pullover herum.

Eine große Veränderung stellte sich an dem Tag ein, als Frank fehlte. Frank hatte nach kurzer Zeit für sich befunden, daß diese Übungen typisch für eine Schule seien, die ohnehin nur für „Bekloppte" sei und in die er eigentlich – seiner Meinung nach – nicht gehöre. Er bat auch bald darum, doch die Tür abzuschließen, bevor wir mit den Übungen begannen, weil uns jeder für völlig „durchgeknallt" halten würde, der hereinkäme. Dementsprechend machte er die Übungen madig und moserte ständig herum. Da er eine dominante Rolle in der Klasse hatte, war das sehr unangenehm. Ich ahnte also meine Chance und ließ sie an diesem Tag wieder einmal die Übungen machen, die wir bisher nur sporadisch durchgeführt hatten, mit der Ankündigung, daß diese nun täglich durchgeführt werden würden, damit wir zu einem besseren Lernerfolg kämen. Wie ich geahnt hatte, war die Gruppe ohne Frank wesentlich williger, ruhiger und konzentrierter. Franks Anwesenheit hatte schon ausgereicht, um Murat und Erhan, die ihn als „Boß" empfanden, zu Störungen zu veranlassen. Jetzt setzte sich Erhan von Anfang an in den Stuhlkreis, und auch Murat war ganz ruhig und offen für das Kommende. An diesem Tag begann ich ganz bewußt mit der *Cook-Energieübung* und fragte auch zum ersten Mal, wie sie sich jetzt fühlten. „Hier ist es so toll ruhig", meinte Murat und legte eine Hand auf den Bereich des Solarplexus. Alle stimmten zu, daß sie sich ruhiger und wohler fühlten als vor der Übung. Ich nutzte die günstige Gruppenkonstellation und führte die *Liegenden Achten* ein. Die Funktion der Acht war ihnen ja durch meine kurzen Erklärungen zu Beginn der Übungen nicht fremd. Jetzt stellte ich jedes Kind vor einen Tafelabschnitt von ungefähr einem Quadratmeter. Da wir an diesem Tag nur sechs waren, ging dies durch Hinzunahme der Seitentafel wunderbar. Ich gab allen Starthilfe und ließ sie loszeichnen. Auch hier war anfangs ständiges Überwachen der Richtungen nötig. Hinterher ließ ich sie einen kurzen Text abschreiben.

Und dann gab es tatsächlich ein frappierendes Erfolgserlebnis. Marcus, ein hyperaktives Kind mit einer dementsprechend nervösen Schrift, die kaum zu entziffern war, die ständig durchgestrichen und neu angesetzt war, und der zudem auch beim Abschreiben einer halben Seite mindestens 30 Fehler und mehr gemacht hatte – dieser Marcus hatte nun ein ganz anderes, klareres, ruhiges Schriftbild und nur zwei Fehler! Marcus und ich waren vollkommen verblüfft und freuten uns riesig. Auch bei Michael gab es eine große Verbesserung. Er ist ein ausgeprägt rechtshirndominantes Kind, das heißt, er träumt sich ständig weg und vergißt immer wieder, was eigentlich um ihn herum los ist. Zudem zeigt sich seine Lernblockade in einer extremen Langsamkeit. Wenn andere eine Seite schrieben, war er meist noch beim zweiten Wort. Dieser Michael hatte jetzt vier Sätze geschrieben und dabei nur zwei Fehler. Auch hier war die Freude riesengroß. Alle freuten sich erstaunt mit den beiden und hatten jetzt ihre große Motivation, mit den Übungen weiterzumachen, und zwar täglich. Auch die anderen hatten nicht mehr als einen oder zwei Fehler bei diesem Text.

*

Von diesem Zeitpunkt an machten wir die Übungen täglich. Wir setzten uns jeden Morgen als erstes in die Runde, erzählten einander, was wir erlebt hatten, und besprachen den bevorstehenden Unterrichtsvormittag. Bevor es dann an die Arbeit ging, wurden Brain-Gym®-Übungen gemacht. Heute mache ich die Übungen vor jeglicher Besprechung. Die Qualität des Unterrichtsgespräches ist eine ganz andere, wenn vorher die Übungen gemacht wurden.

Während der *Cook-Energieübung* begann Erhan immer sehr bald zu gähnen. Ich erklärte ihnen, daß dies ein gutes Zeichen sei, da seine Energie ins Fließen komme. Die Kinder waren zunächst besorgt, als einige von ihnen nach den Übungen mehrmals gähnen mußten. „Wieso muß ich denn gähnen", frage Erhan ziemlich aufgeregt, „ich soll doch jetzt besser lernen können? Und nun gähne ich andauernd! Dann bin ich doch viel müder!" Ich beruhigte ihn und erklärte allen, daß das Gähnen ein gutes Zeichen dafür sei, daß sich in seinen Energiebahnen etwas tue. Gerade bei ihm. Denn Erhans Körperhaltung sah bis jetzt so aus: Völlig zusammengefallen saß er, nein, hing er auf dem Stuhl, beide Füße seitlich abgekippt, ohne Bodenkontakt der Fußsohlen, den Kopf stark abgeknickt und nach vorne fallend.

Schon bevor ich mit Brain-Gym® anfing, hatte ich ihnen mit Hilfe eines kurzen Stückes von einem Gartenschlauch den Energiefluß und die Notwendigkeit einer einigermaßen aufrechten Haltung erklärt. Ich hatte ihnen erzählt, daß die Energie durch bestimmte Bahnen läuft, ganz viel davon aber auch durch die Wirbelsäule. Dabei hatte ich den gestreckten Gartenschlauch hochgehalten. „So kann alles gut fließen, was hier durch will. Aber – wenn wir uns jetzt vorstellen, daß dies unsere Wirbelsäule ist und jemand so sitzt, wie ihr es oft tut, wie sieht denn dann diese Wirbelsäule, also unser Gartenschlauch aus?" Die Kinder nahmen den Schlauch und machten selbst zwei kräftige Knicke hinein. „Tja – und jetzt? Laßt uns mal etwas durchgießen, und stellt euch vor, daß dies die Energie ist, die durch eure Wirbelsäule fließen möchte." Jemand goß von oben vorsichtig mit der Blumengießkanne Wasser in den Schlauch, unten drunter war der Tafeleimer. Aber der war gar nicht nötig, denn es kam kein Tropfen durch die zweimal geknickte Wirbelsäule. „Jetzt mach mal grade", riefen die Kinder. Und schwups! – rauschte das

Wasser in den Eimer. Nicht nur genau in diesen, aber das spielte keine Rolle, denn was sie so gelernt hatten, war die Pfützen auf dem Boden wert.

Jetzt hatten sie auch Verständnis dafür, wenn ich sie hin und wieder vorsichtig auf ihre Sitzhaltung hinwies: Fast immer bei Erhan, der weiterhin ständig in seine Schlafhaltung fiel. Aber auch bei Marcus, der den Kopf auf seinen ausgestreckten Arm auf den Tisch sinken ließ. „Wir sind so müde", meinten sie immer wieder als Begründung. „Das glaube ich gern", antworte ich ihnen, „aber so werdet ihr noch viel müder, denn so kommt noch weniger Energie durch als vorher." Natürlich hängt ihre große Müdigkeit nicht allein von der falschen Sitzhaltung ab, auch falsche Ernährung und viel zu viel Fernsehen und somit eine zu kurze Nachtruhe spielen eine große Rolle. Hinzu kam das für mich damals neue Wissen, daß die zusammengesackte Körperhaltung Ausdruck nicht eingeschalteter Zentrierung ist. Dementsprechend legte ich großen Wert auf Brain-Gym®-Übungen wie die *Erd-* und die *Raumpunkte.*

Nach und nach richtete ich ihre Aufmerksamkeit auch auf ihre Fußhaltung und erklärte ihnen, wie wichtig es für den Energiefluß und die innere Ruhe sei, daß beide Füße auf dem Boden stehen. Ich sprach auch von Erdung, ob sie es verstanden oder nicht; vieles wird auch unbewußt gespeichert und intuitiv verstanden. Außerdem sagte ich ihnen, daß auch der Mensch Wurzeln habe wie ein Baum oder eine Pflanze, nur eben unsichtbare. „Auch wir haben unsichtbare Wurzeln, die in die Erde gehen, wir sind durch unsere Energie mit der Erde verbunden. Wir fühlen uns wohler, wenn wir diesen Kontakt haben." Ich bat einen Schüler, mit den typisch abgekippten Füßen zu sitzen, und fragte, was das für einen Eindruck auf sie mache, wenn sie das beschreiben müßten: stark, schwach, sicher, unsicher, müde, wach, oder noch etwas ganz anderes? Schwach, unsicher und schlaff fanden sie das. Jetzt ließ ich sie alle ganz bewußt mit seitlich abgekippten Füßen dasitzen und sich schlaff hinsetzen. Und danach mit fest aufgestellten Füßen und einigermaßen aufrechter Haltung. Der Unterschied? Ganz klar, letzteres fanden sie viel besser, sie fühlten sich merklich stärker. Ich bat sie, öfter mal darauf zu achten, wie sie selbst und andere die Füße hielten.

Wie schnell sie diese höchst ungewöhnlichen Anforderungen internalisierten, hat mich überrascht. Schon nach ganz kurzer

Zeit hörte ich Funda zu Erhan in einer Stunde sagen: „Setz dich mal gerade hin, Erhan, so *mußt* du ja noch müder werden." Und zwei Tage nachdem ich die Erdung erklärt hatte, hörte ich Murat wiederum Erhan ansprechen: „Stell mal die Füße richtig hin, eh, richtig so auf die Erde. Sonst kannst du ja keine Energie bekommen!" Der arme Erhan bietet sich immer wieder als dankbares Demonstrationsobjekt an!

*

Nachdem ich diese Übungen ungefähr drei Wochen lang täglich durchgeführt hatte, bat ich die SchülerInnen, mir doch ehrlich zu sagen, was sie von dieser ganzen Geschichte hielten und ob sie das eigentlich nur für mich machen würden oder ob es ihnen auch ein bißchen Spaß mache. Ja, meinten alle, wirklich alle, sie fänden das gut, außerdem würden sie ja auch sehen, daß sie nun eine bessere Schrift hätten und weniger Fehler machten. Auf meine Frage, ob sie eine Lieblingsübung hätten, meinten alle, daß es die *Cock-Energieübung* sei, weil es da so schön ruhig werde und sie sich hinterher so toll fühlten.

Die *Augenachten* hatte ich zu dem Zeitpunkt erst dreimal eingesetzt. Das erste Mal an der Tafel hatte zu dem erwähnten großen Erfolg beim Schreiben geführt. Diesmal ließ ich die *Liegende Acht* auf DIN-A3-Blätter malen. Nach dieser Übung sollten die SchülerInnen einen fremden Text lesen, was wiederum – abgesehen von Erhan – zu großen Überraschungsergebnissen führte. Sogar bei Michael, der bisher noch vor vielen Wörtern vollständig kapitulierte, war ein deutlicher Erfolg zu hören. Er konnte einige Wörter alleine entziffern, auch wenn es immer noch seine Zeit dauerte. Üblich war bisher, daß er minutenlang an einem Wort kaute und dann ganz aufgab. Marcus hatte jetzt sein Lesetempo und sein Lesevermögen verdoppelt.

*

Bis jetzt hatten die Kinder die Übungen gemacht, weil ich ihnen einfach sagte, sie seien gut für sie. Natürlich hatten sie Erfolge gesehen. Doch es gab ja eine weitaus bessere Möglichkeit, sie von der energetischen Versorgung oder Nichtversorgung der Muskeln und des Gehirns zu überzeugen: den Muskeltest. Und der war jetzt dran. Das wußte ich ganz genau.

Aus Anlaß eines Elternsprechtages hatte ich den Eltern auch von den Übungen erzählt und dabei nur Zustimmung bekommen.

Damals schon hatte ich von dem Muskeltest berichtet und die Erlaubnis der Eltern erhalten, damit zu arbeiten. Ich hatte sie auch gebeten, bei den Einzelarbeiten, die ich nun beginnen wollte, anwesend zu sein, um zu sehen, was ich machte. Davon allerdings machte nur eine Mutter Gebrauch.

Die Kinder hatten keine Schwierigkeiten damit, den Muskeltest und somit das Vorhandensein eines Körperbewußtseins zu akzeptieren. Sie staunten nicht schlecht, wenn ihr Arm wie von selbst herunterging, nicht standhalten konnte, obwohl sie doch versuchten gegenzuhalten. Daß ihnen ihre geliebte Cola sichtbar die Energie raubt, war ohne lange Moralpredigten bestens zu verdeutlichen. Die Freude war jedesmal riesengroß, wenn der Arm nach einer erfolgreich beendeten Einzelarbeit stark war, der Muskel also „da" war. Die Bedeutung dieser intrinsischen Belohnung ist gar nicht genug zu würdigen.

Inzwischen hatte ich während eines weiteren Edu-Kinestetik-Kurses eine *Liegende Acht* aus Holz kennengelernt. Diese gut mit beiden Händen zu haltende Holzacht hat eine Führungsrille, in der man eine Kugel rollen lassen kann. Durch das Verfolgen der Kugel mit den Augen wird der gleiche Effekt erreicht wie mit den gemalten Liegenden Achten oder mit den Augenachten in der Luft. Ein wichtiger Nebeneffekt ist das Training der Feinmotorik, denn schon ein geringes Zuviel an Bewegung der Hände führt zum Herausspringen der Kugel. Ich war begeistert von dieser Idee und kaufte mir diese Holzacht, um sie in der Klasse einzusetzen.

Bei den Übungen an diesem Morgen wollten die SchülerInnen auf mein Nachfragen am liebsten mit den *Erdpunkten* anfangen. Das gebe so ein schönes Gefühl, meinten sie. Nachdem wir *Erdpunkte, Gehirnknöpfe und Cook-Energieübung* gemacht hatten – hier lieben sie alle besonders den zweiten Teil der Übung, das Aneinanderlegen der Fingerspitzen –, holte ich das versprochene Mitbringsel aus meiner Tasche. Die Acht war ihnen ja nun nichts Neues mehr. Sie blieben still auf ihren Stühlen sitzen und warteten ganz ruhig und geduldig, bis alle der Reihe nach damit für eine Weile herumprobiert hatten. Wenn die Kugel herausfiel und durch die Klasse rollte, holten sie sie bereitwillig und ohne Aufforderung zurück. Ich war vollkommen erstaunt über ihre innere Ruhe und gespannte Aufmerksamkeit. So hatte ich meine SchülerInnen noch nie erlebt. Alle hingen fasziniert an der rollenden Kugel und freuten sich offensichtlich wirklich sehr, daß sie jetzt eine zusätzliche Hilfe im Unterricht bekamen, um ihre Lernschwierigkeiten besser anzugehen. Ich erzählte ihnen, daß ich zunächst nur eine gekauft hatte, weil sie doch recht teuer sei, daß sie sich aber je nach Bedarf mit der Benutzung ablösen könnten. Wenn sie bei einer Schreibarbeit Probleme bekämen, könnten sie sich die Holzacht holen und einige Minuten damit spielen. Inzwischen habe ich zwei Holzachten, die für die neun Schüler ausreichen.

Sofort danach ließ ich die SchülerInnen einen Deutschzettel bearbeiten, einen einfachen Zettel, bei dem es um die Zusammensetzung zweier Substantive zu einem zusammengesetzten, neuen Substantiv ging; also im Grunde fast eine Abschreibarbeit. Frank holte sich als erster die Acht und ließ die Kugel für eine kurze Weile rollen. Dann gab er sie freiwillig zu Michael hinüber, denn daß der am meisten Schwierigkeiten mit dem Schreiben hatte, war ja allen bekannt. Michael freute sich über die Holzacht und spielte zwei Minuten damit herum. Danach fing er mit den Schreiben an und schaffte in dieser Stunde acht zusammengesetzte Substantive. Das ist für ihn eine wirklich enorme Leistung, da er, wie erwähnt, bisher in der gleichen Zeit entweder nichts oder höchstens zwei oder drei Buchstaben geschrieben hatte. Außerdem fiel mir die starke Veränderung seiner Schrift auf. Sie war jetzt runder, flüssiger und ganz ohne Fehler. Inzwischen hat Michael eine eigene Variante im Umgang mit der Holzacht entdeckt: Er legt sie auf sein Heft, in dem er schreiben muß, und schreibt innerhalb der Öffnung auf der einen Seite. Und mit bestem Erfolg! (Vgl. Foto Seite 115 unten)

Überhaupt Michael! Er war damals ein extrem ruhiger und besonders antriebsschwacher Junge, saß auf seinem Platz und träumte vor sich hin – ein Kind, das man als LehrerIn schnell vergißt, da man immer wieder den alten Fehler macht, sich zuerst und hauptsächlich mit Schülern zu befassen, die lautstark auf sich aufmerksam machen. Kurz nach dem Einsatz der Brain-Gym®-Übungen fiel mir eine unübersehbare Veränderung auf. Er sprach! So seltsam das klingen mag, aber bisher hatte ich kaum etwas Verständliches oder überhaupt irgend etwas von diesem Kind gehört. Außerdem schien er mir auch immer „abwesend" zu sein. Doch nun spürte ich plötzlich Leben und Reaktionen auf das, was in der Klasse, im Unterricht geschah. Er lachte laut, sprach andere an, sprach mich an und nahm auch am mündlichen Unterricht teil.

Besonders stutzig wurde ich schon einige Tage zuvor, als ich ihm in Mathematik wie immer ein Arbeitsblatt mit ganz einfachen Additionsaufgaben gegeben hatte, und danach den drei Schülern, die sehr gut in diesen Fach sind, die Regeln des Auf-und Abrundens an der Tafel erklärte. Die drei hatten Mühe, das nachzuvollziehen, und ich begann schon an meiner Fähigkeit zum Erklären zu zweifeln. Plötzlich kam ganz sanft und leise die richtige Antwort von Michael! Er hatte zugehört und die Regel spontan verstanden. Auch Marcus, Erhan und Funda, denen das gar nicht gegolten hatte, was ich da vormachte, war es klar. Aber bei Michael erstaunte es mich am meisten, da er bisher der bei weitem leistungsschwächste Schüler war.

Kurze Zeit darauf machte ich bei Michaels Mutter einen Hausbesuch. Ich hörte nun zu meiner ganz großen Überraschung und Freude, daß er auch zu Hause „wie ausgewechselt" sei. Seit etwa 14 Tagen, so erzählte mir seine Mutter, sei er plötzlich viel wacher. Er sei bereits morgens aktiv und frage, ob er nicht schon mal Kaffee kochen könne. So etwas hatte die Mutter noch nie bei ihm erlebt. Bisher sei er so passiv, verschlafen und tranig gewesen, daß er beim Anziehen der Hose oft wieder einschlief. Nun aber sei er zum ersten Mal lebendig, spiele ausgelassen mit seinem kleinen Bruder und sei eben so ganz anders. Sogar selbstbewußt war er geworden. Gerade an diesem Nachmittag war er mutig in einen Laden gegangen, der Eröffnung feierte, und hatte nach einem Luftballon gefragt. So eine Aktion, meinte seine Mutter, hätte er bis vor kurzem noch nicht gewagt. Ich gestehe, bisher hatte ich nur daran gedacht, die Kinder zu besseren Schulleistungen zu bringen. Doch nun eröffneten sich ganz andere Möglichkeiten: Auch ihre Persönlichkeit schien sich positiv zu verändern, schien sich aufzuschließen, schien dank des Lösens von Blockaden einen Wandel durchzumachen.

Die *Cook-Übung* blieb die Favoritenübung. Nach einiger Zeit baten sie mich, die Übungsdauer immer mehr zu verlängern. Es gab Tage, da machten wir fünf Minuten Cook! Das sagt viel darüber aus, wie gut es den Kindern gefällt, zur Ruhe zu kommen. Es ist jedesmal wieder ein besonderes Erlebnis, wenn wir diese Übung beginnen und Erhan seine nun schon bekannten „Gähner" startet. Die Ruhe, die sich augenblicklich einstellt, ist für alle spürbar und wird tief eingesaugt und genossen. Man hört nur leichtes Geschnaufe vom Atmen, es ist eine greifbare Stille; ein Erlebnis, das diese Kinder wohl nur in den seltensten Fällen bisher haben durften. Dieser erste Moment, wenn die Kinder in der richtigen Haltung sitzen und allmählich Stille eintritt, ist der schönste. Nicht nur für sie. Auch für mich klärt sich augenblicklich meine innere Anspannung. Und jeden Morgen stelle ich wieder erstaunt fest, daß ich zu so früher Stunde doch schon angespannt war. In diesem Moment der Stille kann ich auf eine mir ganz neue Art und Weise Kontakt zu den Kindern aufnehmen. Neu insofern, als er sehr viel liebevoller geworden ist. Ich schaue in ihre ernsten, entspannten Gesichter, auf denen sich zusehends der Streß ablöst. Ich spüre großen Respekt gegenüber der Persönlichkeit eines jeden einzelnen Kindes, und ich bin froh, selbst in diese innere Balance zu kommen, denn oft reichte einiges, was im Lehrerzimmer anlag, oder die Hektik auf dem Weg zur Klasse schon aus, um aus der Balance zu kommen. Nach dem Durchführen dieser Übung ist für die Schüler und mich jeweils ein höchst angenehmer Start in den Tag gesichert.

*

Murat hatte zwei Tage gefehlt. Es waren zwei so ruhige Tage gewesen, wie ich sie mit dieser Klasse bisher noch nie erlebt hatte. Es schien sich innerlich einiges bei ihnen zu setzen und auf den Punkt zu kommen. Außerdem rückten sie als Klassengemeinschaft sichtbar und spürbar immer mehr zusammen. Am liebsten wollten sie ständig miteinander im Gruppenraum sitzen und Tee trinken. Unser Gruppenraum ist besonders schön, zwar sehr klein, aber dafür hat mir meine Vorgängerin dort ein wunderbares altes Ecksofa mit dicker, grüner Polsterung hinterlassen; dazu einen ovalen Tisch, auf den ich meine leuchtend gelbe Blumendecke gelegt habe. Aber erst jetzt, nach einem halben Jahr, nahmen die Kinder dies alles emotional wahr.

Nun war Murat also wieder da. Und sofort war die Unruhe, die von ihm ausging, deutlich spürbar. Er hampelte wieder in der Klasse herum, redete durcheinander, was ihm in den Sinn kam, und fragte ganz ernsthaft so unsinniges Zeug wie: „Kann ich nicht nach Hause gehen?" Genau an diesem Tag hatten wir ein großes, ausgiebiges Frühstück mit gebratener türkischer Wurst und Eiern geplant. Murat paßte plötzlich nicht dazu. Er hatte keinen Bock auf Frühstück, wollte nach Hause und quengelte herum. Schnell kam von den Kindern die Äußerung: „Als du weg warst, war hier alles viel ruhiger." Es war nicht ganz einfach, diese richtige Einsicht zu bestätigen und Murat doch nicht als unerwünscht abzustempeln. Danach im Unterricht störte er viel, redete erneut laut herum und lenkte die anderen ab. Da war es dann plötzlich wieder einmal Funda, die die Situation erfaßte und konstruktiv handelte. Sie ging an meine große Tasche, in der die Holzacht war, und fragte mich. „Können wir Murat nicht die Acht geben? Das hilft ihm bestimmt." Ich war sehr gerührt über diese Form des liebevollen, verantwortlichen Mitdenkens eines elfjährigen Kindes. Gesagt – getan; Funda gab ihm die Acht, und er begann damit zu spielen. Doch er schaffte es nicht, die feinen Bewegungen mit den Händen auszuführen; die Kugel rollte ständig durch die Klasse. Aber es war dies der erste wirklich bedeutsame Moment, in dem ein Kind von sich aus auf die Idee gekommen war, eine Brain-Gym®-Übung in der momentanen Situation einzusetzen.

Murat übte zu diesem Zeitpunkt eine nicht ganz unwichtige Funktion für die anderen Kinder aus. Er war derjenige, der sich weiterhin meistens gegen die Übungen wehrte, sie nur selten ernsthaft und korrekt durchführte oder unterbrach. Somit war er zu einem lebendigen Beispiel für jemand geworden, der die Übungen eigentlich fast nie machte oder sich ihnen entzog, dem sie also fehlten. Als Murat an einem Morgen eine halbe Stunde zu spät kam und wir schon fertig waren mit Brain-Gym® und bereits arbeiteten, wurde die Diskrepanz zwischen seinem Verhalten und dem der restlichen Kinder extrem deutlich; er war laut, völlig auseinandergefallen, unkonzentriert und wirr. „Schade", meinte ich spontan, als es das erste Mal nötig gewesen war, ihn zu ermahnen, „schade, daß du die Übungen eben nicht mitgemacht hast, dann würde es dir besser gehen." – „Er kann doch nach nebenan in den Gruppenraum gehen", meinte Marcus, „da kann er das doch schnell allein machen." Eine gute Idee, aber ein Blick auf Murats Gesicht verriet deutlich, daß er soweit noch nicht war.

*

Ein gutes Beispiel dafür, daß Brain-Gym®-Übungen in jeder Beziehung balancieren, also nicht nur ruhig werden lassen, sondern auch öffnen können, wenn dies für den betreffenden Menschen nötig wird, ist die türkische Schülerin Funda. Seit ich sie kannte, saß sie ruhig an ihrem Platz, machte ihre Arbeit, trug mündlich kein bißchen zum Unterricht bei, schrieb alles sauberst ab, erledigte alles bestens, schrieb mittelmäßige Arbeiten, machte ihre Hausarbeiten und lächelte. Mittags ging sie dann so unscheinbar, wie sie morgens gekommen war. So erlebte ich sie zu Beginn des 6. Schuljahres.

Die Übungen machten ihr von Anfang an großen Spaß, und sie hatte sie gewissenhaft ausgeführt – das war ja auch nicht anders zu erwarten. Doch sie war eine der ersten, die erzählten, wie gut diese Dinge taten; sie sagte, wie schön die Ruhe sei, die dadurch entstehe, und ermunterte immer wieder andere Kinder, doch besser und genauer mitzumachen.

Nachdem wir die Übungen vier Wochen regelmäßig durchgeführt hatten, stellte sich bei Funda eine ähnliche Entwicklung wie bei Michael ein. Sie begann von sich aus zu reden, sprach die Mitschüler an, lachte mit ihnen herum und wurde auf charmante Art frech. Am auffälligsten wurde diese Veränderung anläßlich eines Kochunterrichtes. Funda unterhielt sich lustig, selbstbewußt und mit kräftiger Stimme mit den Jungen, holte sie energisch zu ihren verschiedenen Diensten heran und spritzte sie mit Wasser naß. Ein ganz klein wenig natürlich nur, aber so viel, daß die Jungen ganz empört zu mir kamen und riefen: „Oh, Frau Meyenburg, Funda ist so frech geworden. So war sie ja noch nie!" – „Ja, ja, das ist doch wunderbar", war meine fröhliche Antwort.

So ging es ungefähr 14 Tage lang. Dabei fiel mir auf, daß sie morgens vor den Übungen noch das gleiche Verhalten hatte wie vor Beginn der Verhaltensänderung. Erst nach den Übungen war sie dann ganz deutlich aufgelockert und fröhlich entspannt. Aber es dauerte nicht allzu lange, da kam sie schon frühmorgens so lebendig und mitteilsam in die Klasse, wie sie es sonst erst nach den Übungen war. Eines Morgens saß sie schon gemeinsam mit den anderen im Stuhlkreis, als ich die Klasse betrat. Sie hatte ein Bein keck über das andere gelegt, und zwar nicht verschämt und züchtig, sondern in lässiger Haltung mit dem Knöchel auf dem Oberschenkel des anderen Beines. Sie blickte mich fröhlich lachend an, und der Schelm blitzte aus ihren Augen, als sie sagte: „Hallo, Frau Meyenburg, kommen Sie auch mal endlich?" Seitdem ist Funda ein fröhliches, lebendiges und selbstbewußtes Mädchen.

Es ist also ganz offensichtlich so, daß sich die zu lebhaften, aggressiven, übermotorischen Kinder und die ängstlichen, überangepaßten, stillen SchülerInnen auf eine gemeinsame Ausgewogenheit hin balancieren. Dabei ist immer wieder auffallend, wie schnell sich die Brain-Gym®-Übungen auf das Verhalten auswirken. Damit hatte ich anfangs nicht gerechnet, hatte im Grunde viel mehr auf die Veränderung der Schulleistungen geschielt. Natürlich ließe sich sagen, daß die Verhaltensänderungen ohnehin gekommen wären, nachdem ich nun diese Klasse damals ein halbes Jahr lang hatte. Doch dies war etwas anderes als die normale Gewöhnung aneinander. Ich habe immer wieder neue Klassen übernommen, aber immer war es anders als jetzt. Was hier überraschte, war die Gleichzeitigkeit und die Art der Veränderungen, nämlich der grundsätzlich liebevolle, respektvolle Umgang miteinander, die Fähigkeit, Frustrationen besser zu ertragen, und der Mut, sich mit Neuem, Unbekannten auseinanderzusetzen. Und: Es gab nach wenigen Wochen keinerlei Schlägereien und körperliche Attacken mehr innerhalb der Klasse – bis heute, drei Jahre danach. Als Kennzeichen aller Veränderungen könnte ich im Grunde die neue Qualität einer Sanftheit nennen, die sich bemerkbar machte. Eben eine sichtbare, fühlbare Balance. Zum anderen die Möglichkeit, auch die „mädchentypische Verhaltensstörung Anpassung" aufzubrechen, die als solche, nämlich als Verhaltensstörung, meist nicht erkannt, sondern eher positiv als gutes Benehmen eingeschätzt wird; „Aufbrechen" im wahrsten Sinne des Wortes, denn die Energien scheinen sich bei Funda ihre Bahn gebrochen zu haben. Und Fundas Sanftheit hatte das hinzubekommen, was ihr fehlte: Lebendigkeit, hervorgerufen durch eine größere Wachheit, verursacht durch die nun fließende Energie.

Warum, so wird immer wieder in den Seminaren gefragt, wirken sich die Übungen so schnell auf das Sozialverhalten aus? Eine Antwort lautet: Weil die Kinder durch das Empfinden der Integration und durch die Anregung des Energieflusses beginnen, sich selbst wahrzunehmen, die sinnliche Erfahrung ihrer selbst zu machen. Das wiederum versetzt sie in die Lage, auch den anderen wahrzunehmen. Wer sich selbst nicht spürt, spürt auch den anderen und seine Grenzen nicht und verletzt diese demzufolge permanent. Ein Beispiel dafür sind die Hyperaktiven, die nicht nur verletzend mit anderen umgehen, sondern in erster Linie ebenso mit sich selbst. Wer sich aber zu spüren beginnt, fängt an, liebevoller mit sich umzugehen, und beginnt dadurch, sich selbst zu mögen. Und damit werden Energien für eine andere Wahrnehmung meines Nächsten möglich.

*

Der Turnunterricht war in dieser Klasse bei den Fachlehrern eine gut gefürchtete Angelegenheit, und die regelmäßigen Klagen hinterher über das Verhalten der Schüler waren zur Regel geworden. Durch einen besonderen Umstand habe ich in der Zeit, als die Brain-Gym®-Übungen seit ungefähr drei Monaten eingeführt waren, eine Doppelstunde Sport geben müssen. Was lag näher, als Kinesiologie, die Lehre von der Bewegung, in die Tat umzusetzen?

Ich wollte jetzt das machen, was wegen der Enge in der Klasse sonst nicht ging, und vermittelte das auch den Schülern. Zunächst ließ ich sie natürlich *Cross Crawl, die Überkreuzbewegungen,* nach witziger Musik ausführen. Und jetzt so, wie sie ihre beste Wirkung haben: Jeder macht sie auf seine Weise und mit großräumigen Bewegungen, vor allem der Arme. Die Arme müssen bei jeder Bewegung von weit her geholt werden, um dann die Mittellinie immer wieder zu überqueren. Wir müssen darauf achten, daß es immer einige Schüler geben wird, die eine verkappte homolaterale, also gleichseitige Bewegung ausführen, weil ihnen das echte Überkreuzgehen nicht angenehm ist. Wir erkennen dies daran, daß sie die Hände ein paar Zentimeter über den Knien stehen lassen, die Arme also nicht zurücknehmen, und so brav abwechselnd die Knie anschlagen. Die Bewegung, die sie dabei mit den Händen ausführen, umfaßt kaum fünf Zentimeter! Zum anderen machen meist die gleichen Kinder diese Übung in einem rasend schnellen Tempo, was in Wahrheit nichts anderes als eine Kompensation ist, auch wenn es das LehrerInnenherz erst einmal sehr erfreuen mag, wie eifrig die Übung ausgeführt wird.

Die Kinder sollten sich jetzt durch den ganzen Raum bewegen, kreuz und quer und immer wieder auch – auf Kommando – rückwärts über Kreuz gehen. Das Rückwärtsgehen hat seine große Bedeutung, weil diese Fähigkeit offensichtlich zunehmend verlorengeht. Wie sehr dreidimensionale Raumerfahrung und Lernen miteinander verbunden sind, hat schon die Psychomotorik betont. Die Edu-Kinestetik führt diese Erkenntnis noch weiter aus und gibt durch die Übungen und die gezielte Einzelarbeit etliche Möglichkeiten der Aktivierung dieser fehlenden Raumdimension.

Nach dem ausgiebigen *Cross Crawl* bot es sich an, Matten auf den Boden zu legen und Übungen durchzuführen, die eine weiche Unterlage benötigen: so *die Beckenschaukel, die Überkreuzbewegung mit Aufsitzen und die Kobra.* Außerdem bieten sich vor einer Sportstunde alle Längungsbewegungen an – wobei immer wieder betont werden muß, daß diese keine Aufwärm- oder Stretchingübungen sind, sondern daß es sich hier um eine Bewegungsumschulung handelt. Demzufolge sind diese Übungen ruhig und sehr langsam auszuführen.

Wie stark sich die Längungsbewegungen auf die Einheit Körper-Seele auswirken, habe ich in dieser Turnstunde gespürt: Das anschließende Fußballspiel war nichts anderes als fröhlich, entspannt und frei von Frustausbrüchen, Schlägereien und Verbalattacken. Und während ich da auf meiner Bank stand und wieder einmal so tat, als beherrschte ich die Regeln dieses Spiels, staunte und staunte ich.

*

Auf dem Weg in die Klasse sprach mich Murat an. In den letzten Tagen war er schlimm gewesen. Ich wußte, er hatte tagelang fast gar nicht geschlafen, lief nachts durch die Wohnung, weil er nicht wieder einschlafen wollte wegen seiner Alpträume. Diese Nacht, sagte er, sei er von starken Herzschmerzen aufgewacht. Er war verzweifelt und fragte, was er bloß noch machen könne. Da abgeklärt worden war, daß aus medizinischer Sicht nichts vorlag, erinnerte ich ihn daran, daß mir in solchen Fällen die *Cook-Energieübung* und die *Positiven Punkte* eigentlich immer halfen.

Am nächsten Tag kam er fröhlich auf mich zu: „Mexyburger, ich bin jetzt wieder ganz gut, mach' keinen Mist mehr, Sie brauchen jetzt nicht mehr zu schimpfen, ich habe heute so prima geschlafen, ich hab' die Übungen zu Hause gemacht. Kaum war ich fertig, konnte ich schlafen. Zack, war ich auf dem Kopfkissen und hab' bis heute morgen geschlafen. Die sind echt voll gut, die Übungen! Ich wollte das mit Mama auch machen, die hatte so Kopfschmerzen, aber die fand das komisch."

Später dann in der Schulküche, wo weiterhin die ruhige, liebevolle Atmosphäre herrschte, wollte ich Näheres wissen, wie er es gemacht habe etc. Da sagt doch Erhan, der mit den

Übungen gar nichts am Hut hatte bislang: „Ich habe das auch heute nacht gemacht! Ich konnte nicht schlafen, da hab' ich es drei Minuten gemacht, und sofort konnte ich schlafen!"

*

Sind die Übungen einmal zur guten Routine in der Klasse geworden, ist es ratsam, für die Ferien jedem Kind eine kleine Mappe mit persönlichen Übungen mitzugeben. Wenn die Arbeit mit dem Muskeltest schon eingeführt wurde, ist es natürlich am effektivsten, für jedes Kind seine speziellen Übungen auszutesten. Ansonsten geht es fast ebensogut über die Methode des *Noticing*, wie Dennison es nennt: Jedes Kind sucht sich seine eigene Übung heraus.

In meiner Klasse hatten die Schüler damals diese Mappen sehr gern mitgenommen. Zu der Zeit hatten wir die Übungen drei Monate lang durchgeführt. Nach den Ferien waren es immerhin die Hälfte, die meinten, ab und zu mal etwas gemacht zu haben. Was aber viel zu wenig gewesen war, wie sich zeigte, denn nach den 14 Tagen Ferien war die Klasse laut, nervös, alle rannten herum, fanden ihre Plätze – besser gesagt: ihre Mitte – nicht. Es war ein offensichtlicher Rückfall in alte Gewohnheiten, in alte Zustände der Desintegration, der schlechten energetischen Versorgung. Michi saß wieder mit offenem Mund und hängenden Gliedmaßen herum, Funda sagte kein Wort, antwortete einsilbig mit „ja" und „nein" auf all meine Fragen und saß während des gesamten Unterrichts schweigend an ihrem Platz. Und die Jungs, diese ewigen Energieklauer und Nervensägen, sie waren, „wie Jungs eben so sind": laut, frech, mehr außerhalb der Klasse als drinnen. Der erste Tag war schlimm. Dank der Brain-Gym®-Übungen war das vor den Ferien erreichte Niveau aber innerhalb weniger Tage wieder erreicht.

*

Sehr interessante Erfahrungen habe ich mit den Übungen während einer Projektwoche gemacht. Elf SchülerInnen hatten sich für das Projekt „Warum leben wir, warum sterben wir?" gemeldet. Eine hochexplosive Mischung von Kindern unterschiedlichster Temperamente. Was lag näher, als die Übungen jeden Morgen anzubieten? Da auch drei SchülerInnen aus *meiner* Klasse teilnahmen, fiel es nicht weiter schwer, diese Übungen durchzuführen.

Natürlich ist über den Erfolg, die Effektivität, schwer zu urteilen; auch wissen wir nicht, wie es bei dieser sehr lebhaften Gruppe *ohne* die Übungen gewesen wäre. Am ersten Tag nach der Projektwoche hörte ich von einer Fachlehrerin aus der Parallelklasse, daß ein türkischer Schüler, der auch bei uns dabei gewesen war, mitten in ihrem Unterricht aufgestanden sei und gesagt habe: „Also, jetzt muß ich das mal hier allen erzählen. Ich habe eine sooo tolle Projektwoche gehabt. Aber das Tollste waren die Übungen, die wir jeden Morgen gemacht haben!"

Bei meiner nächsten Hofaufsicht kam eben dieser Schüler dann zu mir gerannt, legte seinen Arm um mich, seinen Kopf an meine Schulter und sagte: „Hallo, Meyenburg."

*

Nach einer wunderbaren Feier mit den Eltern, stundenlangen türkischen Tänzen, bei denen Eltern, alle Kinder, deutsche und türkische, mitgetanzt haben – ein Nonstoptanz von drei Stunden –, sollte nun die innere Voraussetzung dafür gegeben sein, eine Gruppenbalance einzuführen. Die Chancen standen bestens, die Atmosphäre war toll, alle mochten sich, ein starkes Wir-Empfinden war da, eine Riesenwelle von Freude schwappte täglich durch die Klasse, und alle hatten nun den Muskeltest schon am eigenen Leib erfahren.

Also hatte ich wieder ganz ehrlich erklärt, daß ich etwas Weitergehendes machen wollte. Da sie nun alle den Muskeltest kennengelernt hätten, ginge das; auch weil es jetzt zwischen ihnen so gut sei. „Es gibt eine Art von Balance, die man mit allen gemeinsam macht." – „Was, wie denn das?" – „Alle fassen sich dabei an. Geht das jetzt für euch oder gibt's da noch Probleme?" – „Überhaupt nicht", wurde mir überzeugend versichert. „Also, dann mal los." Zuerst einmal die Anschaltübungen, um testbar zu sein. Dann anfassen, an einem wird getestet – ich nahm Silvio, weil der einen so klaren Muskel hat. Das PACE mußte noch korrigiert werden, was alle ungeheuer ernst und bereitwillig taten. Sie sahen ja die Wirkung beim Muskeltest an Silvios Arm. Beim Wassertest tranken auch die bereitwillig ihr Wasser zur Korrektur, die sich ansonsten mit Händen und Füßen dagegen gewehrt hatten. Die SchülerInnen korrigierten sich gegenseitig, als Erhan zum Beispiel völlig schlaff die *Überkreuzbewegung* machte. Er, der seit fast einem Jahr nichts mehr an Brain-Gym® mitgemacht hatte, rubbelte sich nun die Gehirnknöpfe – trotz eines Gipsarmes. Er hatte den einsam herausguckenden Daumen auf den Nabel gelegt. Alle respektierten das als etwas ganz Besonderes. Die Freude über den standhaltenden Arm beim PACE-Nachtesten war groß. Das Ziel war schnell gefunden; sie wollten gut aufpassen und alles behalten. Unsere Zielformulierung lautete also: „Die Gruppe ist bereit, gut aufzupassen, Neues zu lernen und es zu behalten." – „Zu wieviel Prozent sind wir das wohl schon, ohne Balance?" Die Schüler staunten nicht schlecht, als Silvios Arm ihnen die klare Mitteilung machte, daß sie bereits zu 60 Prozent auf dieses Ziel eingeschaltet waren. Die restlichen 40 Prozent wurden über immerhin sechs Brain-Gym®-Übungen, darunter einige Längungsübungen, erreicht. Das besondere war jetzt, daß alle, wirklich alle Schüler, mitmachten, auch die vier, die seit Monaten nichts mehr mit den Übungen im Sinn hatten und immer weiter in puncto Verhalten und Schulleistungen nachgelassen hatten. Das Zusammengehörigkeitsgefühl der Gruppe war so stark, daß Erhan traurig bemerkte, seine *Denkmütze* gar nicht machen zu können wegen seines Gipsarmes, und Murat sich daraufhin sofort hinter ihn stellte und die Übung an ihm ausführte, ohne eine dumme Bemerkung, ohne ruppig zu sein. Ich war einigermaßen fasziniert und ging innerlich in die Knie. Als dann die restlichen 40 Prozent tatsächlich sichtbar eingeschaltet waren, war die Freude riesig!

Nach der Gruppenbalance stürzten wir uns gemeinsam mit Feuereifer in den Unterricht: Mathematik, schriftliches Teilen mit Dezimalergebnissen. Zur traurigen Normalität der Rechenstunden gehört das Verdrehen der Zahlen beim Teilen. Wenn die Schüler rechnen sollen, wie oft zum Beispiel die 9 in die 4 paßt, wurden die beiden Zahlen im Kopf schon verdreht und „9 durch 4" gedacht und gerechnet. Das passierte in dieser Stunde niemandem. Alle machten ruhig, wach, freudig und hoch motiviert mit; sie merkten, wie gut sie waren, und wir freuten uns gemeinsam darüber.

Gruppenbalancen eignen sich hervorragend vor Ereignissen, die für die ganze Klasse gleichermaßen bedeutend sind: vor einem Betriebspraktikum, einer Schulaufführung, zum Schuljahresbeginn, vor Klassenarbeiten oder auch nur zum täglichen Austesten der jeweils optimalen Brain-Gym®-Übungen für diesen Tag oder einen besonderen Anlaß. Wie schon erwähnt, haben dann auch meistens die Schüler eine neue Motivation, sich an den Übungen zu beteiligen, die sonst schon nicht mehr mitmachten.

Natürlich liegt die Frage auf der Zunge, ob nicht zuviel Zeit dabei vergeht, die nachher im Unterricht fehlt. Aber sowohl aus eigener als auch aus vielfach von anderen bestätigter Erfahrung kann ich sagen: Diese Zeit wird um ein Mehrfaches wieder hereingeholt! Die Qualität des Arbeitens nach einer sorgfältig ausgeführten Balance ist entscheidend anders. Die Schüler arbeiten schneller, brauchen nicht so viele Erklärungen und Wiederholungen und sind in der Aufgabenbewältigung selbständiger.

*

Doch auch die beste Gruppenbalance kann bei bestimmten Schülern nicht die Unlust vertreiben, die Übungen mitzumachen. Was ist mit denen zu tun?

Zunächst einmal gar nichts! Auch Kinder und Jugendliche haben das Recht, etwas nicht zu mögen. In den meisten Fällen warten einige Schüler erst einmal ab, was da eigentlich auf sie zukommt, und beteiligen sich später. Doch auch wenn sie nicht mitmachen, bekommen sie von den Übungen, die in der Klasse ausgeführt werden, etwas ab. Insofern machen die anderen für die, die sich erst einmal verweigern, die Übungen mit. Das ist auch eine wichtige Information für die Eltern; sie sollen die Übungen unbedingt selbst und mit den anderen Geschwistern durchführen, auch wenn das Kind, um das es eigentlich geht, noch nicht mitmacht. In den meisten Fällen werden die SchülerInnen, die passiv bleiben, nach sehr kurzer Zeit bemerken, daß die Leistungen der anderen sich zu verbessern beginnen. Sie möchten dann nicht nachstehen und machen normalerweise recht bald mit. Würden wir sie dennoch, mit welchen Mitteln auch immer, zum Mitmachen zwingen, würden sie das positive Potential dieser Übung nicht annehmen. Wenn ich mich innerlich standhaft wehre gegen etwas, von dem andere meinen, es täte mir gut, dann wird es mir nicht helfen, auch wenn es objektiv gut ist.

Auch in meiner Klasse gab es immer noch einige Schüler, die keine Übungen mitmachten oder sie so ausführten, daß sie nichts bewirken konnten. Natürlich waren es, wie überall sonst, diejenigen, die Brain-Gym® am dringendsten gebraucht hätten. Ich zerbrach mir lange den Kopf über diese Schüler, denn es war traurig, jeden Morgen mit anzusehen, wie sie einfach keine Lust darauf hatten, daß es ihnen gut ging. Genau dieses Faktum, daß Kinder sich nur Negatives „reinziehen", fand ich in dem Büchlein der Ärztin Dr. med. Vera Rosival zum Thema hyperaktive Kinder wieder. (1) Diese Kinder, so führt sie aus, sind durchweg „reversed", das heißt, sie sind insofern „verdreht", als sie nur das tun, was ihnen schadet. Wie sehr erinnerte mich das an meine Schüler! Das traf also nicht nur auf Hyperaktive zu. Sie empfiehlt ein bestimmtes Klopfverfahren aus der Angewandten Kinesiologie, das dort als Schnellkorrektur für die sogenannte „Psychische Umkehr" gelehrt wird.

„Psychische Umkehr" wird der Zustand genannt, in dem man sich nichts Gutes tun will, sondern genau das Gegenteil davon macht. Solange eine solche Umkehr vorliegt, wird das Potential – welcher Therapie auch immer – nicht oder nur sehr eingeschränkt aufgenommen. Die Ärztin empfiehlt dieses Klopfverfahren für hyperaktive Kinder. Da ich die Psychische Umkehr bei vielen meiner SchülerInnen tagtäglich sah, erhoffte ich eine neue Möglichkeit für sie: Es müßte doch möglich sein, mit dem Klopfverfahren vor den Übungen diese Umkehr aufzuheben und somit die Bahn frei zu machen dafür, daß sie sich durch das Turnen der Übungen Gutes tun konnten.

Die Schüler hörten mit großem Interesse zu, als ich ihnen davon erzählte, wie sehr ich mir Gedanken gemacht hatte, wie den vier Schülern dieser Klasse, die fast nie oder irgendwie unwillig, halbherzig die Übungen mitmachten, zu helfen sei. Als gerade das übliche Gemoser und Gemurmel einsetzen wollte, weil sie dachten, ich wollte sie einfach nur irgendwie überreden, verblüffte ich sie mit der Aussage, daß es ganz viele Menschen gebe, die keine Lust darauf hätten, es sich gut gehen zu lassen, und daß dies ein ernstes Problem sei. Jetzt hörten sie wirklich alle konzentriert zu, und die vier hatten auch ihre Abwehrhaltung vergessen. Also waren sie nicht allein so sonderbar! „Ich will ja die Übungen mitmachen, Frau Meyenburg", sagte Erhan, „aber da drin" – er zeigte auf seine Brust – „ist immer keine Lust! Aber ich will doch besser werden!" Diese Unlust, so sagte ich ihnen sehr vereinfacht, sei wie ein falsches Programm in ihrem Kopf, ein Programm, das es darauf abgesehen habe, daß sie sich ja nicht ändern sollten. „Und das können wir knacken. Laßt uns das Experiment machen und spürt dann selbst, ob sich etwas verändert hat."

Ich ließ also alle Schüler den Dünndarm-3-Punkt an den äußeren Handkanten – nahe der Falte, die sich beim Formen der Faust bildet – klopfen und zunächst einmal sagen: „Ich akzeptiere mich so, wie ich bin." (Kleinere könnten einen Satz sagen wie: „Ich mag mich so, wie ich bin.") Mit lauter Stimme und alle gemeinsam, in einem fort, selbstverständlich auch ich. Danach sollte jeder das sagen, was er heute tun wollte, wozu er aber keine Lust hatte, so zum Beispiel: „Ich will heute gut mitarbeiten." – „Ich will heute wach und aufmerksam sein." Danach machten wir sofort die Übungen, und alle machten sie mit, und sie machten sie ordentlich und gewissenhaft mit! Auf meine Frage, ob sie sich anders gefühlt hätten, bestätigten sie dies durchweg. Erhan sagte, daß dieses Gefühl der Unlust völlig weg gewesen sei. Also gewöhnten wir uns das Handkantenklopfen jetzt jeden Morgen an. Auch nachdem wir einmal fünf Tage nicht mehr geklopft hatten, machten noch immer alle gut mit.

*

Brain-Gym® ist in meiner Klasse fest etabliert. Die SchülerInnen nutzen die Übungen teilweise selbständig, ohne daß ich sie dazu anleiten muß. Ich beobachte immer wieder, daß jemand sich stillschweigend die Ohren ausstreicht, sich mitten im Rechnen die *Gehirnknöpfe* reibt oder die Holzacht an den Platz holt.

Wenn es dennoch Tage gibt, an denen es nicht läuft, an denen ich herumschimpfe, mich über das sich wiederholende schlechte Verhalten einiger Schüler aufrege und mittags dementsprechend genervt nach Hause gehe, dann sind dies Tage, an denen ich die Übungen nicht gemacht habe. Aus welchen Gründen auch immer. Meist war ich zu träge dazu und somit sicherlich selbst im Zustand der Psychischen Umkehr. Oder aber der Alltag der Schule zwang mich, mit etwas anderem anzufangen, und danach ließ ich es dann bleiben. Auch daß die bewußten vier Schüler doch immer wieder in ihre Verweigerungshaltung verfallen, liegt daran, daß ich immer wieder mal vergesse, die Umkehrpunkte klopfen zu lassen.

Die kinesiologische Ausbildung hat auch meinen Klassenraum verändert. Durch die Arbeit mit Energien war mir die Auswirkung von Negativbotschaften bewußt geworden. Nach und nach konnte ich den Schülern mit Hilfe des Muskeltests zeigen, daß ein Poster mit der Aufschrift „Born to kill" sie energetisch schwächt. Und gerade das wollten sie ja nicht! Mit zunehmender Ausbildung begann ich, die Negativsymbole aus der Klasse zu entfernen. Peu à peu wandelte sich die Klasse. Die harten Kerle kamen von den Wänden, statt dessen gab es bald eine Klangschale auf dem Pult, sehr oft frische Blumen, eine Duftlampe und immer wieder integrierende Musik. Die SchülerInnen hatten nie das Gefühl, es werde ihnen etwas Wichtiges genommen, sie reagierten sehr positiv auf diese Veränderungen. Es war ja auch so einfach zu zeigen, welchen Unterschied es machte, ob sie ein Rambo-Poster ansahen oder ein Mandala.

Durch den Muskeltest konnte ich den SchülerInnen auch sehr eindrucksvoll die energetische Auswirkung ihrer negativen Eigendialoge zeigen. Wie oft hören wir täglich solche Sätze: „Das kann ich ja doch nicht! Dazu bin ich zu blöd!" Indem wir diese Äußerungen ins Bewußtsein heben und die Wirkung verdeutlichen, können wir helfen, diese negativen Glaubenssysteme zu modifizieren. Daß auch das gut gemeinte eigene Anfeuern mit Bemerkungen wie „Jetzt streng ich mich aber an!" oder ähnlichem eine negative Auswirkung auf das Lernen hat, überraschte die SchülerInnen. Ich bot ihnen den Satz an: „Ich gebe mein Bestes" und schrieb ihn vor jeder Klassenarbeit groß an die Tafel. Auch in diesem Bereich kam es recht schnell zu gegenseitigem Aufmerksammachen, wenn jemand in der Klasse sich selbst wieder einmal beschimpfte.

Um auch mit Noticing arbeiten zu können, habe ich schon zu einem sehr frühen Zeitpunkt der Arbeit mit Brain-Gym® ein Plakat mit den Abbildungen aller Übungen in die Klasse gehängt. Eine weitere Möglichkeit, sich Übungen zusammenzustellen, bildet eine Art Kartenspiel, das aus allen Übungen besteht. Die SchülerInnen waren davon begeistert. Sie fanden es toll, wenn jemand von ihnen die Karten für alle ziehen durfte. Vor einer Rechenstunde zum Beispiel mußte dieses Kind an Rechnen denken und in diesem Bewußtsein einige Übungen ziehen. Wir sind jedesmal überrascht, wie treffsicher die Übungen gezogen werden. Anhand des *Lehrerhandbuchs Brain-Gym®* zeige ich oft, daß diese oder jene Übung tatsächlich genau für die Tätigkeit gut ist, um die es jetzt gehen soll. Nachdem die Übungen ein Teil unserer täglichen Arbeit geworden waren, hatte ich die Idee, jeden Schüler, jede Schülerin mit den Übungen zu fotografieren und diese Bilder in die Klasse zu hängen. Es war sehr aufschlußreich, wer sich mit welcher Übung aufnehmen lassen wollte.

Die Edu-Kinestetik hat sich auch noch in anderen Bereichen meines Lehrerinnenlebens eingeschlichen und viel verändert. So sind meine Entwicklungsberichte, die wir SonderschullehrerInnen jährlich zu schreiben haben, ganz von selbst anders geworden. Allein die täglichen Übungen geben viel Aufschluß über ein Kind, da sie eine psychische Komponente haben: Wer mit Brain-Gym® und der Theorie der Edu-Kinestetik vertraut ist, kann durch die Beobachtung der Kinder, *wie* sie die Übungen durchführen oder nicht durchführen, Auskunft über ihre psychischen und kognitiven Schwierigkeiten erhalten.

Von ganz entscheidender Bedeutung ist für mich *meine* veränderte innere Haltung den SchülerInnen gegenüber. Ein ganz großer Teil meiner Ratlosigkeit ist verschwunden, und das hat seine ganz unmittelbare tagtägliche Auswirkung. Ein Beispiel dazu: Während ich früher viele Jahre lang oft doch recht ärgerlich und innerlich gereizt auf die wohlbekannte schlaffe Haltung der SchülerInnen reagierte, sieht das jetzt ganz anders aus. Dieses Auf-dem-Tisch-Liegen, das zusammengesackte Hängen auf den Stühlen, der ständige Wunsch einiger Kinder, immerfort die Beine hochzulegen oder sich am liebsten auf dem Sofa in der Ecke langzumachen, das Nicht-stehen-Können, die Mühsal überhaupt, aus der Sitzposition sich zu erheben – all das ist allen SonderschullehrerInnen, und nicht nur denen, bekannt.

Doch wenn du anfängst, etwas über die Dimension der Zentrierung und ihre Auswirkung auf Lernen und Verhalten zu lernen, dann sieht alles plötzlich anders aus. Du verstehst jetzt, daß sie so sitzen, herumhängen oder die Beine hochlegen wollen, weil sie es nicht anders *können,* weil ihnen das normale Sitzen körperlich die größte Mühe macht. Und wenn du genau hinhörst, was sie dazu sagen, dann sagen sie genau die Wahrheit: „Oh, bitte, lassen Sie mich doch so sitzen, ich kann nicht anders sitzen." Ich habe das nur nie ernst genommen, habe das als Zusatzaffront aufgefaßt. Du wirst sehr viel liebevoller, weil du nun verstehst, weshalb sie so sitzen oder herumhängen. Und statt herumzumeckern, machst du mit den Kindern regelmäßig Übungen und kannst denjenigen, die besonders schlecht zentriert sind, besondere Übungen geben. Wenn das nicht hilft, sind Einzelarbeiten erforderlich. Das Sitzen oder Stehen ist für viele Menschen, nicht nur für Kinder, nicht integriert, nicht im „schnellen Gang", wie es in der Edu-Kinestetik heißt, und somit ein ständiger Stressor. Damit wird uns immer wieder Energie für das bloße Sitzen oder Stehen abgezapft, die uns dann beim Lernen fehlt. Der Muskeltest wird in der Einzelarbeit den Weg weisen, ob dementsprechend an der Zentrierung zu arbeiten oder eine Neubahnung erforderlich ist, eine „14-Muskel-Balance", eine Balance über die sieben Lerndimensionen oder anderes. Und den SchülerInnen hilft es selbstverständlich, weil sie auch die Auswirkungen auf ihre Lernleistungen spüren. Einen ganz unglaublichen Erfolg hatten zwei Einzelarbeiten zur Zentrierung mit dem hyperaktiven Marcus. Er hatte schon morgens um acht den Kopf auf dem Arm liegen und wickelte in bekannter Weise seine Beine um den Stuhl. Jetzt sitzt er seit einem Jahr aufrecht am Tisch, sackt nie mehr zusammen und gehört leistungsmäßig seitdem zu den Besten in der Klasse.

Die Erfolge sind, wie beschrieben, groß. Auch wenn es nicht die spektakulären Erfolge sind, die von den Grund-, Haupt- und Realschulen, Gymnasien und Berufsschulen oder Kindergärten zu hören sind. Doch wenn Schüler und SchülerInnen, die aus dem Normalschulbetrieb ausgesondert wurden, durchweg als lernbereit zu bezeichnen sind, dann ist das für eine Förderschule ein Ergebnis von nicht zu unterschätzendem Wert.

Jetzt, nach langer Zeit mit Brain-Gym®-Übungen in der Klasse und äußerst seltenen Einzelbehandlungen, sehe ich bei vielen SchülerInnen einen Stillstand in ihrer Entwicklung. Alle bräuchten kontinuierliche Einzelarbeit, um die sehr tief liegenden Blokkaden aufzulösen und Entwicklungsdefizite aufzufüllen. Das macht den Unterschied zu anderen Schularten aus, wo man oft nur mit den Übungen schon sehr weit kommen kann. Allein Michael müßte jede Woche eine tiefgreifende Neubahnung über drei Dimensionen oder gar eine 14-Muskel-Neubahnung bekommen. Das läßt der Schulalltag nicht zu. Vor meinem Anfangsfehler, monatelang jeden Mittag nach dem Unterricht ein Kind zu balancieren, kann ich nur dringend warnen. Der Preis, den *wir* dabei zahlen, ist zu hoch. Allerdings ist es schmerzhaft, täglich im Unterricht zu sitzen und zu wissen, was ich tun müßte, was ich tun könnte, was ich aber aus Zeitmangel nicht tun kann.

Die Einzelarbeit in den Schulalltag zu integrieren verlangt dem Schulsystem viel Umdenken und Veränderung ab. Doch auch dieses System besteht aus einzelnen Menschen, und wenn einzelne mit mutigen Entscheidungen anfangen, wird eine Veränderung eintreten. Solange sich die Vorstellung hält, daß eine Lehrerin ausschließlich zu unterrichten hat, wird sich nichts tun. Es wird sich nur insofern etwas tun, als die kinesiologisch ausgebildeten Lehrerinnen und Lehrer zunehmend die Schule verlassen werden, um kinesiologische Praxen zu eröffnen.

Lehrerin oder Lehrer zu sein bedeutet heute etwas anderes als gestern noch. So wie es sich langsam, aber sicher durchsetzte, daß Schüler eine Psyche haben, und gewisse Grundkenntnisse der Psychologie heute zum Allgemeinwissen des Pädagogen gehören, ist es jetzt an der Zeit, sich die Zusammenhänge von Denkleistung und Körper zu erarbeiten.

*

„Denken ist ein motorischer Akt – oder noch pointierter: Denken ist Bewegung. Gehirn und Körper bilden eine sich selbst bewegende, sich selbst fühlende und sich selbst integrierende Einheit, ein Ganzes. (...) Denken braucht ganz offensichtlich eine motorische Entsprechung, einen körperlichen Fokus: Auf sich allein gestellt ist das Gehirn nicht fähig, seine Funktionen zu erfüllen." (2) Diese Äußerungen des Diplompsychologen Heiko Ernst, Chefredakteur der Zeitschrift *Psychologie heute*, sind symptomatisch für das sich ausbreitende Bewußtsein vom Zusammenhang zwischen Körper und Lernen. Mit dem Wissen, daß die emotionale Ebene nicht das Tiefste ist im Menschen, daß die Arbeit an der Motorik hingegen tatsächlich die Basis erreicht, verändert sich die Arbeit des Lehrers gravierend.

Meine Intention ist allerdings nicht, in das bestehende, linkshirnorientierte Schulsystem die Brain-Gym®-Übungen zu integrieren und ansonsten alles beim alten zu belassen. Um nachhaltig etwas bewirken zu können, Schule zu einem Ort werden zu lassen, in dem alle Kinder gleichermaßen fröhlich und entspannt lernen können – die Linkshirndominanten genauso wie diejenigen, die über die Bewegung lernen oder über die Sinne oder über das Be-greifen –, um das zu erreichen, muß Schule anders sein! Wer eine Idee davon bekommen möchte, wie ein Ort des Lernens aussehen kann, in dem Integration ohnehin oberstes Prinzip ist, sollte die Schriften von Rebecca Wild lesen. (3) In einer solchen Schule brauchte wohl kaum jemand Brain-Gym®, es sei denn, es lägen ernstere Störungen oder Entwicklungsdefizite vor.

Doch soweit sind wir noch nicht. Und solange wir noch so weiterarbeiten müssen, brauchen wir eine ganzheitliche Lernförderung wie die Edu-Kinestetik. Für mich ganz persönlich kommt die Bedeutung der zunehmenden Kenntnis von ganzheitlicher Pädagogik und deren Möglichkeiten dem nahe, was Brecht als „Naschen vom Kuchen der Wahrheit" bezeichnet hat. Diesen Geschmack, so heißt es bei ihm, kann man nicht wieder vergessen.

Literatur:

(1) Rosival, Vera: *Hyperaktivität natürlich behandeln,* München 1992, S. 66f.
(2) Ernst, Heiko: *Die Weisheit des Körpers,* München 1993, S. 97-98
(3) Siehe Literaturverzeichnis am Ende des Buches.

Hinweis:

Die Namen in diesem Beitrag wurden zum Teil geändert, zum Teil aber auf Wunsch der SchülerInnen beibehalten!

Michaela Weiß:

Wege zum selbstbewußten, motivierten und fröhlichen Lernen

Kinesiologie in der Sprachheilschule

Wenn man – so wie ich – kein Missionar ist, sondern sein Ding tut, weil man weiß, es ist gut, kann man Wundersames erleben. Als ich vor vier Jahren (1989) mit Kinesiologie in der Schule anfing, wurden meine Aktivitäten erst einmal stillschweigend ignoriert, ebenso wie mein späteres Angebot, Kinesiologie beziehungsweise Brain-Gym® in den Therapieplan mit aufzunehmen. Ganz vereinzelt traten dann im Laufe der Zeit Kollegen an mich heran mit der Bitte, ein „schwieriges" Kind zu überprüfen. Meine ausführlichen Berichte bewirkten großes Erstaunen („Woher weißt du das denn alles?"), und es kam so etwas herüber wie: „Das ist mir nicht ganz geheuer." Zu einer Erläuterung kam es aber leider nur selten, da die Kollegen immer sehr im Zeitdruck waren.

Inzwischen erlebt die Kinesiologie einen Boom, und seit auf einer sprachheilpädagogischen Tagung in Hamburg ein Professor über Kinesiologie gesprochen hat, ist dieses Gebiet auch in unserer Schule standesgemäß. Jetzt wollen sich hier Kollegen ausbilden lassen, natürlich mit dem Anspruch, „die ganze Sache abzukürzen", da man ja als Lehrer eh schon alles irgendwie drauf hat. Eine dieser Kolleginnen meinte denn auch: „Du machst doch Kinesiologie, dann zeig mir doch mal gerade, wie man das macht!" Sie ignorierte mein hilfloses Erstaunen völlig, und ich ließ mich dann doch überreden, Kinesiologie „zu machen": die *Überkreuzbewegung.*

Ich zeigte den Kindern, wie sie ein Bein heben und dann das Knie mit der gegenüberliegenden Hand berühren können. Sogleich bemerkte ich jedoch, daß für einige Kinder allein schon Beinheben und Kniebeugen von großer Schwierigkeit war. Daher ging ich dazu über, einfach erst einmal die Beugung des Knies abwechselnd auf beiden Seiten zu üben. In diesem Moment bemerkte ich, wie meine Kollegin mit viel Schwung (ein anderes

Wort wäre sicherlich treffender) einem der Kinder die Beine hochriß und mit viel Leid in der Stimme rief: „Nun mach doch mal endlich ..." Dies sind für mich Momente, in denen mir ziemlich schlecht wird, weil ich erkennen muß, daß jedes Ding zwei Seiten hat – so auch die Kinesiologie mit ihren großen Möglichkeiten, wenn sie so ignorant angewendet wird.

Die Lust an der Tätigkeit – egal, welche gerade ausgeführt wird – ist das entscheidende befruchtende Element, für den Lehrenden ebenso wie für den Lerner. Das heißt, auch in der Kinesiologie muß man der Freude auf der Spur bleiben – und das ist sehr einfach!

Angefangen habe ich in einem 4. Schuljahr der Sprachheilschule. Alle Übungen habe ich grundsätzlich erst einmal in der gesamten Gruppe durchgeführt, und ich habe sie dann jeweils in den Therapiestunden einzeln oder in Kleingruppen wieder aufgenommen. Dort war ein individuelles Vorgehen möglich. Einige Übungen haben wir morgens in den ersten zehn Minuten im Freien und großräumig auf dem Schulhof ausgeführt, vor allem die Variationen zur *Überkreuzbewegung*. In Verbindung mit einigen Yogaübungen hat das den Kindern sehr viel Spaß gemacht und sie sichtlich belebt. Wir haben im Laufe des Jahres alle Übungen kennengelernt, wie sie in Dennisons Buch *Brain-Gym®* dargestellt sind.

Sehr lange Zeit haben wir verwendet bei der Einführung der *Überkreuzbewegung* und der *Liegenden Acht*. Dort war zu beobachten, daß für die Kinder zum Teil erhebliche Probleme bestanden, die Mittellinie zu überkreuzen. Die Kinder haben jedoch mit einer erstaunlichen Intensität und Ausdauer immer wieder gerade diese Übungen ausgeführt, auch unaufgefordert in den Pausen oder zwischendurch, wenn sie sich nicht mehr konzentrieren konnten; sie störten dabei in keiner Weise den Unterricht. Für die *Liegenden Achten* durften sie dazu alle vorhandenen Tafeln und den Fußboden verwenden. Die Achten auf dem Fußboden sind sie dann anschließend mit Spielzeugautos nachgefahren. An den Tafeln fanden sie es besonders schön, mit bunten Kreiden zu malen. Es standen auch großformatige Blätter zur Verfügung, diese wurden vorzugsweise mit dicken Wachsmalstiften bemalt. Später war es für die Kinder möglich, auf das Format DIN A4 überzugehen. Besonderen Spaß bereitete ihnen der *Double Doodle* (das *Simultanzeichnen*), während der

Elefant nicht so sehr beliebt war, da diese Übung ihnen ganz erhebliche Schwierigkeiten bereitete. Die *Alphabet-Achten* setzte ich ganz besonders bei einem Schüler ein, der erst später zu uns kam und sich in bezug auf seine Schrift als „therapieresistent" erwiesen hatte. Er führte die Übungen mit der *Alphabet-Acht* gerne aus. Er fühlte sich nicht mehr so „genervt" wie bei den vorangegangenen „Schönschreibübungen", denn er „durchschaute" den Sinn der Übungen und mußte so nichts „Sinnloses" mehr tun.

Dies ist überhaupt ein wichtiger Punkt. Die Kinder wollen wissen und verstehen, warum sie bestimmte Dinge tun. Aus diesem Grunde haben wir zwischendurch immer wieder über unser Gehirn gesprochen. Wir haben uns das Gehirn beim Menschen angeschaut und dazu im Vergleich bei einigen Tieren. Die Kinder kamen so allmählich selbst zu der Erkenntnis, daß ein Gehirn mit Erfolg trainiert werden kann. Wir haben dann weiter über die Funktionen der beiden Gehirnhälften gesprochen, und es hat sich daraus eine Unterrichtseinheit entwickelt. Die Kinder konnten so ganzheitlich erfahren, welch wunderbares Ding unser Gehirn ist, und somit mehr Bewußtheit und Achtung dem eigenen Körper und dem eigenen „Inneren" gegenüber aufbauen. Dies hat sich im Laufe der Jahre sehr deutlich gezeigt: Diese Klasse hat sich nicht nur bei der Klassenlehrerin, sondern auch bei Kollegen als eine Gruppe von ausgeglichenen, selbstbewußten und motivierten Kindern dargestellt.

Außer den Mittellinienbewegungen haben wir auch Energieübungen durchgeführt. Dazu haben wir uns unseren Körper genauer angeschaut und festgestellt, daß in ihm nicht nur Blut fließt, sondern auch Energie, gleich einem Stromkreislauf. Diese Energie kann aber nur fließen, wenn in unserem Körper genügend Wasser vorhanden ist, denn unser Gehirn kann nur dann gut arbeiten, wenn seine elektrischen und chemischen Aktionen gut weitergeleitet werden – und das kann das Wasser besorgen. Diese Übungen haben nun den Zweck, Nachrichten zwischen Gehirn und Empfängerorganen hin- und herzugeben. Sorgen wir also für genügend Wasser in unserem Körper – und das heißt nicht einfach Flüssigkeiten, Getränke wie Limo, Cola –, so bedeutet das, daß wir aufmerksam und liebevoll mit ihm umgehen. Als Dank dafür werden wir reichlich belohnt, nämlich mit erhöhter Energie und verbesserter Konzentration.

Dies konnten wir uns untereinander sehr eindrucksvoll mit dem Muskeltest demonstrieren: War nicht genug Wasser da, zeigte uns dies unser Körper durch ein schwaches Ergebnis im Muskeltest. Nach Zuführung von Wasser konnte die Energie im Körper wieder besser fließen, und der Muskeltest zeigte dies durch ein starkes Ergebnis. Für die Skeptiker unter den Schülern führten wir als Beispiel Limonade dem Körper zu und mußten dann feststellen, daß diese ihn sogar schwächte.

Der Wassertest wurde im Laufe der Zeit ein fester Bestandteil im Umgang mit den neuen Erkenntnissen, und er wurde von den Kindern unabhängig vom Lehrer durchgeführt.

Von den Energieübungen wurde ganz besonders gerne die *Cook-Energieübung* ausgeübt, wobei die liegende Version ganz eindeutig Priorität hatte. Besonders Schüler, die von ihrem Persönlichkeitsbild her eher als ängstlich und weniger selbstbewußt eingestuft werden konnten, liebten diese Übung sehr und berichteten, daß sie diese auch zu Hause einsetzten, wenn ihnen etwas „quer" saß. Auch noch nach Jahren gehörte diese Übung zu ihrem Repertoire. Ebenfalls gerne wurden die *Denkmütze*, die *Positiven Punkte* und die *Gehirnknöpfe* eingesetzt. Ich zeigte den Schülern, wie diese Energieübungen in Kombination mit der *Überkreuzbewegung* individuell, auch vor Tests, eingesetzt werden konnten, um eine optimale Lern- und Arbeitssituation zu gestalten. Das sah dann im Laufe der Zeit so aus, daß die Schüler in meinem Unterricht, bevor sie an die Arbeit gingen – und das war durch „offenen Unterricht" und Projektarbeit phasenweise ganz unterschiedlich, bedingt durch verschiedene Aufgabenstellungen –, jeder für sich individuell Übungen nach seinen Bedürfnissen zusammenstellten. Einige brauchten es, sich vorher oder auch während der Arbeit zu bewegen, und nutzten dann die *Überkreuzbewegung.* Andere liebten die *Denkmütze und die Gehirnknöpfe,* wieder andere hielten sich die *Positiven Punkte.* Die Zusammenstellung der Übungen war sehr individuell und ging in das selbstverständliche Arbeitsverhalten der Schüler über. Auch jetzt noch, drei Jahre nach der Einführung der kinesiologischen Übungen, gehören diese zum Repertoire der Schüler.

*

Und nun noch ein Wort zu den drei üblichen Vorurteilen:

1. Wenn man „das" nicht schon von Beginn des 1. Schuljahrs an einführt, dann finden die Schüler das albern.
2. Das nimmt zuviel Zeit vom Unterricht weg.
3. Der Unterricht wird gestört, es wird zu laut und unruhig.

Zu 1.:
Nichts, was ich aus vollem Herzen und mit ganzem Einsatz tue, kann auf andere albern wirken! Ich habe selbst einige Übungen in einem mir fremden 10. Schuljahr durchgeführt. Die anfängliche Verlegenheit wich sehr schnell einem neugierigen Ausprobieren.

Zu 2.:
Schüler, die nicht lernbereit sind, sind nicht aufnahmefähig. Der Unterricht geht an ihnen vorbei! Lehrer müssen umdenken, alte Strukturen gegen neue, ganzheitliche eintauschen. Die Aufgabe „zur Aufnahme fähig machen" wird bei unseren zunehmend gestörten Schülern immer gewichtiger.

Zu 3.:
Schüler sind durchaus in der Lage, sich so zu verhalten, daß andere nicht gestört werden! Als ich im 4. Schuljahr mit Brain-Gym® anfing, hatten die Schüler bereits im 3. Schuljahr bei mir Unterricht gehabt. Durch meine Unterrichtsorganisation (offener Unterricht, Projektarbeit) waren die Schüler daran gewöhnt, Partnerarbeit durchzuführen und in Kleingruppen zu arbeiten. Das heißt, sie hatten bereits eingeübt, sich so zu verhalten, daß andere nicht gestört wurden. So war der Geräuschpegel in dieser Klasse immer ausgesprochen niedrig. Diese Voraussetzungen haben sich sicherlich günstig auf unsere „kinesiologischen Aktivitäten" ausgewirkt. Es bedeutet aber auch ganz klar, daß „Bewegung" im Unterricht keineswegs Unruhe hervorrufen muß.

Nun wäre es ganz einfach zu sagen, daß die oben genannten Gründe faule Ausreden der Lehrer seien und sich darin lediglich ihre Unflexibilität, Lustlosigkeit und Unfähigkeit zeigen. Denn das hören wir ja allerorts, daß Unterrichten ganz einfach ist; die einzigen, die dies anscheinend nicht können, sind ja wohl die Lehrer! Das mag zum Teil stimmen, aber zum größten Teil ist der Druck, der von „oben" und „außen" und auch von „innen" kommt, so erheblich, daß er eigentlich nur dazu führen kann, daß der einzelne resigniert.

Erstaunlicherweise kann ich jedoch immer wieder feststellen, daß Kollegen – und ganz besonders Kolleginnen – weder Mühe noch Kosten scheuen, nach anderen, für alle Seiten befriedigerenden Lösungen zu suchen. Unterstützung von Bildungspolitikern oder den eigentlich verantwortlichen Eltern haben wir dabei nur in den wenigsten Fällen zu erwarten; von dieser Seite kommen überwiegend Anforderungen – die Erziehung, vormals in der Familie angesiedelt, ist in die Hand der Schule übergeben worden. Welche Ehre!

Dennoch, verliert den Mut nicht! Die Kinder brauchen euch, die ihr noch in „Bewußtheit" mit Menschen umgeht! Die Kinesiologie kann euch ein Stück auf diesem Weg helfen. Sie kann Lernblockaden abbauen mit Mitteln, die sich leicht und lustvoll in den Unterricht integrieren lassen. Nicht nur Muskeln, auch das Gehirn kann trainiert werden. Viel Spaß mit Brain-Gym®!

Beckenschaukel

Susanne Kiel
(in Zusammenarbeit mit Antje Niemeyer und
Renate Paul):

„Heute morgen brauch' ich dringend die Eule."

Brain-Gym®-Erfahrungen in der Abschlußstufe einer Geistigbehindertenschule

Zur Situation der Klasse: Drei Pädagoginnen betreuen zwölf Schüler im Alter von fünfzehn bis achtzehn Jahren, davon sieben Mädchen, fünf Jungen. Neun Schüler wurden von Förderschulen überstellt.

Brain-Gym® (BG) wurde von uns im September 1991 eingeführt. Literatur über Edu-K war uns schon länger bekannt, aber es fehlte die Motivation, das System, das wir nur aus der Theorie kannten, einzuführen. Die Probleme unserer Schüler – gerade im Erwerb der Kulturtechniken – weckten jedoch den Wunsch, diese Art von Förderung auszuprobieren. Erst nach dem Besuch eines Brain-Gym®-I-Kurses war es uns möglich, BG im Unterricht anzubieten. Fazit: Brain-Gym® kann man sich nicht erlesen, man muß es erfahren.

Wir führten BG als Morgenritual ein: als gemeinsamen Beginn des Schultages, verbindlich für alle Schüler und anwesenden Erwachsenen. Wir beginnen immer mit Wassertrinken und den restlichen drei PACE-Übungen. Jeden Tag geht ein anderer Schüler vor die Klasse und übernimmt die Anleitung: Nach dem einleitenden PACE benennt dieser Schüler aus unserer Liste zwei bis drei Übungen seiner Wahl, die dann alle mitmachen.

Alle Übungen wurden fotokopiert und auf Karteikarten gezogen, die an unserer „BG-Wand" hängen. Mit dieser bildlichen Unterstützung gelingt es den Schülern – auch den Neuen – leicht, ihre Auswahl zu treffen. Die Schüler haben dabei durchaus Vorlieben. Einige Schüler entscheiden sich immer für dieselben Übungen, andere treffen ihre Wahl nach Gefühl und Bedürfnis: „Heute morgen brauch' ich dringend die Eule." Interessant ist, daß sich die Präferenzen so verteilen, daß im Laufe der Woche alle Übungen gewählt werden, wenn auch der Schwerpunkt bei der *Liegenden Acht* liegt.

Das Ritual wurde sofort akzeptiert, auch wenn viele Übungen anfangs nicht klappten, zum Beispiel die *Liegende Acht* oder *Cross Crawl.* Gerade diese *Überkreuzbewegungen* haben wir bei den meisten Schülern „bahnen" müssen, indem wir – hinter dem Schüler stehend – Arme und Beine führten. Die *Liegende Acht* dagegen prägt sich besonderes gut mit Hilfe der „hölzernen Achterbahn" ein. [Kugelrollspiel *Liegende Acht*, zu beziehen bei VAK]

Was hat es gebracht?

In einem Fall: ein besseres, flüssigeres Schriftbild, Persönlichkeitsreifung, insgesamt wesentliche Verbesserung der Koordination. In einem anderen Fall: Schrifterwerb und Lesefähigkeit. In jedem Fall: ein angenehmes, der Altersstufe angemessenes Morgenritual, in dem die Energien für den Tag gesammelt werden, alle zur Ruhe kommen und noch einmal „Luft holen vor dem Sturm". Auch die Schüler empfinden die Übungen als angenehm, das Ritual wird so gut akzeptiert, daß es von allein, ohne jeglichen Anstoß der Betreuer, jeden Morgen von der Klasse ausgeübt wird. Nach den Ferien zeigen sich die Schüler „Brain-Gym®-bedürftig": Bei fast allen haben sich Schriftbild, grob- und feinmotorische Koordination verschlechtert.

Fünf Schüler nehmen an einem Extrakurs teil: „Flüssiger schreiben". In diesem Kurs werden Schreibflußübungen angeboten, begleitet von einem reichlichen Angebot an Atem-, Entspannungs-, Yoga- und BG-Übungen. Die Schüler lieben diese Stunden. Jeder darf die Arbeit unterbrechen, wenn er sich verspannt fühlt, und jede ihm bekannte Technik anwenden, um sich wieder aufzuladen, zu konzentrieren etc. Dazu gehört natürlich, diese Verspannungen an sich überhaupt wahrzunehmen. Die Schüler machen sich gegenseitig auf ihre Sitzhaltung, auf verbissene Lippen, verknotete Beine und ähnliches aufmerksam. Unser Ziel ist, daß sie diese Techniken in jeder Arbeits- und Lebenssituation anwenden und Entspannung erfahren und herbeiführen können.

	Was empfindest du morgens beim Brain-Gym?	Hat sich etwas in deinem Leben verändert?	Was möchtest du zu Brain-Gym sagen?	Lieblings-übungen
Anja, 18 J.	Ich konzentriere mich.	Ich kann jetzt länger bei der Arbeit durchhalten.	Im Praktikum haben mir die Übungen gefehlt.	Liegende Acht, Energiegähnen, Gehirn-Waage
Mihaela, 18 J.	Ich werde ruhiger. Ich kann schöner schreiben.	Ich habe endlich den X-Tanz gelernt, er macht mir solchen Spaß.	Wenn ich beim Schreiben aufgeregt bin, mache ich die Übungen zwischendurch.	Elefant, Erd- und Raumpunkte
Senem, 15 J.	Es tut mir so gut, den Körper zu bewegen.	Ich kann besser mit anderen Kindern zusammensein, ich kann freundlicher sein.	Mir gefällt, daß wir die Übungen jeden Morgen machen.	Gehirnknöpfe, Cross Crawl, Liegende Acht
Enno, 18 J.	Ich bin daran gewöhnt. Ich werde schön ruhig.	Ich kann besser schreiben, lesen u. rechnen, ich habe mich innerlich verändert, bin ruhiger.	Brain-Gym tut gut.	Denkmütze, Energiegähnen, Liegende Acht
Karen, 15 J.	Ich kann gut gucken.	Mein Leben ist gut geworden, seit ich an dieser Schule bin.	Ich finde, die Übungen tun gut.	Eule, Elefant, Liegende Acht
Oliver, 15 J.	Ich fühle mich gut und normal. Ich bin ruhig.	Ich habe etwas dazugelernt, z. B. den X-Tanz.	Ich finde es insgesamt gut, weil es für den Körper gut ist.	X-Tanz
NanHee, 16 J.	Ich fühle mich sehr gut.	Nein.	Nichts.	Eule, Energiegähnen, Liegende Acht
Nadine, 15 J.	Ich fühle mich sehr gut. Ich konzentriere mich.	Ich bin erst seit 1 Woche in der Klasse.	Ich finde es ganz gut.	Liegende Acht

	Was empfindest du morgens beim Brain-Gym?	Hat sich etwas in deinem Leben verändert?	Was möchtest du zu Brain-Gym sagen?	Lieblings-übungen
Wolfgang, 16 J.	Ich finde das gut, sehr gut.	Ich kann jetzt die Überkreuz-bewegungen.	Mit gefällt die Eule so gut.	Liegende Acht, Eule, Denkmütze
Sascha, 15 J.	Es ist ein ganz schönes Gefühl. Ich fühle mich viel ruhiger.	Ich verdrehe weniger Buchstaben und Zahlen, das Lesen fällt leichter; meine Koordination (z. B. im Sport) ist viel besser.	Es ist einfach etwas Schönes und macht Spaß. Besonders gut tut es, wenn man die Hände aneinanderlegt.	„Gehirn-Waage", Elefant, Liegende Acht
Maren, 18 J.	Ich fühle mich ruhig dabei, ein schönes Gefühl.	Ich kann besser schreiben und rechnen.	Mir gefällt nicht, wenn die anderen reden.	Denkmütze, Raumpunkte, Erdpunkte
Radislav, 18 J.	Ich fühle mich sehr gut und sehr ruhig.	Ich kann jetzt sehr gut rechnen.	Die Übungen gefallen mir.	Eule, Energiegähnen, Elefant

Es läuft also recht gut, zufriedenstellend. Wir sind ein paar Schritte auf einem neuen Weg gegangen – das allein macht ja schon Spaß, und wir haben Erfolg mit diesem Weg – das macht noch mehr Spaß! Trotzdem will sich bei mir der rechte Enthusiasmus nicht einstellen. Ich möchte einerseits gern Brain-Gym® II belegen, möchte vertiefen, erweitern, bin neugierig. Zum anderen ärgert es mich, daß ich nie den Mut hatte, den Muskeltest anzuwenden und in die Aktionsbalancen „einzusteigen". Unser pädagogischer Alltag besteht oft aus sozialpädagogischer und sozialtherapeutischer Arbeit, viele Schüler zeigen massive Verhaltensauffälligkeiten (weshalb sie auch von den Förderschulen zu uns geschickt wurden). Gerade für diese Schüler wäre eine intensive Arbeit an alten und möglichen neuen Verhaltensmustern so nötig – aber ich habe es nicht geschafft, diesen Aspekt von BG zu integrieren.

Irmtraud Basse:

Die Wurzeln der menschlichen Aktivitäten erreichen

Brain-Gym® in der Arbeit mit schwerst Mehrfachbehinderten

Seit 1989 lebe ich mit sieben schwerst mehrfachbehinderten Schülerinnen zusammen. Es handelt sich dabei unter anderem um Tetraspastiker, Mikrozephalie und das Lenox-Syndrom. „Leben" meine ich hier in dem Sinne, daß ich nicht im herkömmlichen Sinne unterrichte, sondern mich als „Entwicklungstherapeutin" verstehe. Das tatsächliche Lebensalter der SchülerInnen liegt zwischen 9 und 11 Jahren, ihr Entwicklungsalter hingegen zwischen 12 und 48 Monaten. Mein Schulalltag gliedert sich in drei Phasen:

1. Pflege und Versorgung: Eßtraining und Toilettentraining.
2. Einzelarbeit: Krankengymnastik, Beschäftigungstherapie und Förderung entsprechend dem Entwicklungsalter.
3. Unterricht im Klassenverband, zum Beispiel Malen, Töpfern, Schwimmen, Trampolinspringen, Aktivitäten im Stuhlkreis.

Diese drei Phasen entsprechen nicht der Chronologie des Schultages. Je nach Zeit und Intuition (Was braucht das Kind?) setze ich Edu-Kinestetik in jeder beliebigen Phase ein. Hier ein Beispiel für die sich bietenden Möglichkeiten:

Phase 1: Nach dem Toilettengang werden die Schüler alle gewikkelt. Dabei kann ich bestimmte Übungen wunderbar auf der Matte ausführen, besonders der Steißbeinpunkt wird ausgiebig gerubbelt.
Phase 2: Diese Phase ist selbstverständlich ideal für tiefergehende Einzelarbeit.
Phase 3: Wenn die Zeit ausreicht, wird mit den Kindern nacheinander Brain-Gym® gemacht. Der zuhörende Teil der Kinder lernt abzuwarten und freut sich darauf, an die Reihe zu kommen.

Leider ist es nicht möglich, täglich das Energieprogramm mit allen oder auch nur mit einigen durchzuführen. Krankmeldungen von Kollegen, Vertretungen und ähnliches lassen mir häufig nicht die dafür notwendige Zeit.

Man kann sich fragen, weshalb ich bei derart schwerstbehinderten Kindern (die nicht laufen können, die keine oder nur wenig aktive Sprache haben, die nicht selbständig essen können) die Methoden der Edu-Kinestetik einsetze. Meine Antwort ist: Eben gerade deswegen! Durch das fixierte Sitzen im Rollstuhl sind die Bewegungsmöglichkeiten sehr eingeschränkt, die spastischen Muster lassen nur wenig funktionelle Bewegungen zu. Brain-Gym® gibt dem Kind neue Bewegungserfahrungen und setzt an der Wurzel jeder Bewegung, nämlich im Gehirn an. So wird Unmögliches möglich: Durch *Überkreuzbewegungen, Liegende Achten* und andere Übungen wird die Mittellinie überquert, die Hand-Augen-Koordination angesprochen, und die SchülerInnen werden somit, wenn auch passiv, zu neuen Bewegungen geführt.

Der Muskeltest ist mit diesen Kindern nicht durchzuführen, und eine Arbeit mit Surrogat ist ebenfalls fast nie möglich, da ganz selten jemand dafür zur Stelle ist. So basiert also die Auswahl der Übungen auf meiner Intuition. Ich kenne meine SchülerInnen sehr gut, und die Arbeit mit ihnen gibt mir täglich recht.

Die schwerst mehrfachbehinderten Kinder sollte man weder nur pflegen, noch sie mit Lehrplänen überfrachten. Ziel meiner Arbeit ist es, jeden Schüler dort abzuholen, wo er in seiner Entwicklung steht, ob bei 8 oder bei 52 Monaten. Die Edu-Kinestetik hat so elementare Übungen, daß wir genau dort ansetzen können, wo der einzelne Schüler steht. Kinder, die in ihrer Entwicklung weiter sind, kommen durch diese Übungen noch weiter und lernen dadurch effektiver. Schwächere SchülerInnen werden „angeschaltet" und geöffnet für den nächsten Schritt ihrer ganz persönlichen Entwicklungsskala.

Wie schon erwähnt, verstehe ich meine Arbeit als Entwicklungstherapie, insofern ist die Edu-Kinestetik mit ihren Möglichkeiten einfach ideal. Mit den Brain-Gym®-Übungen kann ich die Wurzeln der menschlichen Aktivitäten erreichen, die Zentren in den Gehirnhälften. Durch die Freude an den Übungen wird bei den häufig sehr erschlafften Kindern die Eigenenergie mobilisiert. Das zu beobachten ist für mich immer wieder einfach wunderbar.

Der Unterricht in dieser Klasse ist stets von aktionsbegleitendem Gesang geprägt; dadurch wissen die SchülerInnen sofort, was wir tun werden, und erkennen den Ablauf wieder. Die Kinder sind somit in das Unterrichtsgeschehen eingebunden, sie brechen nicht aus, und es kommt nicht zur Ungeduld. Jedes Kind wird einzeln besungen und mit der angestrebten Tätigkeit erwähnt.

In diesem Zusammenhang habe ich gemeinsam mit einem Kollegen das Lied „Hallo, ihr Ohren" geschaffen. Bei diesem Lied geht es darum, den Körper und seine Funktionen von Kopf bis Fuß durch die unterschiedlichen Brain-Gym®-Übungen zu aktivieren. Die SchülerInnen sind jedesmal hocherfreut, wenn es angestimmt wird, und oft wird es im Morgenkreis von ihnen selbst vorgeschlagen. Vier Kindern gelingt es inzwischen, mit Ansummen des Liedes den Morgenkreis aktiv durch Vorschläge mitzugestalten. Die SchülerInnen reagieren auf dieses Lied aufgrund des Körperkontaktes und des Integrationsgefühls bzw. des Körperempfindens mit großer Freude, was mir deutlich die Richtigkeit dieses Weges signalisiert. Ich kann im Zusammenhang mit dem Ausführen der Brain-Gym®-Übungen beobachten, daß Vitalität, Eigenwahrnehmung, Entwicklung der Sprachaktivität, Verbesserung der Sehfähigkeit und Ausdauer zunehmen. Die Melodie in Verbindung mit dem Körperkontakt hilft den Kindern, sich über ihre engen Grenzen hinaus bewegen zu lassen.

Nur wenige meiner SchülerInnnen können die Übungen selbständig ausführen. In erster Linie bewegen wir die Kinder, und sie lassen es gerne zu. (Foto S. 115 oben) Eine äußerst wichtige Voraussetzung dabei ist für mich, daß wir selbst balanciert sind, also unser eigenes Programm zur Integration vorher durchgeführt haben. Zumindest sollten wir ausreichend Wasser getrunken haben und darauf achten, unsere Atmung nicht zu vernachlässigen.

Hier nun der Text unseres Liedes, anschließend ein paar Erläuterungen dazu:

Hallo, ihr Ohren!
(nach der Melodie von *La Cucuracha*, Text: Basse, Scheer)

Hallo, ihr Ohren,
hallo, ihr Ohren,
seid ihr denn schon wach?

Ich wünsch den Ohren,
ich wünsch den Ohren
einen schönen Tag.
(2 x zu singen)

(Nach diesem Muster:)
Hallo, ihr Augen ...
Hallo, du Nase ...
Hallo, ihr Wangen ...
Hallo, ihr Hände ... (2 x)
Hallo, ihr Waden ... (2 x)
Hallo, ihr Füße ... (2 x)

Hallo, ihr Hirnknöpfe ...
Hallo, ihr Erdpunkte ...
Hallo, ihr Raumpunkte ...
Hallo, ihr Gleichgewichtspunkte ...
Hallo, du Thymus ...

(Dann:)
Wir überkreuzen,
wir überkreuzen,
oh, wie wunderbar!
Wir überkreuzen,
wir überkreuzen,
ist doch sonnenklar.

(Nach diesem Muster:)
Wir machen Achten ...
... oh, wie wunderbar ...

Wir sitzen im Cook ...

Unser Lied entspricht dem Prinzip, von oben nach unten, von innen nach außen zu gehen. Wir beginnen bewußt mit den Ohren, sie lenken die Aufmerksamkeit und das Zuhören, die Schüler werden dann aktiver, sie beginnen zu spüren.

Mit „Hallo, ihr Augen" versuche ich, die Aufmerksamkeit der Augen auf einen Luftballon, eine Farblampe, eine Kerze oder sonst etwas Faszinierendes zu lenken und sie dann durch die Form der *Liegenden Acht* zu führen. Den wenigsten Schülern allerdings gelingt es, die Acht mit den Augen abzufahren. Dennoch, auch wenn dies nur selten gelingt, betrachte ich die Achten als fördernd und als Erweiterung des Gesichtsfeldes, indem die Augen weit nach rechts und links gelenkt werden. Das Sehen ist nach Gesell mit dem gesamten Aktionssystem des Kindes und dessen Körperhaltung koordiniert. So wird klar, daß Zerebralparetiker Augenbewegungen dringend benötigen, um das Mittelfeld zu überqueren. Sie sollten diese Tätigkeit immer wieder üben und sie so festigen.

Die Nase hat eine wichtige Funktion für die Atmung und für das Denken. Durch diese Übung soll die Nase mit ihren Funktionen ins Bewußtsein kommen. Die Nase ist das zuerst entwickelte System eines Neugeborenen. Über den Geruchsinn kann man Aufmerksamkeit lenken, ganze Förderprogramme können mit diesem Sinn gesteuert werden. Öffnung erfolgt hier ebenso wie Blockade. Und die Nase ist bei diesen Kindern häufig blockiert. Viele Schüler haben keinen Mundschluß und atmen daher kaum durch die Nase. Durch unser Lied wird sie ins Bewußtsein, in die Wahrnehmung gerückt, denn sie wird gestupst und gerieben und dadurch aktiviert.

„Hallo, ihr Wangen" meint das *Energiegähnen* aus den Brain-Gym®-Übungen. Da diese Kinder nicht einfach aktiv gähnen können, werden nur die Kaumuskeln massiert, ebenso das Zungenbein. Indem wir auch das Kiefergelenk bewegen, wird es ins Bewußtsein gerückt. Das hat für diese Kinder eine große Bedeutung, denn viele von ihnen können nicht kauen.

Die Aufmerksamkeit wandert so durch den ganzen Körper. Das Lied für die Hände wird zweimal gesungen, um dadurch jede Hand intensiv massieren zu können. Alle Finger werden einzeln bewegt, und die Anfangs- und Endpunkte einiger Meridiane werden dadurch stimuliert.

Hinter dem Begrüßen der Waden verbirgt sich die *Fußpumpe.* Sie kann allerdings nicht von allen Kindern im strengen Sinne durchgeführt werden. Dennison sieht eine Verbindung von Sprache und dem Wadenpunkt. Die Sehnen neigen dazu, sich in diesem Bereich zu verkürzen, um das Individuum vor erwarteter Gefahr zu schützen. Dies wird durch einen Reflex im Gehirn ausgelöst, der uns veranlaßt, uns zurückzuziehen oder zurückzuhalten (Sehnenkontrollreflex). Diesen dergestalt blockierten

Wadenmuskel beobachtete Dennison bei allen Menschen, die Probleme mit dem verbalen Ausdruck hatten. Durch das Halten der Sehnen in der gedehnten Position, während die Ferse nach unten gepreßt wird, wird der Reflex zurückzuhalten gelöst. Mit dem Wadenpunkt steht somit das Sprachzentrum in Verbindung. Die Sprachentwicklung einiger SchülerInnen hat große Fortschritte gemacht. Das Stimulieren des Wadenpunktes löst bei fast allen Kindern große Freude aus.

Die Füße werden ebenso wie die Hände kräftig massiert; auch damit werden wieder einige Anfangs- und Endpunkte von Meridianen stimuliert. Häufig behindert orthopädisches Schuhwerk das Ausführen dieser Übung. In solchen Fällen lassen wir die Kinder die Füße fest auf das Fußbrett des Rollstuhls stampfen.

Die *Gehirnknöpfe* halten wir mit den Händen der Schüler gemeinsam. Da diese Punkte die Endpunkte des Nierenmeridians darstellen, wird durch ihre Stimulierung der Basisstoffwechsel angeregt, was für unsere Kinder äußerst wichtig ist. Ebenso werden die *Erdknöpfe* gehalten.

Die *Raumknöpfe* erfreuen sich großer Beliebtheit. Wenn die SchülerInnen im Rollstuhl sitzen, ist der Punkt am Steißbein schwer zu erreichen; dennoch ist diese Übung sehr wichtig. Der zweite Punkt dieser Übung liegt oberhalb der Oberlippe. Durch die Raumknöpfe wird die Tiefensensibilität bzw. -wahrnehmung angeregt, ebenso der Fluß der Gehirn-Rückenmark-Flüssigkeit, die für eine gute Hirnfunktion wichtig ist. Ist die Zirkulation dieser Flüssigkeit angeregt, arbeitet das System effektiver.

Die *Balanceknöpfe*, die wir wieder gemeinsam mit den Kindern halten, regen alle drei Dimensionen an: oben-unten, vorne-hinten und rechts-links.

Aufgrund der großen Anfälligkeit unserer Schüler ist es wichtig, ihre Abwehrkräfte zu aktivieren. Deswegen klopfen wir mit den Händen der Kinder den Thymus.

„Wir überkreuzen" heißt: Wir führen die *Überkreuzbewegung* mit den Schülern aus. Diese Übung kann man immer wieder zwischendurch machen; je häufiger, desto besser.

„Wir machen Achten" meint, daß wir die Hände und Arme der Kinder in der Form einer *Liegenden Acht* führen. Dies ist auch eine wunderbare Dehnübung für die Arme und Hände.

Wenn ich mit den Kindern male, dann immer den *Double Doodle (Simultanzeichnen)*. Bei dieser Brain-Gym®-Übung wird mit beiden Händen in großen Bewegungen simultan gemalt; damit wird die Körpermittellinie erfahren. Jedes *Double-Doodle*-Malen endet mit dem Malen von *Liegenden Achten*. Es ist wunderbar, wie die Kinder dabei über sich hinauswachsen, ihre Arme strecken und Bewegungen über ihr Gesichtsfeld hinaus machen. (Foto S. 114 unten)

Zur *Cook-Energieübung* wäre zu sagen, daß es mein größter Wunsch wäre, sie mit den SchülerInnen auszuführen, daß es aber leider fast nie gelingt.

Die *Positiven Punkte* sind auch bei unseren Kindern im Streßfall sehr angebracht. Voraussetzung ist natürlich, daß wir den jeweiligen Stressor kennen beziehungsweise die Wichtigkeit einer bestimmten Lebenssituation eines Kindes. Ich halte die Stirnbeinhöcker und bespreche mit dem Kind sein momentanes Problem. Nach kurzer Zeit wird es ruhiger und fühlt sich verstanden. In jedem Fall sollten wir Erwachsenen diese Übung auch für uns selbst benutzen, wenn wir unsererseits mit einem Kind Schwierigkeiten haben.

Dieses Energieprogramm mit den Brain-Gym®-Übungen ist der beste „Anmacher" für unsere Kinder. Ihre Passivität wird unterbrochen, sie werden auf wunderbare Weise „aufgeregt".

Wie erfolgreich die Entwicklung der Kinder auch immer sein mag – Brain-Gym® ist in jedem Fall richtig. Natürlich ist der Erfolg für mich nicht meßbar. Fest steht aber, daß alle SchülerInnen sich positiv entwickelt haben. Bei einigen hat sich sogar die Sehfähigkeit verbessert, die Sprachentwicklung schreitet rascher voran, und die motorische Entwicklung macht Fortschritte.

Kinesiologie ist für mich zu einer Möglichkeit geworden, schwerstbehinderten Menschen Gutes zu tun und sie zu verwöhnen. Für mich persönlich ist die Arbeit nach diesen Methoden mit soviel Positivem besetzt, daß ich sie nur als erfolgreich bezeichnen kann.

Brigitte Haberda:

„Hast du heimlich Trainerstunden genommen?"

Brain-Gym®-Übungen verbessern merkbar das Tennisspielen

Die große Wirksamkeit der Brain-Gym®-Übungen im Lernbereich überzeugt meiner Erfahrung nach immer mehr Menschen. Das ist auch dadurch bedingt, daß die Medien über diese Thematik vermehrt berichten und laufend Bücher über neue kinesiologische Einsatzmöglichkeiten publiziert werden. Auf ein zusätzliches, besonders für SportlehrerInnen interessantes Anwendungsgebiet von Brain-Gym® bin ich eigentlich durch Zufall gestoßen.

Knapp vor einer Tennisstunde machte ich mein persönliches Brain-Gym®-Turnprogramm durch. Beim anschließenden Doppel war ich so erfolgreich, daß mich einige Leute auf mein bemerkenswert gutes Spiel ansprachen. „Hast du heimlich Trainerstunden genommen?" fragten sie. Anfangs wußte ich auch keine rechte Erklärung und machte halt eine gute Tagesverfassung dafür verantwortlich. Aber je mehr ich darüber nachdachte, um so einleuchtender war mir der Zusammenhang mit den Brain-Gym®-Übungen. Ich experimentierte einige Zeit mit den Übungen herum, bis sich ganz klare Zusammenhänge herauskristallisierten. Mit den Übungen werden ganz bestimmte Körpersysteme gestärkt und spezifische Fähigkeiten aktiviert. Fähigkeiten, die man speziell fürs Tennisspielen braucht. Auf diese Art werden verbesserte körperliche Voraussetzungen geschaffen, die sich auf das Spiel sichtbar auswirken.

Für mich als Lehrerin drängt sich da folgender Vergleich auf. Merke ich beispielsweise bei einem Schüler Schwierigkeiten im Rechtschreiben, korrigiere ich als „Kinesiologin" nicht das Symptom, das heißt die Rechtschreibfehler, sondern suche zuerst nach der Ursache. Die Ursache für diese Dyslexie kann ein bis zwei Entwicklungsstufen tiefer liegen, möglicherweise auf der Körperebene. Zuerst überprüfe ich in einem solchen Fall, ob die

Koordination der Augen gegeben ist, ob die beiden Gehirnhälften integriert sind und ob die Hand-Augen-Koordination funktioniert. Liegen hier schon Defizite signifikanter Art vor, ist eine Rechtschreibschwäche vorprogrammiert. Primär müssen also in der Körperebene Korrekturen vorgenommen werden, dann kann man sinnvoll an einem speziellen Rechtschreibprogramm arbeiten.

Dieses Prinzip der kinesiologischen Arbeit habe ich auf das Tennisspielen übertragen. Bisher wurde in Tennisstunden immer an den Symptomen gearbeitet, zum Beispiel an einer Verbesserung des Vorhandschlages. Die Ursache, warum der Spieler hier eine Schwäche zeigt, hat man meiner Ansicht nach vernachlässigt. Die Suche nach einem fehlerauslösenden Defizit auf struktureller Ebene drängt sich aber förmlich auf, wenn man den Spielern zuschaut. Oft können sie einen hervorragenden Vorhandschlag ausführen, und nur wenn der Ball in einer ganz bestimmten Höhe zu schlagen ist, versagt ihre sonst so gute Technik. Da sie die Schlagbewegung prinzipiell aber recht gut beherrschen, muß doch die Ursache in einem anderen Bereich liegen; zum Beispiel in einer nicht genügend aktivierten Augenenergie.

Mit Hilfe des Muskeltests läßt sich sehr schnell und sehr leicht herausfinden, wo eine Korrektur erforderlich ist. Mit dem Aktivieren dieses Bereiches und dem Turnen der entsprechenden stabilisierenden Brain-Gym®-Übungen schafft man für den Tennisspieler ganz andere körperliche Voraussetzungen. Und plötzlich kann der Spieler einen bewußten Schlag (zum Beispiel Vorhandschlag in einer bestimmten Höhe) durchführen, ohne daß im technischen Bereich gearbeitet wurde. Diese Tatsache löst immer große Verblüffung aus und ebnet den Weg für den Einsatz von Brain-Gym®.

Neben dem „Einschalten" der Augen für ein bestimmtes Sehfeld gibt es in der Kinesiologie noch eine ganze Reihe weiterer Techniken, die für das Tennisspielen von großer Bedeutung sind. *Körperkoordination, Hand-Augen-Koordination, Aufmerksamkeit, Wahrnehmung, Fokussierung und Zentriertheit* sind nur willkürlich herausgegriffene Themen, an denen ich die Verbindung von Tennis und Brain-Gym® dokumentieren möchte.

1. Körperkoordination

Viele Menschen brauchen sehr viel von ihrer Körperenergie dafür, sich koordiniert zu bewegen oder sich überhaupt in Bewegung zu setzen. Da sie aber jahrelang mit diesen Bedingungen leben, fällt es ihnen selbst gar nicht mehr auf. Mit der *Überkreuzbewegung* gelingt es, die Körperkoordination zu automatisieren. Dadurch wird die Bewegung müheloser, fließender und natürlich schneller. Die frei werdenden Energien können für das eigentliche Tennisspielen verwendet werden.

2. Hand-Augen-Koordination

Welchem Tennisspieler ist es nicht schon passiert, daß er „Löcher in die Luft" geschlagen hat? Oft versteht man selbst nicht, wie es dazu kommt. Hier hat die Hand-Augen-Koordination ausgesetzt. Um wirkungsvoll Abhilfe zu schaffen, müssen wir uns zuerst einmal mit den Augen beschäftigen. Es muß überprüft werden, ob manche Augenstellungen (zum Beispiel rechts oben) dem Körper Streß bereiten. Trifft das zu, wird dieser Bereich mit den Techniken der Kinesiologie „entblockt". Die Brain-Gym®-Übung *Augenachten* stabilisiert das Sehen in alle Blickrichtungen. Jeder, der diese Übung zum ersten Mal macht, wird feststellen, wie anstrengend es ist, die Augen eine Zeitlang bewußt in bestimmte Richtungen zu führen. Doch mit jedem Übungstag wird diese Aufgabe leichter fallen. Parallel dazu fällt es natürlich auch immer leichter, den Tennisball zu verfolgen und zu fixieren. Das Spiel wird sich verbessern, weil die körperlichen Voraussetzungen aktiviert wurden.

Zu diesen körperlichen Voraussetzungen im Bereich der Augen zähle ich auch das Erweitern des Gesichtsfeldes und das Verbessern des Sehens in der Abfolge nah–fern–nah. Mit einigen Energieübungen wie *Gehirnknöpfe, Raumknöpfe, Erdknöpfe* kann man diese Fähigkeiten wirkungsvoll steigern. Nun kann ganz gezielt die Hand-Augen-Koordination eingeschaltet werden; auch dafür kann man auf Brain-Gym®-Übungen zurückgreifen.

3. Reflex und bewußt durchgeführte Bewegung

Bei einem Match benötigt der Spieler sehr oft die Fähigkeit, reflexartig zu reagieren. Bisweilen kann gerade noch der Schläger hingehalten werden, so schnell kommt der vom Gegner retournierte Ball wieder ins Feld. In dieser Situation geht es oft nur darum, den Ball zurückzuspielen. Im Gegensatz dazu bietet sich aber auch oft die Gelegenheit, den Ball ganz bewußt zu plazieren. Dazu brauchen wir die Fähigkeit, in der Bewegung anzuhalten, um einen ganz bestimmten, gezielten Schlag durchzuführen. Manche Spieler haben zu einer dieser beiden Aktionsformen keinen Zugang. Entweder hört man sie schimpfen: „Du hättest ja nur den Schläger hinhalten müssen, statt wie gelähmt dazustehen", oder sie sind frustriert, weil sie einen ganz einfach zu spielenden Ball viel zu hastig verschlagen haben.

Die Hilfe für diesen Bereich heißt *Repatterning-Übung.* Sie schafft die Voraussetzung für beide Aktionsformen und setzt sich aus einer Überkreuz- und einer gleichseitigen Bewegung zusammen. Die *Repatterning-Übung* ist besonders nach einer *Lateralitätsbahnung* von großer Wirksamkeit. Diese Lateralitätsbahnung kann nur von einem geschulten Kinesiologen durchgeführt werden. Zusätzlich wird der Körper für die Aktivität Tennisspielen gebahnt.

4. Aufmerksamkeit

Nun möchte ich die *Fokusdimension* erwähnen. Überfokussierte Spieler erkennt man daran, daß sie in viele Bälle „hineinlaufen", beim Schlag nicht stehenbleiben und so viele vermeidbare Fehler begehen. Im Gegensatz dazu hängt der unterfokussierte Spieler bei fast jedem Schlag nach hinten. Schon unzählige Male hörte er die Aufforderung: „Bring das Gewicht nach vorne." Doch obwohl er um seine Schwäche weiß, unterläuft ihm dieser Fehler immer wieder. Entsprechende Brain-Gym®-Übungen korrigieren diesen Bereich und balancieren die „Beteiligungsmittellinie". Die Übungen *Armaktivierung, Beckenschaukel, Fußpumpe, Denkmütze* können Verbesserungen erzielen.

5. Wahrnehmung

Ein verspannter Nacken behindert die Wahrnehmung, und gerade beim Tennisspielen ist eine gute Wahrnehmung von großer Bedeutung. Ist sie vorhanden, nimmt man die Position des Gegners wahr, ohne den Tennisball aus den Augen lassen zu müssen. Erklärungen wie „Ich habe schauen müssen, wo du stehst, darum habe ich den Ball schlecht gespielt", gehören dann der Vergangenheit an. Neben der *Eule* und der Nackenrolle *stärken vor allem die Ohrenachten* diesen Bereich.

6. Positive Einstellungen

Schon oft habe ich den Satz gehört: „Bei annähernd gleich starken Spielern wird ein Match im mentalen Bereich entschieden." Konzentrationsfähigkeit, der Wille zum Sieg, positives Denken, Zentriertheit sind nur einige Aspekte, die dazugezählt und die mit Brain-Gym®-Übungen gefördert werden. Die Übungen heißen: *Positive Punkte, Cook-Energieübungen, Kobra, Balanceknöpfe.*

Das Ausmaß von Defiziten sportlicher Menschen im strukturellen Bereich hat mich wirklich überrascht. Während eines Vortrages für Tennistrainer bat ich die Teilnehmer, gemeinsam mit mir *Überkreuzbewegungen* durchzuführen. Einige hatten dabei wirklich große Mühe und waren selbst ganz erstaunt darüber. Auch das Ausführen der *Augenachten* bereitete Schwierigkeiten. Trotz dieser Handicaps hatten sie es beim Tennisspielen zu einem beachtlichen Niveau gebracht. Wie gut würden sie erst mit optimalen körperlichen Voraussetzungen spielen! Das Turnen der entsprechenden Brain-Gym®-Übungen bietet dafür eine gute Unterstützung.

Auch zur Methode des Tennisunterrichts möchte ich von kinesiologischer Seite her noch etwas sagen. „Geh in die Knie", „Hol aus", „Steh seitlich", „Zieh durch", „Dreh dich weg", „Halt Abstand" sind die Anweisungen, mit deren Hilfe der Unterricht sehr oft bestritten wird. Dabei wird über die verbale Ebene vor allem die analytische Gehirnhälfte angesprochen. Die ist aber für das logische Denken zuständig, arbeitet zergliedernd, Schritt für Schritt, und erkennt Details. Doch für die Bewegung ist die andere Gehirnhälfte zuständig, die ganzheitlich und bildhaft funktioniert. Wenn sie aktiviert werden soll, muß die Kommunikation in *ihrer* Sprache, nämlich in Bildern, erfolgen.

Auf Grund dieser Überzeugung habe ich zusammen mit meinem Partner Peter Rohm versucht, Tennisanfänger nonverbal die Schlagbewegung zu lehren. Der Erfolg dieser Methode hat uns selbst verblüfft. In kürzester Zeit konnten unsere Schüler die Schlagbewegung in komplexer Form ablaufen lassen. Auch hier haben wir unterstützend Brain-Gym®-Übungen eingesetzt. In mehreren Durchgängen haben wir unsere Methode, Tennis mit Unterstützung von kinesiologischen Techniken zu lehren, perfektioniert. Als Markenbezeichnung für diese neue Art, Tennis zu erleben, haben wir uns die Bezeichnung **TEMKIN** ausgesucht, die bedeutet: „TEnnis Mit KINesiologie". Bestärkt durch den großen Erfolg dieser Methode haben wir vor, in der Nähe von Wien ein eigenes TEMKIN-Zentrum zu gründen und ein Buch über unsere Arbeit herauszugeben.

Elfriede Kirchhoff:

Edu-Kinestetik – für Lehrer!

Ermutigung zum Eigengebrauch eines körperorientierten Lernansatzes

Vorrede

Hartnäckig hält sich die Auffassung: Für's Lernen ist der Kopf da. Und in der Regel ist auch damit nur der Teil des Kopfes gemeint, der die Sprachzentren beherbergt. Ohne die „Auch-Richtigkeit" dessen in Abrede stellen zu wollen, geht es mir in diesem Beitrag um die übrigen neun Zehntel des menschlichen Körpers. Genauer gesagt geht es um die Beziehung zwischen Kopf (ganzem Kopf!) und übrigem Körper. Überhaupt geht es um Beziehungen: die Beziehung zwischen dem Lernenden und seinem „Lernobjekt"; zwischen einem Lernenden und einem Lehrenden; zwischen Bewußtsein und physischem Körper; Umwelt und „Inwelt"; Logik und Chaos; Wagnis und Sicherheit. Wir sehen: Sofort entsteht ein ganzes Geflecht von Beziehungen, und eine Welt von Fixpunkten löst sich auf in ein farbiges Bild voller Bewegung.

1. Eine Entdeckung ...

... über die „anderen neun Zehntel" Ihres Seins: Nehmen Sie sich einige Minuten Zeit für ein Experiment in dieser Welt der Relationen. Nehmen Sie eine lockere Körperhaltung ein, entspannen Sie Ihre Muskeln, erlauben Sie sich eine möglichst freie, tiefe Atmung. Am besten schließen Sie die Augen. Beobachten Sie dann Ihre Reaktionen auf verschiedene Worte. Seien Sie so genau wie möglich und registrieren Sie Ihre physischen Reaktionen (zum Beispiel Veränderungen im Muskeltonus, in der Atmung, im Gefühl von Enge/Weite, Schwere, Temperatur usw.) und auch Ihre Gedankenbilder (Assoziationen). Tun Sie dies für die Worte: Sommer – Winter – Urlaub – Lernen – Schule.

Führen Sie dieses Experiment jetzt wirklich durch, bevor Sie weiterlesen. Die Aufschlüsse, die Sie über sich gewinnen können, sind wertvoll.

*

Vielleicht haben Sie dabei festgestellt, daß diese Art der Eigenbeobachtung gar nicht so einfach ist. Sie setzt eine entsprechende Begabung voraus – die alle Menschen haben – sowie eine Übung dieser Fähigkeit, die nur relativ wenige Menschen haben; ganz im Gegenteil zerbricht unsere übliche Lebensweise eher Beziehungsgeflechte und die Wahrnehmungsfähigkeit dafür, als daß sie sie fördert. „Neben-sich-Stehen" und „Außer-sich-Sein" sind gesellschaftliche Krankheiten.

Lernen schafft Beziehungen und Lernen braucht Beziehungen. Wer lernt, benutzt seine Sinnesorgane, um die Außenwelt in sich hereinzuholen und zu einem Teil seiner selbst zu machen. Er setzt sich in Beziehung zu ihr und verändert dabei sich selbst und die Außenwelt. Je genauer einer dabei seine Sinne einsetzt, desto präziser ist seine Wahrnehmung, desto realitätsgetreuer sein Bild von seinem Lerngegenstand, desto intensiver die Beziehung zwischen Außen und Innen. Dieser Vorgang ist nie eine Einbahnstraße: *Einer, der lernt, muß im Kontakt zu sich selbst stehen!*

Jeder unserer entscheidenden vorschulischen Lernvorgänge ist auf diese Art abgelaufen: Wir setzten unsere gesamte Körper-Geist-Einheit ein, um unsere grundsätzliche Koordinierungsfähigkeit im Raum herzustellen, komplexe Bewegungsabläufe zu entwickeln und abstrakte Denk- und Sprachmuster zu erlernen. Wir benutzten alle unsere Sinne und jede Zelle unseres Körpers, um uns selber in diesen Prozessen wahrzunehmen. Wir erschufen dadurch ein Beziehungsgeflecht von solcher Intensität und Dichte, daß unser Lernen in diesen Jahren so unglaublich vielschichtig und effektiv war wie kaum jemals wieder im ganzen Leben. Der Grad unserer Lernfähigkeit hängt ab von der Fähigkeit, diese Beziehungen herzustellen, von der Fähigkeit, sich selbst und den „Lerngegenstand" gleichzeitig wahrzunehmen und festzustellen, „was das mit mir zu tun hat".

Lernen in diesem Sinne ist beinahe gleichbedeutend mit Wachsen, Sichentfalten.

Wenn ich die oben beschriebene Eigenwahrnehmung in Gruppen durchführen lasse, sind die geschilderten Reaktionen in der Regel entweder die erwähnte Schwierigkeit mit einer solchen

Beobachtung, oder sie umfassen die ganze Palette der klassischen Kampf-Flucht-Mechanismen. Und dies stellt sich in Gruppen von LehrerInnen kaum anders dar als in Gruppen von SchülerInnen, StudentInnen oder in verschiedenen Gruppen im Bereich der Erwachsenenbildung.

Was also die meisten von uns im Verlauf ihres Lebens gelernt haben – und dies allerdings gründlich –, ist, das Wort „Lernen" generell mit einer handfesten Streßreaktion zu verbinden. Natürlich: Trotzdem lernen wir. Trotzdem. Über die Reaktion des Körpers hinweg (die meisten lernen recht bald, ihn zu ignorieren) wenden wir ein Vielfaches der erforderlichen Energie auf, um *trotzdem* zu lernen. So benutzen wir also einen Teil unserer selbst, um eine Streßreaktion zu erzeugen, einen weiteren Teil, um eben diese Reaktion zu kontrollieren und/oder zu verdrängen, und das, was übrig bleibt, nehmen wir, um die eigentliche Sache (trotzdem) zu tun.

Streßreaktionen bedeuten, daß wir eine Situation als bedrohlich klassifizieren. Das physische und/oder emotionale Überleben steht auf dem Spiel. Natürlich hat das Überleben Priorität. Es ist das ureigene Programm des Gehirns, alle Bereiche, die nicht unmittelbar diesem Ziel dienen, auszuschalten, wenn diese Priorität in Frage gestellt ist. Dies aber sind genau die Bereiche, die wir für bewußte Lernprozesse brauchen.

Es ist ungefähr so, als würde der Zimmermann, der einen Dachstuhl errichten will, zunächst einmal seinen Flaschenzug wegwerfen, um die Balken mühselig per Hand nach oben zu schaffen, und sie dann mit stumpfen, unpassenden Werkzeugen weiterbearbeiten.

Wir sehen also: Lernen ist in der Tat ein ganzheitlicher Vorgang – aus sich heraus, nicht als pädagogischer Wunschtraum. Lernen geschieht immer in allen Teilen, die einen Menschen ausmachen. Wir können uns diese Tatsache bewußtmachen und unsere Lernvorgänge tatsächlich wie Wachstumsvorgänge entsprechend fördern. Oder wir können sie ignorieren und statt dessen (unbewußt) lernen, wie man sein Lernen höchst effektiv blockiert.

2. LehrerIn – der Beruf, den es eigentlich gar nicht gibt ...

... zumindest nicht so, wie er üblicherweise verstanden wird. Es lohnt sich die Frage, was Lehrer und Schüler eigentlich voneinander unterscheidet – außer der Tatsache, daß die einen von der Tafel zur Bank schauen und die anderen umgekehrt. Die Annahme, einen anderen etwas lehren zu können, ist vermutlich ähnlich irrig wie die Annahme, jemanden heilen zu können. Beide Prozesse funktionieren von innen nach außen. Das bedeutet: Wir alle können unter bestimmten Umständen gesund sein (bzw. werden) oder uns entwickeln (bzw. lernen). Solche Umstände können von jemandem, der es versteht, arrangiert und optimal gefördert werden. *Den eigentlichen Vorgang des Lernens (oder Gesundwerdens) aber muß in jedem Fall der Betreffende selbst vollziehen.* Das bedeutet: Jeder kann lernen – wenn er sich entscheidet, dies zu tun; aber niemand kann einen anderen etwas lehren, wenn dieser selbst es nicht will. In Sachen Entwicklung und Wachstum gehen für jedes Lebewesen die Türen nur von innen nach außen auf – nicht umgekehrt.

In diesem Sinne wäre ein Lehrer jemand, der ...
- in besonderem Maße zu lernen versteht und daher
- über die Gestaltung von Lernumständen Bescheid weiß,
- selbst streßfrei in bezug auf Lernen ist und daher
- seine eigene Lernfreude wie einen „Türöffner" auf Lernende wirken lassen kann.

Jeder Beruf birgt Tendenzen zu spezifischen Berufskrankheiten in sich, auch der Lehrberuf. Ein innerer Perspektivenwechsel, der die beschriebenen Zusammenhänge berücksichtigt und im Handeln zu entsprechenden Konsequenzen führt, könnte Lehrende von einigen wesentlichen solcher „Berufskrankheiten" befreien, wie zum Beispiel von ...

... dem Helfersyndrom, das aus der Vorstellung entsteht, irgend jemand könnte für einen anderen die Verantwortung übernehmen bzw. ihn etwas lehren. Dies hat seinerseits zwangsläufig eine ganze Schar von Schuld- und Unzulänglichkeitsgefühlen im Gefolge.

... dem schleichenden, oft das ganze Berufsleben begleitenden Energieverlust, der allmählich die physische und psychische Spannkraft erlahmen läßt und sich in steigendem Maße in entsprechende Erkrankungen oder in Frühpensionierungen umsetzt. Wenn einer, der auch lehrt, sich zu sehr als „Lehrer", betrachtet, wird er zu sehr ein „Gebender". Notwendigerweise wird er sich buchstäblich ver-*ausgaben.* Um der eigenen Existenz willen müssen Lehrende lernen, *die beiden Pole des Gebens und Nehmens in Balance zu bringen.*

In besonderem Maße muß also ein Lehrender selbst ein Lernender sein. Es ist die (energetische) Grundlage seines Berufes, Beziehungsgeflechte (auch für sich selbst) zu erkennen und zu erschaffen, mit ihnen zu spielen und seine eigene Balance in ihnen immer neu zu finden. Andere lehren zu wollen erfordert kontinuierliche Arbeit an sich selbst. Auf dieser Grundlage der eigenen Weiterentwicklung (anstelle „geistiger Verbeamtung") ist es möglich, sich als wirksam und lebendig – eben wachsend – zu erfahren. (Es ist sicherlich einer separaten Überlegung wert, inwiefern solcherart Selbst-Bewußtsein, Selbst-Verantwortung und entsprechendes Handeln von Lehrenden in diesem Sinne die gegenwärtigen Strukturen von Schule und Gesellschaft überschreitet.)

3. Drei Dimensionen der Integration

Einer, der gut in der Lage ist, anderen Lernerfahrungen zu ermöglichen, ist mehr als ein guter Fachwissenschaftler. Daß er sein Metier beherrschen muß, versteht sich von selbst. Darüber hinaus ist er jemand, der in besonderem Maße ein „integrierter Mensch" ist bzw. diese Qualität entwickelt. Dies bedeutet die Beschäftigung mit gegensätzlichen Polen (von Zuständen, Erfahrungen, Energien usw.) und ihren Beziehungen zueinander; mit der Verbindung zwischen Gegensätzen und der Dynamik, die daraus entsteht. Es bedeutet, kurz gesagt, die Beschäftigung mit fließender Energie und dem Finden der eigenen Balance in ihr. Das ist spannend, aber auch fordernd: Wir verlassen die Welt der scheinbaren Stabilität und Sicherheit, in der die Dinge fest sind und ihren gewohnten Platz haben. Einmal mehr geht es um Relationen, um Beziehungsgeflechte und die Art und Weise, wie wir uns darin bewegen. Der Körper, in dem unser Bewußtsein wohnt, ist ein absolut perfektes Feld für alle hierfür erforderlichen Erfahrungen. Orientieren wir uns also weiter am Körper, wenn wir die Fäden des Lernenkönnens verfolgen.

Im folgenden geht es um die drei grundlegenden Dimensionen der Integration, die wir im physischen Raum, aber auch auf der Bewußtseinsebene erfahren: Es geht um die Polaritäten oben-unten, rechts-links und vorne-hinten. Damit werden drei Ebenen polarer Kräfte beschrieben, die wir im Laufe unseres Lebens in verschiedenen Ausprägungen erfahren können. Unsere Auseinandersetzung mit den drei Kraftebenen beginnt in dem Moment, in dem wir in dieses Leben treten. Wir fangen an, Raum zu erfahren und unseren Körper und unser Denken entsprechend zu koordinieren. Wir machen diese Erfahrungen durch das Medium der Bewegung. Diese physische Koordinationsfähigkeit ist so zentral und so elementar für sinnvolles Handeln und Denken, daß sie Gegenstand der wichtigsten Grundkorrekturen der Edu-Kinestetik und auch anderer Kinesiologierichtungen ist. In sehr elementarer Form erscheint sie in der Switching-Korrektur, einer Basiskorrektur, die über das Meridiansystem erfolgt. Für den lese- und schreibschwachen Schüler bewirkt diese Korrektur oft dramatische Veränderungen, besonders die Rechts-links-Integration über die beiden Meridianpunkte Ni 27, die ihm eine störungsfreie Wahrnehmung auch in der Mitte des Sehfeldes ermöglicht – jenes geradezu magischen Bereichs der „Leseblindheit".

Lernprozesse (Entwicklungsprozesse) vollziehen sich spiralförmig: Je nach derzeitigem Entwicklungsstand können wir den vermeintlich „gleichen" Dingen völlig andere Aspekte abgewinnen. Was schlicht bedeutet: *Integration ist nie vollständig.* Was also könnte eine Arbeit in diesen Bereichen für einen Menschen jenseits der Lese-/Schreibintegration (beispielsweise für einen Lehrenden) bewirken?

a) Die Rechts-links-Dimension oder: „Zwei Seelen wohnen, ach, in meiner Brust ..."

Ganze Lebensgeschichten werden unter der Überschrift „Rechts und (/oder!) links" geschrieben. Sie sind lesbar – in der Sprache des Körpers. Verblüffend, wie häufig Seitigkeitsmuster wie zum Beispiel diese zu finden sind: Die Muskeln der einen Körperseite halten im Muskelfunktionstest, die der anderen Seite durchgängig oder überwiegend nicht. Oder: Verspannungen und Verletzungen treten grundsätzlich nur auf einer Seite auf. Oder:

Eine Körperseite (Gesichtshälfte!) erscheint voller, muskulöser, beweglicher, lebendiger etc. als die andere. Manche Körper schieben sich chronisch mit einer Schulter (häufig der rechten) gegen die Widerstände der Welt. Ein unvoreingenommener Blick in den Spiegel und Selbstbeobachtung im Alltag können Ihnen wertvolle Aufschlüsse über Ihre Variante des Themas „Rechts-links" liefern.

Eine recht interessante Lehrervariante des Themas – die gelegentlich schon fluchtartigen Reisen vom ersten bis zum letzten Tag der Schulferien: Phantasie und Abenteuerlust, Bewohner der rechten Gehirnhälfte, drängen auf ihr Recht. Die Trennung von „Alltag" und „Urlaub", „Beruf" und „Freizeit", von letztlich zwei Seiten einer Persönlichkeit fordert auch so ihren Tribut. Da die beiden Körperseiten die jeweils gegenüberliegende Hirnhemisphäre (und damit zwei unterschiedliche Wahrnehmungsstrategien) repräsentieren, weist der Grad ihrer Harmonie und Koordinationsfähigkeit auf den Grad der Integration von analytisch-digitalem und ganzheitlich-bildhaftem Bewußtsein hin. Je mehr ein Mensch voranschreitet in Hinsicht auf eine Balance zwischen diesen Polen, desto mehr verändert sich die Qualität all seiner Tätigkeiten, ja, seiner gesamten Lebenswahrnehmung: Sein Handeln wird mehr gekennzeichnet von der Fähigkeit zu strukturieren, den roten Faden zu behalten und gleichzeitig die Weite und Farbigkeit aller anderen Wahrnehmungen zuzulassen und mit seinem Handlungsziel zu verbinden; er kann das Ganze im Detail und das Detail im Ganzen sehen; er braucht Phantasie, Witz und Lebendigkeit nicht auf die Urlaubszeit zu verschieben. Er wird sich weniger oft als *Opfer* von Umständen erleben und häufiger als bewußt und kreativ *Handelnder.*

Wohlgemerkt: Bei all diesen Qualitäten (und anderen mehr) handelt es sich um das *Resultat des ausbalancierten Miteinander beider Pole, des Miteinander beider Seiten unserer Persönlichkeit.* Ein rechtes Gehirn als „Solospieler" wird Ihnen wahrscheinlich nicht so sehr Phantasie, sondern eher Chaos liefern und Ihre Träume Träume bleiben lassen – ohne Chance, sie in die physische Wirklichkeit umzusetzen. Ebenso wenig wird ein einzelgängerisches linkes Gehirn ein Extra an Genauigkeit oder Logik erzeugen, sondern es läßt eher „den Wald vor Bäumen nicht sehen". Hieraus kann insbesondere für Lehrende eine ziemlich fatale „Legasthenie" entstehen: Sie läßt uns möglicherweise ganz entscheidende Entwicklungsprozesse von Schülern übersehen, während wir mit Akribie Kommafehler zählen.

Es zeigt sich: Auch der lese- und schreibintegrierte Mensch wird sich mit großem Gewinn um eine wachsende Balance seiner Rechts-links-Dimension bemühen. Er kann dies zum Beispiel mit kinesiologischen Korrekturen tun, und zwar mit durchaus einfachen Korrekturen (einfach in der Ausführung – keineswegs einfach, in der Auswirkung!). Er kann seinen Körpergebrauch beobachten und sehen, wie Körpergebrauch und Bewußtseinszustand bei ihm ineinanderspielen. Sodann kann er zum Beispiel Bewegungsabläufe der Edu-Kinestetik benutzen, um seinen Körpergebrauch (= Gehirngebrauch!) zu verändern. Er kann auch alle anderen Bewegungen – nicht zuletzt seine (automatisierten!) Alltagsbewegungen zum gleichen Ziel benutzen. (Was zum Beispiel geschieht, wenn wir Handlungen „de-automatisieren", das heißt, sie einmal (buchstäblich) „anders anpacken"?) Und er kann sein Wissen über diese Zusamenhänge, seine Eigenbeobachtung, kurz: seine Bewußtheit einsetzen, um Denken und Handeln sozusagen zu „de-automatisieren".

Vergessen wir nicht: Gerade angesichts einer immer noch seltsam „körperlosen" Denkweise in unserer Gesellschaft (und besonders im staatlichen Ausbildungssystem) ist der Weg über den physischen Körper sicher der Königsweg zu umfassenden Lernerfahrungen. Nichts anderes spiegelt uns so exakt und direkt wieder, wo und wie unser nächster Lernschritt zu tun ist.

b) Die Vorne-hinten-Dimension

Eine Beobachtung: Stehen Sie entspannt aufrecht, das Gewicht gleichmäßig auf beide Füße verteilt, die Augen geschlossen. Lenken Sie Ihre Aufmerksamkeit auf die Körpervorderseite und den Raum vor Ihnen. Erfühlen Sie, wieviel Raum – sozusagen Ihr „Aktionsraum" – vor Ihnen liegt. Stellen Sie die gleiche Beobachtung für Ihre Körperrückseite und den Raum hinter Ihnen an. Wichtig: Das Raumempfinden ist unabhängig von eventuellen Wänden, vor denen Sie stehen.

Vergleichen Sie: Sind Ihre erfühlten Räume nach vorn und nach hinten gleich groß? Oder stehen Sie innerlich „mit dem Rücken an der Wand"? Oder fühlen Sie vielleicht einen geringeren Handlungsspielraum nach vorn? Führen Sie diese Beobachtung ruhig mehrfach durch und zu verschiedenen Zeiten. Eigenbeobachtungen haben nicht immer gleich ein Ergebnis.

Auch hier zeigen Körperstrukturen oft chronische leichte Verschiebungen. Mancher Körper scheint ständig „wie auf dem Sprung" zu sein, leicht nach vorn geneigt, besonders in der Kopf- und Schulterpartie. Ein Teil des Menschen ist immer schon bei der übernächsten Aufgabe, während der Rest mit erheblicher Mehrspannung versucht, die Gegenwart zu bewältigen. Es ist die Haltung dessen, der beim Lesen mit den Buchstaben kämpft, sie mit Augen und Finger förmlich aufspießend, während er sich gleichzeitig bewußt ist, daß er den gestellten Aufgaben buchstäblich nicht „nachkommt".

Sein Gegenpol „löst" das Problem anders: Er läßt sich zurücksinken und gibt den „Kampf" schon verloren, noch bevor er ihn begonnen hat. Sein Handlungsspielraum nach vorn ist gering – wozu sich bemühen?! Seine Chancen verpaßt er – oft während er noch verpaßten Chancen der Vergangenheit nachtrauert.

Was beide teilen: Sie sind nie richtig in der Gegenwart und verschenken gerade deshalb Vergangenheit und Zukunft gleich mit. Hier steckt das Schlüsselwort: *Die Vorne-hinten-Balance ermöglicht die Fähigkeit, mit allen Aspekten des Seins in der Gegenwart zu handeln.* Und dies bedeutet, Zugriff zu haben zu den Erfahrungen seiner Vergangenheit, um sie nutzbar zu machen im Handeln der Gegenwart und gleichzeitig sein Handeln auszurichten auf das Gestalten einer förderlichen Zukunft. (Eine Thematik von wesentlicher Bedeutung in den großen geistigen Traditionen der östlichen Welt und hier wichtiger Gegenstand von Meditationsaufgaben.) Gerade diese Dimension geht weit über den Rahmen individueller Bedeutung hinaus und hat einen direkten Bezug zum Überleben der Gattung Mensch auf dem Planeten Erde. Daher ist sie insbesondere für Menschen, die im weitesten Sinne mit Bewußtseinsbildung (!) beschäftigt sind, von überragender Bedeutung. Die derzeitige Unfähigkeit der Gattung Mensch, *in der Gegenwart zu handeln, indem sie vergangene Erfahrung nutzbar macht, um auf diese Weise eine förderliche Zukunft zu erschaffen,* wäre Stoff für eine Tragikomödie.

c) Die Oben-unten-Dimension

Vom Bedürfnis des Menschen nach Sicherheit lebt ein ganzer Wirtschaftszweig. Vielleicht können wir uns manche „Versicherung" ersparen, wenn wir mehr Wert auf die Entwicklung dieses dritten Integrationsbereichs legen. Es geht in diesem Abschnitt also um Sicherheit – und um das Wagnis des Sich-Aufrichtens.

Die erste und grundlegende Sicherheit, die ein Lebewesen erfährt und die durch sein ganzes Leben hindurch als Hintergrund erhalten bleibt, ist die Erfahrung, *daß die Erde es trägt.* Der Pol des Unten in dieser Integrationsebene ist der körperliche Bereich dieser Erfahrung. Es ist der Wirkungsbereich der Schwerkraft, die den Menschen auf der Erde hält, Gewicht, Materie und physische Kraft erfahrbar macht. Die Sprache kennt eine Fülle von Redewendungen, die auf die Bedeutung des Erdepols im menschlichen Körper hinweisen: Sie kennt „erdverbundene" Menschen, die sich durch einen besonderen Realitätssinn auszeichnen und „Stehvermögen" haben, „mit beiden Beinen im Leben stehen" usw. Der labile Zustand von einem, der „abhebt", und das Gefühl der Unsicherheit, wenn man „den Boden unter den Füßen verliert", sind dagegen alles andere als er-*hebend.* Dies ist schlicht eine Bedrohung von Grundpfeilern unserer Existenz. Natürlich weiß einer in diesem Zustand auch nicht mehr, „wo ihm der Kopf steht": Schließlich kann sich nur aufrichten und mit dem oberen Pol seines Körpers die Welt erkunden oder aktiv sein, wer seine Füße auf sicherem Boden weiß.

Das Gefühl der Sicherheit ist die Grundbedingung für Lernen schlechthin. Nur von sicherem Boden aus gehen wir das Wagnis ein, ein Stück dieser Sicherheit aufzugeben, um Neues zu entdecken. Je mehr einer Sicherheit (Selbst-Sicherheit) verspürt, desto lernbereiter wird er sein. In diesem Sich-entwickeln-Wollen kommt die der Schwerkraft entgegengesetzte Wirkkraft zum Ausdruck: die Aufrichtekraft, die zum Kopf, dem Geistpol des Körpers, hin wirkt.

In meiner Arbeit stelle ich häufig fest, daß gerade die Oben-unten-Achse sich als neuralgischer Punkt erweist. Die Balance in diesem Bereich ist oft so labil, daß geringfügigste Stressoren ausreichen, um sie vollends zum Kippen zu bringen. Der Lebens- und Erfahrungsraum vieler Kinder beeinträchtigt (auch dies in steigendem Maße) die Entwicklung des Gefühls für oben und unten und damit auch des Gefühls für das Wechselspiel von (innerer) Sicherheit und Wagnis. An die Stelle des Gefühls von „Ich bin unterstützt und getragen in meinen Entdeckungen" (vgl. die stützende, aufrichtende Funktion des Rückens) entsteht schnell das Gefühl von Unsicherheit und Überfordertsein und die *Unfähigkeit zur Konzentration.*

Gerade vor diesem Hintergrund ist die Entwicklung der Integration von oben und unten besonders für Lehrende von zentraler Wichtigkeit; immer mehr müssen sie „der Fels in der Brandung" sein.

4. Kon-Zentration

Jede Energieform hat zwei gegensätzliche Aspekte, die sich gegenseitig bedingen und erzeugen – wie Plus und Minus die zwei Aspekte elektrischer Energie ausmachen. Die zwei Aspekte kommen am stärksten in den entsprechenden Polen zum Ausdruck. Das bedeutet zum Beispiel für die Oben-unten-Dimension: In den Füßen findet die Schwerkraft (Physis, Erde) ihren stärksten Ausdruck, im Kopf die Aufrichtekraft (geistige Aktivität). In der Mitte zwischen beiden Polen fallen beide Energieaspekte zusammen: der Bereich unentfalteter oder potentieller Energie.

In diesem Abschnitt liegt das *Hauptaugenmerk auf der Mitte – dem Bereich, in dem einzig Integration und Balance stattfinden können.* Noch einmal eine Beobachtung: Sie stehen wieder entspannt aufrecht, Augen geschlossen. Fühlen Sie, durch welche Körperbereiche Ihr Atem verläuft. Erfühlen Sie, wo die Mitte Ihres Körpers sein mag. – Lassen Sie dann das Wort „Konzentration" in Ihr Bewußtsein treten, und beobachten Sie alle Reaktionen darauf. Achten Sie auf Veränderungen in der Atmung, im Muskeltonus, der Gefühlslage etc. – Erinnern Sie sich an eine Situation (vielleicht aus Ihrer Schulzeit), in der Sie aufgefordert wurden: „Konzentriere dich!" Ihre Reaktionen? Was tut Ihr Körper? Wo findet Konzentration statt? Für viele Menschen bedeutet dieser Vorgang: angespannte Gesichtsmuskeln, steile Falten auf der Stirn, Verflachung des Atems zur Brustatmung.

Sprache ist exakt: Folgen wir der Wortbedeutung, meint „Konzentration" nichts anderes als „mit seiner Mitte sein". Die Mitte des menschlichen Körpers ist ersichtlich nicht der Kopf. Der oben beschriebene Zustand zeigt eine Verschiebung der Energien zum Oberkörper hin. Ein Körper drückt so nicht ein besonderes Maß an Konzentration aus, sondern ein besonderes Maß an Anstrengung und Spannung – ein Zustand, der die Kräfte schnell erschöpft.

Mit seinem Bewußtsein in der Mitte zwischen zwei Energieaspekten (= zentriert) zu sein bedeutet, im Bereich der „potentiellen Energie" (in ihren beiden Ausprägungen) zu sein: dem Bereich der Integration der Energieformen, des inneren Zugriffs zu den verschiedenen Aspekten. Von hier aus haben wir gleichermaßen Zugriff zum Erfahrungsbereich Sicherheit/Schwerkraft wie zum Bereich Aktivität/Aufrichtekraft. Die Mitte des Menschen (seine „Erdmitte", wie Dürckheim sie nannte) verbindet und integriert nicht nur die Oben-unten-Dimension (wenngleich ihre Bedeutung in dieser Dimension besonders augenfällig wird), sondern auch die beiden anderen Dimensionen rechts-links und vorne-hinten. Der Schnittpunkt dieser drei Dimensionen ergibt einen Mittelpunkt im Inneren des Menschen. In diesem Mittelpunkt können alle drei Energiebereiche koordiniert werden und stehen – wenn das Bewußtsein hier „zentriert" ist – dem bewußten Zugriff voll zur Verfügung. Je punktgenauer solche Zentrierung stattfindet, desto umfassender und müheloser hat ein Mensch Zugriff zu den verschiedenen Kräften seiner Persönlichkeit. Er gewinnt die Fähigkeit, alle seine Energien vergleichbar kohärentem Licht zu bündeln und auszurichten (statt sie zu zerstreuen und sich dabei zu verausgaben). Sein Handeln gewinnt eine besondere Zielgerichtetheit und Effektivität.

Der grundlegende, einfachste und wirksamste Weg, diese Mitte zu erfahren, ist *der volle Atem.* Wenn der Atem streßfrei und tief geht, aktiviert jeder Atemzug genau den Bereich der Mitte im Körper. Achten Sie einmal darauf, wie oft am Tage und in welchen Situationen Sie dazu neigen, den Atem anzuhalten oder nur noch flach atmen. Beobachten Sie auch, ob Sie Ihren Körper so gebrauchen (Körperhaltung), daß Bauchatmung stattfinden kann. Jeder Atemzug kann uns physisch und geistig immer neu in Balance bringen und symbolisiert in sich die zahlreichen Aspekte der Energien in Balance: Jeder Ausatem bringt die zentrierten und ausgerichteten Energien des Menschen in die Außenwelt, wo sie wirksam werden können; jeder Einatem holt Energien zurück zur Mitte des Menschen, wo sie erneut zentriert und ausgerichtet werden.

Situationen, die Lernen ermöglichen sollen, sind höchst komplex. Sie zu gestalten und zu kontrollieren erfordert von dem dafür Verantwortlichen ein hohes Maß an Integration der drei Dimensionen. Je mehr ein Lehrender diese Integration für sich vollzieht, desto mehr hat er bewußten Zugriff zu den Kräften, die in einer solchen Situation wirksam werden, und desto mehr wird er sie zum eigenen und zum Nutzen anderer gestalten können.

Die Positiven Punkte

Renate Wennekes:

Brain-Gym® zur Förderung der Eigeninitiative beim Lernen

Interview über ihren kinesiologischen Werdegang, ihre Arbeit und ihre Interpretation der Brain-Gym®-Übungen

Claudia Meyenburg (C. M.): *Kinesiologie, insbesondere die Edu-Kinestetik, ist in Deutschland eng mit deinem Namen, deiner Person verbunden. Für viele LeserInnen dürfte es interessant und anregend sein, Näheres über dich zu erfahren, über deinen Werdegang, deine Aufgabengebiete, das Spezielle deiner Ausbildungsweise und deiner Arbeit. Zunächst vielleicht zu deinem Werdegang. Wie ist Renate Wennekes auf die Kinesiologie gestoßen?*

Renate Wennekes (R. W.): Nachdem ich als Sachverständige für Vorschulerziehung ausländischer Kinder bekannt geworden war, interessierte sich der Berliner Schulsenat für mich und bot mir eine Stelle an für die Aufgabe, die „Ausländerbeschulung" in Berlin zu organisieren. Zunächst mußte ich dafür meine Referendarzeit machen. Ich ging an eine Grundschule in Kreuzberg. Dort bin ich dann hängengeblieben. Ich habe versucht, für meine Schüler Möglichkeiten und Wege zu finden, die individuellen Schwierigkeiten mehr zu berücksichtigen. So fing ich zunächst einmal mit offenem Unterricht und der Methode „Durch Schreiben lesen" an. Das war der eine Grund.

Der andere Grund war, daß ich krank war. Wie ich jetzt weiß, hatte ich extreme Pilzüberwucherungen. Ich hatte mit der Anti-Baby-Pille angefangen und bin dadurch schwer erkrankt, und keiner wußte, was ich hatte. Man nahm mir den Blinddarm raus, und ich bekam danach eine Lungenembolie. Im Grunde bin ich nur durch die Kraft meiner Mutter gerettet worden. Irgendwann war ich wieder halbwegs gesund, bin in diesem Zustand des Halbwegs-gesund-Seins gut zehn Jahre lang herumgelaufen und habe für mich einen Weg gesucht. Hierbei wurde ich auf Nathalie Davenport aufmerksam, eine der ersten Kinesiologinnen in England. Ich ließ mich von ihr balancieren. Das faszinierte mich total, unter anderem auch deswegen, weil sie die erste war, die sagte, daß ich eigentlich gesund sei. Bis dahin war ich immer als krank abgestempelt worden. Bei Nathalie habe ich dann selbst gelernt, sie war meine eigentliche Lehrerin.

Von ihr wurde ich auch auf Paul Dennison aufmerksam gemacht. Dadurch sah ich: Dies ist eine Sache, die ich auch in der Schule machen kann. Zur Kinesiologie bin ich also zunächst mal durch meine Krankheit gekommen. Doch dann habe ich an Dennison geschrieben, weil ich mich bei ihm ausbilden lassen wollte. Da ich keine Ahnung hatte, wie die Kinesiologie organisiert ist, wollte ich mich beurlauben lassen und in die USA gehen. Dennison antwortete mir, daß der einzige Schüler von ihm in Europa Wolfgang Gillessen sei. Und dieser Wolfgang Gillessen wohnte direkt neben meiner Schule, an der ich damals arbeitete! Hundert Meter von mir entfernt. Mit Wolfgang Gillessen verstand ich mich sehr gut, und wir beide haben Dennison zu seinem ersten Besuch in Europa eingeladen. Dadurch kam es zu diesem historischen ersten Dennison-Seminar 1983 in Berlin. Danach organisierte Wolfgang seine Seminare weiter, wodurch er einigermaßen bekannt wurde, bis das Freiburger Institut dies dann übernahm. Ich habe mit Wolfgang in meiner Schule gearbeitet, wo ich fünf Förderstunden für meine Arbeit mit Edu-Kinestetik bekam.

Ich habe von Anfang an in meiner Klasse mit Muskeltests gearbeitet, Übungen gab es damals außer den *Überkreuzbewegungen* kaum. Vor den Klassenarbeiten haben wir die *Positiven Punkte,* die Streßpunkte, gehalten und die Ohren aufgemacht. Mehr gab es damals noch nicht. Im Grunde haben die Kinder mir das Entscheidende beigebracht. So zum Beispiel die Reisen ins Gehirn, die Dennison nicht macht, die habe ich von den Kindern gelernt, indem sie anfingen, mir Geschichten von ihrem Gehirn zu erzählen. Ich habe mit den Schülern Kurzbalancen gemacht, die die Kinder „angeschaltet" haben: Augen an, Ohren an, Nase, Mund; schau, ob du wirklich da bist, ob du bereit bist, dein Bestes zu geben und zu nehmen. Auf den Ordnern hatte jedes Kind ein Bildchen mit einer Übung, die ihm ganz speziell helfen konnte. In den Pausen und vor und nach der Schule habe ich die Kinder einzeln balanciert und so zum Beispiel herausgefunden, daß jemand zum Lesen Überkreuzbewegungen machen mußte. Das finde ich sehr wichtig, daß jedes Kind die Gehirngymnastik (heute Brain-Gym®) kennt, aber auch seine ganz spezifische Übung hat. In meinen Förderstunden habe ich dann mit Kindern aus der ganzen Schule, die Lernstörungen hatten, die Dennison-Balancen und *Touch For Health* in Einzelarbeit gemacht. Das ging bis 1985, also drei Jahre lang. Ich habe dann den Schuldienst aufgegeben und arbeite seitdem selbständig.

C.M.: *Was genau war die Motivation, aus der Institution Schule herauszugehen? Waren die fünf Förderstunden zuwenig, wolltest du mehr Menschen erreichen?*

R.W.: Zwei Beweggründe gab es. Einer war rein privat – ich hatte gesehen, daß meine Fähigkeiten nicht primär in der Informationsvermittlung liegen. Ich denke, ich habe den Kindern schon viel beigebracht, indem ich durch das Anerkennen ihrer Persönlichkeit ihre Gehirntätigkeit unterstützt habe. Aber eigentlich wollte ich immer schon mehr in den Bereich der persönlichen Einzelarbeit gehen. Ich habe Fähigkeiten im Motivieren, im Wecken der Selbstheilungskräfte und der Selbstverantwortung. Darin bin ich gut, und das wollte ich auch machen. Während dieses Unterrichten von Sachkunde, Rechtschreibung und Multiplikation zwar eine wichtige Sache ist, aber eben nicht so mein Metier war.

Der zweite Grund war der Widerstand, den ich bekommen habe, und zwar seitens der Kollegen, die nicht damit umgehen konnten, daß die Kinder so begeistert davon waren, daß sie immer mehr davon verlangt haben, auch Kinder aus anderen Klassen. Ich sage immer, ich hatte damals 650 Kinder, die getestet werden wollten. Da habe ich enorm viel gelernt. Das wurde von den Kollegen abgelehnt, und zwar von den fortschrittlichen viel mehr als von den konservativen.

C.M.: *Wie sah die Ablehnung aus? Haben die Kollegen mit dir geredet, sich mit dir und der Edu-Kinestetik auseinandergesetzt?*

R.W.: Nein, eben nicht. Die konservativen Kollegen haben sich einfach lustig gemacht, damit konnte ich umgehen. Aber mit den fortschrittlichen Kollegen lief es irgendwie merkwürdig, so daß ich mich auch nicht mehr sicher gefühlt habe. Dann begannen auch Probleme mit den Eltern. Und zwar haben die Eltern, die meine Arbeit mit den Schülern befürworteten, geschwiegen, wie es ja oft so ist. Dann gab es ganz wenige Eltern, die sich mehr oder weniger auf den Schlips getreten fühlten, weil die Kinder sich zu Hause mehr einbrachten und weil sich damit die Familienstrukturen veränderten. Die haben mir viel Ärger gemacht. Ich wollte nicht mehr länger in der Schule mit einem innerlichen Wissen arbeiten, das ich aber nicht einsetzen durfte. Das war einfach zu quälend für mich. Ich hatte schon, bevor ich mit Kineslologie arbeitete, das Gefühl, daß Schule nicht mein letztes Lernfeld sei.

C.M.: *Wie gestaltete sich der Kontakt zu Paul Dennison und der Edu-Kinestetlk weiter?*

R.W.: Ich denke, ich habe als Aktivste hier in Norddeutschland mit der Edu-Kinestetik gearbeitet und habe diese Methode von daher mitbestimmt. Im Laufe der Zeit bin ich Fakultätsmitglied der Edu-K-Foundation geworden und bin von daher Mitrepräsentantin für Edu-K hier in Deutschland. Einmal pro Jahr fahre ich zum Treffen der Foundation, stelle dort in den Staaten meine eigenen Ansätze vor und bilde mich fort. Ich bin also auch die Vermittlerin, die die Neuigkeiten hierherbringt und die Edu-Kinestetik hier in Norddeutschland auf den neuesten Stand bringt. Für den Süden übernimmt das ja bekannterweise Alfred Schatz aus Freiburg.

In unserer Arbeitsgemeinschaft Edu-Kinestetik, die sich einmal im Monat trifft, bringen wir uns außerdem regelmäßig gegenseitig auf den Stand des neuesten Wissens.

C.M.: *Der Ausbildungsgang zum Brain-Gym®-Lehrertraining ist bei dir etwas anders, als Dennison ihn vorschreibt?*

R.W.: Ich möchte nicht, daß man so schnell mit dieser Ausbildung fertig ist und schon selbst Kurse gibt, wenn noch viel Wichtiges an Wissen fehlt. Deswegen muß man bei mir neben Brain-Gym® I und II und Edu-K für Fortgeschrittene auch noch Touch For Health 1, 2 und 3 haben, Kurse zur Angewandten Kinesiologie und die Kurse zum Thema Gehirndominanzen. Damit möchte ich auch erreichen, daß die Leute mindestens zwei Jahre dabei sind, bevor sie das Lehrertraining machen. Außerdem geht es mir darum, daß man regelmäßig Übungsgruppen besucht. Ich will keine Leute haben, die meinen, sie lernen das ausschließlich für andere Menschen. Erstmal müssen sie eine ganze lange Weile für sich und an sich arbeiten.

C.M.: *Wie sieht bei dir das Lehrertraining aus, das berechtigt, selbst Ausbildungskurse zu geben?*

R.W.: In meinem Lehrertraining gibt es eine Einzelvorführung, eine Partnervorführung und eine Gruppenvorführung. Bei der Einzelvorführung wird eine Brain-Gym®-Übung von jemand vorgestellt, der vorher von uns auf diese Vorstellung balanciert wurde. Nach diesem Vortrag vor der Gruppe wird derjenige wieder balanciert, und die anderen erzählen, was sie mit der Brain-Gym®-Übung für Erfahrungen gemacht haben.

Bei der Partnerarbeit werden Themen wie Noticing oder PACE vorgestellt. Diese Erfahrung kann uns ermutigen, später auch mal zu zweit zu unterrichten. Die Gruppenvorführung kann aus einem Spiel, etwas Lustigem bestehen. In Einzelgesprächen finden wir dann gemeinsam heraus, ob jemand schon Kurse geben kann oder ob und was noch fehlt. Neben der Qualifikation für das Unterrichten möchte ich in der Ausbildung auch Informationen vermitteln, wie eine Arbeit mit Edu-Kinestetik in der Schule, mit Kindern und in Eltern-Kind-Gruppen aussehen kann.

C.M.: *Was alles umfaßt deine Tätigkeit als Kinesiologin heute?*

R.W.: Ich mache mit Kindern und Erwachsenen Einzelbalancen, wobei der Schwerpunkt auf Stärkung des Selbstvertrauens, der Selbstverantwortung und der Selbstheilungskräfte liegt. Heilen verstehe ich dabei nicht als medizinische Kategorie, sondern als Sich-selbst-heil-Machen, -ganz-Machen. Ich arbeite dabei mit kindlichen Bildern im Sinne von „Gehirn und Sinne heile machen". Die meisten Menschen haben keine Ahnung von ihrem eigenen Körper. Wenn ich ein Kind frage, wie sein „Kack-Kack" ist, dann lacht es erstmal, ein Erwachsener sagt sofort: „Alles in Ordnung." Es ist ungewohnt für die meisten Menschen, sich mit den Ausscheidungen ihres eigenen Körpers zu beschäftigen. Dabei ist seit altersher bekannt, daß die Gesundheit im Darm liegt. Wenn der Darm nicht richtig arbeitet, wird der Stoffwechsel beeinträchtigt – oder umgekehrt –, was die Aufmerksamkeit, die Konzentration und damit die Lernfähigkeit stark beeinflussen kann.

Neben meinen Ausbildungen in Edu-Kinestetik, *Touch For Health* und *Three In One Concepts* habe ich meine eigenen Methoden, die ich in den Kursen „Mein Körper und ich" weitergebe. Dabei geht es sehr um die eigene Körperarbeit.

Mein zweiter großer Arbeitsbereich ist die Entwicklungskinesiologie, die ich mit Angelika Stiller zusammen aufgebaut habe. Wir gehen hier zurück in den frühkindlichen Bewegungsablauf, um zu gucken, in welchem Bereich noch mehr Unterstützung gebraucht wird. Das mache ich in den Einzelbalancen, die meist über eine Zeit von zwei bis drei Jahren laufen, wobei ich die Erwachsenen und Kinder alle acht bis zehn Wochen sehe. Für die Zwischenzeit gebe ich ihnen ein ganz spezifisches Programm mit nach Hause, damit die Arbeit selbst gemacht werden kann. Die lange Zeitdauer ist als Begleitung anzusehen. Ich halte nichts davon, anderen Vorschriften zu machen. Ich möchte schon erziehen, aber im Sinne der Edu-Kinestetik; „educare" heißt herausführen, die eigenen Vorstellungen herausführen.

Ein dritter Bereich ist mein Anliegen, die Edu-Kinestetik unter der Idee der Anregung der Selbstheilungskräfte und Selbstverantwortung zu verbreiten. Zu diesen Zweck halte ich sehr viele Vorträge in unterschiedlichsten Bildungseinrichtungen wie Volkshochschulen, Schulen, Kindergärten und so weiter. Überall wo Menschen mit Menschen zusammenarbeiten, versuche ich, Vertrauen aufzubauen in die eigenen Ideen, in die eigenen Gefühle, in den eigenen Körper. Es ist so wichtig, in der Zusammenarbeit mit Kindern genau zu gucken, was mit dir als Erwachsenem selber ist, um dich so zu verändern und den Kindern ein lebendiges Gegenüber zu sein.

Ein vierter Schwerpunkt ist der, Kollegen, die bei mir die Edu-Kinestetik-Lehrerausbildung gemacht haben und in der Übungsgruppe sind, in ihrer Arbeit an der Schule zu begleiten. Ich gehe dann mit in den Unterricht, um den Kollegen eine Supervision zu ermöglichen, und balanciere auch die Kinder. Zu diesen Terminen kommen auch die Eltern mit in die Schule, wodurch ein starkes Gemeinschaftsgefühl zwischen Eltern, Lehrern und Kindern entsteht. Das geschieht ungefähr drei bis vier Mal pro Jahr. Was ich auf keinen Fall mehr mache, ist in die Schule zu gehen und die Edu-K-Arbeit *für* die Lehrer zu machen.

Bei meinen Supervisionen werden alle Kinder der Klasse zunächst von mir circa drei bis vier Minuten lang balanciert. Und zwar balanciere ich das PACE, stelle alle Sinne an und frage, ob es etwas Besonderes gibt. Kommt etwas Besonderes dabei heraus, frage ich alles durch, was ich kann: Reflexe, motorische Entwicklung und ... und ... und ... Dann bekommt jedes Kind seine besonderen Übungen, die die Lehrerin aufschreibt und dann zwischendurch im Unterricht mit den Kindern macht. Danach balanciere ich noch die Kollegen. Ich teste sie auf alle Kinder durch, was natürlich nach dem Unterricht geschieht. Die Kollegen werden dann auf die Kinder balanciert, mit denen sie Probleme haben. Meistens ist es ja so, daß die Probleme, die du mit einem Kind hast, irgend etwas in dir selber widerspiegeln. Dann arbeiten wir mit Altersrückführung, und es ist für die Kollegen immer sehr interessant, was dabei für sie herauskommt. Dann machen sie Übungen auf ihre Problemkinder hin. Das ist eine wichtige Sache. Hinterher erzählen mir die Kollegen, daß sie nach solch einer Balance besser mit dem Kind auskommen. Du hast dann deinen eigenen Anteil, mit dem du dich hochgeschaukelt hast, herausbekommen und in die Balance, in die Integration gebracht.

C.M.: *Wie wird das finanziert?*

R.W.: Die Eltern geben fünf Mark pro Kind. Vorher wird ein Elternabend gemacht, bei dem alle Eltern ihre Unterschrift geben müssen zum Einverständnis mit meiner Arbeit. Die fünf Mark haben symbolischen Charakter, damit niemand sagen kann, er hätte nicht gewußt, was da stattfindet.

Mein Haupterwerb aber ist das Unterrichten. Ich unterrichte viel Edu-Kinestetik, meine eigenen Kurse „Mein Körper und ich" und die Entwicklungskinesiologie-Kurse mit Angelika Stiller zusammen. Mein Unterricht baut auch auf dem genannten Prinzip auf, daß ich die Menschen begleiten möchte. Ich mache sehr viel mit Übungen und Hausaufgaben und biete Übungsabende an. Wir haben den „Arbeitskreis zur Selbsthilfe Edu-Kinestetik" gegründet, und alle Veranstaltungen der Vereinsmitglieder erscheinen in einem gemeinsamen Programm. Unser Ziel ist es, die Zusammenarbeit zu üben, das heißt, die Auseinandersetzung mit Konkurrenz, Eifersucht und all diesen unterschwelligen Sachen offen zu führen. Das ist ein guter, wenn auch oft schwerer

Schritt, solidarisch miteinander zu arbeiten. Ich habe immer politisch gearbeitet und verstehe mich jetzt auch als politisch Arbeitende, indem ich in diesem Verein ein Demokratiemodell ausprobiere. Wir balancieren uns gegenseitig, erstellen ein gemeinsames Programm und verteilen untereinander die Arbeit.

Die Brain-Gym®-Übungen in Renate Wennekes' Interpretation

C.M.: *Du bist bekannt für deine ganz eigenen und interessanten Interpretationen der Brain-Gym®-Übungen, durch die ihre Bedeutung im übertragenen Sinne deutlich wird. Es wäre sehr schön, wenn wir einige davon an dieser Stelle vorstellen könnten.*

Energieübungen

R.W.: Nehmen wir zunächst die Energieübungen. Zur *Technik* der Energiepunkte möchte ich sagen: Es gibt drei Möglichkeiten – die Punkte können gerieben, gehalten oder geklopft werden. Beim Reiben bekommt man eher eine schnelle und kurzfristige Wirkung. Klopfen ist für akute Zustände. Halten ist für mehr Zeit, für das In-sich-Gehen, das Bewußtwerden.

Erdpunkte

Die Erdpunkte sind die Endpunkte der Zentralenergie aus der Meridianlehre der Chinesen. Es ist wichtig bei den Erdpunkten, den Mut zu haben, nach unten zu sehen. Nach unten sehen bedeutet auch, sich zu trauen, in sich hineinzusehen und nicht wie so ein Hans-guck-in-die-Luft immer nach oben zu schauen. Wenn du Erdpunkte brauchst, schau, wie deine Wurzeln sind, ob du verwurzelt bist in der Erde, ob du dich sicher fühlst und ob du zu hundert Prozent da bist, wo du eigentlich sein willst. Stelle die Füße fest auf die Erde und spüre, wie du in der Erde verwurzelt bist. Oder hast du den einen Fuß eher oben stehen? Am besten ist, ihr macht die Augen zu und laßt Wurzeln in die Erde wachsen, spürt, ob beide Füße sich gleich anfühlen. Es geht also um

Verwurzelung und Hiersein, was für die Schule von großer Wichtigkeit ist.

Raumpunkte

Hier werden die Anfangs- und Endpunkte des Lenkergefäßes gehalten. Was deutlich sagt, daß die Raumpunkte dich beim Lenken unterstützen. Die Raumpunkte helfen einerseits, sich im realen Raum zu orientieren. Im übertragenen Sinne unterstützen sie jedoch auch das Gefühl der Zugehörigkeit, je nachdem, wie dein Glaubenssystem ist. Du kannst also sagen: Ich bin ein Teil vom großen Ganzen, ich gehöre zum Kosmos. Wichtig ist beim Anregen der Raumpunkte, daß du in das Gefühl hineingehst: Bin ich beschützt, ist mein Schutzengel da? Besonders bei Kindern ist dies von Bedeutung, aber auch bei Erwachsenen frage ich oft: Wie sieht denn dein Schutzengel aus? Ist er überhaupt da? Wo ist er denn? Kinder sagen dann ganz häufig: Er liegt zu Hause im Bett. Das ist also die Sicherheit, der Schutzengel, und die Bereitschaft, dich für dich selbst und andere einzusetzen, Verantwortung zu übernehmen. Schutzengel und Rückgrat, darum geht es bei den Raumpunkten. Schutzengel steht dafür, daß ich dazugehöre und beschützt bin, daß ich nicht alles aus mir selbst herausbringen muß. Das Rückgrat meint: Ich bin bereit, für mich selbst einzustehen; dafür brauche ich die Raumpunkte.

Gehirnknöpfe

Die Gehirnknöpfe haben zwei Positionen der Hände. Zum einen das Halten des Bauchnabels, das wichtig ist, um in die Mitte zu kommen. Wenn du in den Bauch atmest, bist du sicher und zentriert und läßt dich nicht so leicht umstoßen. Das ist eine wichtige Sache für die Schule. Nicht so sehr in den Kopf oder in die Füße zu gehen, sondern wirklich im Bauch zu bleiben. Das wäre der eine Teil der Gehirnknöpfe, dein Sicherheitssystem.

Der andere Teil besteht im Reiben der Endpunkte des Nierenmeridians. Die Nierenenergie steht für Klarheit. Was in die Richtung geht: Ich bin bereit, meiner eigenen Situation und der Sache selbst, mit der ich mich beschäftige, klar ins Auge zu sehen. Ich bin bereit hinzuschauen, auch einmal unter einem anderen Blickwinkel etwas zu betrachten, und habe die Bereitschaft, auch nach links oder rechts zu sehen. Dazu brauche ich Mut, Geduld und die Sicherheit, ausprobieren zu können. Wenn ich mich unsicher fühle, ist es besser, bei meinen festgelegten Mustern zu bleiben und für eine Weile die Gehirnknöpfe zu reiben, bis ich mehr Klarheit habe. Die Gehirnknöpfe unterstützen mich in meiner eigentlichen Beweglichkeit im Gehirn und eben auch in der Bereitschaft, Klarheit und Licht in mein Gehirn zu bringen. Zur Technik noch: Wenn die Hände der Kinder noch zu klein sind, um beide Nierenpunkte zu halten, können sie jeweils einen Nierenpunkt plus Bauchnabel halten und danach den zweiten.

Balancepunkte

Auch hier ist die Kombination mit dem Bauchnabel gegeben, womit die Sicherheit dabei ist. Der zweite Punkt liegt auf dem Gallenblasenmeridian, der hier von entscheidender Bedeutung ist. Die Gallenblase steht vom Gesichtspunkt der Edu-Kinestetik her dafür, sich im richtigen Zeitpunkt für das Richtige zu entscheiden. Die Gleichgewichtspunkte unterstützen dich darin, daß du zwischen deinen beiden Seiten und den verschiedenen Ideen und Vorstellungen, die du hast, ins Gleichgewicht kommst. Gleichzeitig ist dieser Bereich hinter dem Ohr ein wichtiger Bereich zur Reinigung von Schlacken, die sich im Körper abgesetzt haben. Es ist also sehr gut, hier zu reiben, um dein inneres Gleichgewicht wiederherzustellen. Wenn ich die Punkte *halte,* spreche ich mehr den Bereich des inneren Gleichgewichtes an; wenn ich sie reibe, gehe ich mehr in diesen Säuberungsaspekt rein. Man sollte die Balancepunkte über Kreuz halten, um gleichzeitig die Mittellinie zu überschreiten. Wenn dies noch schwerfällt, sollte kein Gesetz daraus gemacht werden, dann können sie auch gleichseitig gehalten werden.

Wassertrinken

Wassertrinken hat viele positive Effekte für den Körper. Einer davon ist der, daß die Kinder in der Schule mal eine Möglichkeit haben, aufzustehen und etwas für sich selbst zu tun.

Dann sage ich den Kindern und auch den Erwachsenen, daß wir zu einem großen Teil biologische Wesen sind – wenn wir zum Beispiel Hunger haben, bleibt nicht mehr viel anderes übrig von unserem Menschsein. Man würde nicht auf die Idee kommen, einem Löwen einen Eimer Coca-Cola hinzustellen; von daher ist es ganz selbstverständlich, daß wir als biologische Wesen auch Wasser brauchen. Was nicht heißt, daß wir keinen Tee oder Saft oder anderes trinken dürfen – das ist dann mehr für den „menschlichen" Bereich, für die sozialen Kontakte und als Genußmittel. Für den biologischen Bereich aber brauchen wir Wasser. Wenn ich angestrengt arbeite, bin ich schon genug Mensch, also sollte ich dann mein biologisches Wesen mit Wasser ehren. Wenn ich feiere oder meinen Begierden und Bedürfnissen fröne, dann kann ich auch ruhig mal Tee, Kaffee oder Alkohol trinken, weil ich dann ja nicht so in dem biologischen Bereich gefordert bin. Deswegen sollten die Kinder morgens in der Schule Wasser trinken und keine Vanillemilch, Limonade oder Kakao.

Außerdem ist Wasser wichtig für die Nieren, denn die Nieren organisieren unseren Streßhaushalt. Wenn die Nieren Wasser bekommen, arbeiten sie besser. Dadurch wird man auch ruhiger. Meine Erfahrung ist, daß es in den Klassen, in denen Wasser getrunken wird, wesentlich ruhiger ist.

Energiegähnen

Gähnen tritt reflexartig auf, du kannst es aber über dein Bewußtsein steuern, indem du es unterdrückst. Diese kulturell begründete Unterdrückung des Gähnens, weil es nämlich „unhöflich" sei, bereitet unserem Gehirn große Schwierigkeiten. Denn das Gehirn hat einen Gähnreflex, wenn es nicht mehr genügend mit Sauerstoff versorgt ist, weil wir uns zuwenig bewegt haben, weil wir zu wenig geschlafen haben, weil wir mit vielen Menschen in einem Raum zusammen sind und die Luft so schlecht ist. Wir nehmen damit dem Gehirn die Möglichkeit, sich wieder aufzufrischen. Ich sage deshalb, daß du das Gähnen noch verstärken sollst, damit das Gehirn sich wichtiggenommen fühlt. Das Gähnen hat also den Effekt, daß du dein Gehirn in seinem Recht auf Sauerstoff beachtest.

Zum zweiten bringt das Gähnen auch noch den Aspekt mit hinein, daß es in manchen Situationen möglich ist, ganz spontan den eigenen Bedürfnissen nachzugehen. Es ist toll, wenn du zulassen kannst, daß in der Klasse gegähnt wird. Meine Erfahrung ist, wenn man den Kindern etwas erlaubt, dann ist es nur eine sehr kurze Zeit, in der sie über die Stränge schlagen, ansonsten gehen sie sehr verantwortlich damit um. Ich unterstütze das Gähnen durch einen Ton und durch eine Achterbewegung, die mit der Zunge ausgeführt wird – eine Übung, die nicht im Brain-Gym® enthalten ist. Das Anstecken des Gähnens wird allgemein als Sympathiekundgebung interpretiert. Wenn das Gähnen nicht ansteckt, bist du meistens innerlich in einer Hab-acht-Stellung und kannst dich nicht entspannen. Ich setze das in den Schulklassen als Entspannung ein, wenn ich merke, die Klasse wird unruhig und kommt nicht mehr mit.

Denkmütze

Ich finde den Begriff *Denkmütze* recht ungünstig. Durch Beobachtung der Kinder habe ich eine eigene Denkmütze kreiert: Man hält beide ineinander verschränkten Hände flach auf dem Kopf. Die Kinder sagen bei der offiziellen Dennison-Denkmütze eher: „Wir machen uns Elefantenohren, ich mache mir die Ohren auf", oder sie nennen es „Ohren ausstreichen". Es ist gut, die Ohren lange zu massieren oder auszufalten und auch mal die Punkte zu reiben, die dabei wehtun. Wenn meine Ohren offen sind, höre ich gut zu und kann mich dann auch besser erinnern. Ich sage, es geht darum, daß du dich öffnest für das, was von außen kommt, und je größer deine Ohren sind, desto besser kannst du aufnehmen und dich entscheiden, was du willst und was du nicht willst. Das ist auch bei Krach und Lärm so. Wenn ich in lärmigen Situationen nur abschalte, bekommt der Körper überhaupt nicht mehr mit, was los ist. Dadurch gerät der Körper in großen Streß, der müde macht. Das ist auch etwas, was ich immer den Lehrern sage: Sie sollen sich öfter morgens die Ohren ausstreichen; um so weniger Mittagsschlaf brauchen sie.

Übungen zur inneren Einstellung

Cook-Energieübungen

Es ist wichtig, die Übungen in allen Variationen zu lehren, im Sitzen, Stehen und Liegen. Im Stehen hat diese Übung mehr den Gymnastikeffekt. Im Sitzen und im Liegen gehe ich mehr von meinem Gefühl und meiner Intention her in die Übung hinein. Ich werde ruhig, finde zu meiner Mitte und kann gucken, welches Programm hier eigentlich bei mir läuft. Bei dieser Übung ist es wichtig, überhaupt erst wieder zu dir zu finden und von diesem

Punkt aus den Tag zu beginnen. Bei der Cook-Übung gehst du nicht so sehr in die Einzelheiten eines Problems hinein, sondern hier hat die Entspannung das Hauptgewicht.

Positive Punkte

Das Gehirn ist im wesentlichen damit beschäftigt, unseren Stoffwechsel zu regulieren und unser Leben abzusichern. Denken ist nur *eine* Aufgabe des Gehirns von vielen anderen. Deshalb fällt uns das Denken oft schwer, besonders in der Schule, wo wir es auf Kommando tun sollen. Der Bereich des Gehirns, der uns besonders beim Denken unterstützt, ist das Vorderhirn. Damit wir uns hier häufiger aufhalten, regen wir das Vorderhirn an durch das Halten der Stirnbeinhöcker, der sogenannten *Positiven Punkte*. Wir können auch die ganze Hand auf die Stirn legen und werden so ruhiger, überlegter und kommen ins Hier und Jetzt.

Außerdem kannst du die *Positiven Punkte* zur Erziehung einsetzen, nämlich bei bestimmten Problemen, denen du ausweichst, wo du Angst hast oder wo du dein Selbstvertrauen in Frage stellst. So sagst du zum Beispiel: „Ich kann das sowieso nicht", wenn etwas von dir gefordert oder verlangt wird. In solch einem Moment kannst du mit Hilfe der *Positiven Punkte* die Situation nachspielen, vorspielen oder in der Gegenwart durchspielen. Damit gibst du deinem Unterbewußtsein Möglichkeiten, andere Wege zu erproben als die, die du normalerweise gehst. Denn in Streßsituationen neigen wir dazu, mit vertrauten und bekannten Reaktionen und Möglichkeiten zu reagieren. Wenn du dann mit Hilfe dieser Übung neue Wege ausgedacht hast, dann sind es dir bereits bekannte Wege, die du dann auch gehen kannst.

Längungsübungen

Diese Gruppe von Übungen stammt aus der Zusammenarbeit von Dennison und Frank Mahony. Mahony hat sich darauf spezialisiert, direkt an den Muskeln zu arbeiten und ihnen ihre eigentliche Aufgabe zurückzugeben, so daß sie für Anspannung und Entspannung im Körper zuständig sein können. Anspannung im wörtlichen Sinne, daß du nämlich in der Lage bist, überhaupt in eine Bewegung zu gehen, und im übertragenen Sinne, daß du bereit bist, dich aktiv für etwas einzusetzen. Bei der Entspannung geht es genauso darum, daß du auch loslassen kannst über die Muskeln, daß du also eine Bewegung stoppen kannst, und im übertragenen Sinne, daß du auch mal in der Lage bist, dich auf etwas einzulassen, dich erst einmal zu entspannen, erstmal in Ruhe etwas anzuschauen.

Die Längungsübungen sind Selbsthilfeübungen, die sich aus diesem Muskelarbeitskonzept entwickelt haben. Als wichtig empfinde ich bei den Längungsübungen, daß wir von außen nach innen arbeiten, so ähnlich wie die Entwicklung des Säuglings verläuft. Man sagt, daß die motorische Entwicklung des Säuglings cranio-caudal verläuft, das heißt vom Kopf zum Schwanz. Zuerst wird der Kopf gehoben, dann kommt der Rückenbereich, und dann erst kommt die aufrechte Haltung. Bei den Längungsübungen fangen wir mit dem Schulter-Nacken-Bereich und den Füßen an und arbeiten uns dann von dort aus nach innen vor. Wenn ich oben anfange, beginne ich mit der *Eule,* die besonders die Schultermuskeln entspannt und mich darin unterstützt, meinen Kopf über Wasser zu halten. Die Schultern haben sehr viel damit zu tun, wie sehr ich dazu bereit bin, mich mit meinen Ideen, meinen Vorstellungen und meiner Persönlichkeit ins Leben einzubringen. Ob ich mehr diese geduckte Haltung einnehme, meinen Selbstwert zurückstelle und die Last der Welt auf meinen Schultern trage, oder ob ich mich fest und stolz mache und nichts an mich herankommen lasse. Ideal ist es, in den Schultern locker und aufrecht zu sein. Es hilft bei der *Eule,* mir meinen Selbstwert anzuschauen und mir selbst Anerkennung zu geben für das, was ich geleistet habe. Außerdem ist für diese Übung die Bereitschaft wichtig, über meine Scheuklappen hinauszugucken, also wirklich zu schauen: Inwieweit bin ich eigentlich bereit, in die verschiedenen Richtungen zu gucken? Der Eule wird Weisheit zugeschrieben. Das Bild von der Eule ist also die Wahrnehmung nicht nur nach vorn, sondern in alle Richtungen; das ist alles in dieser Übung mit enthalten.

Es gibt verschiedene Möglichkeiten, die *Eule* durchzuführen. Ich selber mache die Übung immer noch so, wie wir sie am Anfang unterrichtet haben. Zunächst guckst du überhaupt erstmal, wie weit du deinen Kopf drehen kannst, wie weit dein Blickfeld ohne Übung reicht. Danach spüren wir die Muskeln an den Schultern, wie deren Zustand ist, ob sie weich oder mehr brettartig sind. Dann erst lege ich eine Hand auf eine Schulter und schaue, soweit ich kann, herum und atme in den Muskel hinein, gebe mir Selbstvertrauen und Anerkennung; dann in der Ausatmung die Bewegung nach vorne und zur gegenüberliegenden Schulter hin. Dabei wird der Schultermuskel nicht gedrückt. Der Muskel wird vorher, bevor ich in die Übung reingehe, gedrückt, um ihn wahrzunehmen. Danach gehe ich in die Bewegung und halte den Muskel nur noch, um dem Körper zu sagen: „Hier bin ich." Der Muskel wird im *Touch For Health* der Niere zugeordnet, die auch sehr viel mit Mut zu tun hat. Die *Eule* hängt eng zusammen mit dem *Erder (Grounder).* Becken und Schultern korrespondieren ja miteinander, wenn du in aufrechter Haltung bist, wenn du für dich selbst einstehst.

Die *Eule* kann man auch passiv machen. Dann gehen wir nur ganz fest in den Muskel hinein, so lange, bis der andere „Stop!" sagt. Danach wird wieder lockergelassen, dann geht man wieder hinein. Es wird dabei keine Bewegung ausgeführt.

Armaktivierung

Diese Übung ist mehr für die Schultern und den Oberkörperbereich. Die Arme stehen symbolisch dafür, daß ich mich ins Leben einbringe, mit mir selbst, mit meiner Aktivität. Häufig sind wir beim Thema „Einbringen ins Leben" geblockt, weil wir zum Beispiel als Frauen nicht so aktiv sein oder nicht kämpfen dürfen, weil es sich nicht gehört. Als Mann wiederum *muß* man aktiv sein, was auch zu einer Blockade führen kann.

Die *Armlängung* ist für mich eine Bewegung, die mir das Selbstvertrauen zurückbringt; es geht um Ziele und Wünsche, die mit Einbringen, mit Aktivität zu tun haben. Alles, was du mit deinen Armen erreichen kannst, wenn du dich richtig reckst und streckst, das kannst du in Wirklichkeit auch erreichen. Es unterstützt auch die Bereitschaft, etwas zu tun, etwas mit Selbstdisziplin zu erreichen. Wenn ich zum Beispiel lernen will, weit zu werfen, dann muß ich üben, und zwar zusätzlich zu meiner Veranlangung. Ohne Übung geht es nicht.

Auch hier gibt es eine aktive und eine passive Variante. In der aktiven drücke ich selbst in alle vier Richtungen, während ich ausatme. Dabei ist wichtig zu beobachten, in welche Richtung es schwierig ist. Bin ich etwa bereit, meine Seiten freizuhalten, oder bin ich hier immer am Boxen und lasse keinen nah an mich ran, gehe ich gern auf Distanz? Nach vorne ist meistens einfacher, weil wir sehr vorwärtsgerichtet sind, und nach hinten ist es oft schwer, weil wir zuwenig auf unsere Rückendeckung achten. Was wir wollen, ist die Mitte – daß ich mich also sowohl nach vorne als auch nach hinten bewegen kann. Nach außen heißt auch: Habe ich genug Ellbogen, habe ich zuwenig Ellbogen? Der Druck nach innen meint: Bin ich bereit, die Dinge, die von außen auf mich zukommen, auch innerlich umzusetzen?

Die passive Armlängung sieht so aus, daß jemand anders dagegenhält und du dagegendrückst. Dabei ist es wichtig, die Übung langsam zu machen. Die Längungsbewegungen haben eher einen meditativen Aspekt, man kann sie aber auch zur Gymnastik einsetzen, sie also viel dynamischer machen. Danach fange ich mit den Füßen an.

Fußpumpe und Wadenpumpe

Beide Übungen vermittle ich meistens zusammen, weil beide viel damit zu tun haben, ob ich bereit bin, das, was ich innerlich spüre und was ich gefühlsmäßig klar haben will für mich, auch nach außen auszudrücken. Das meint sowohl den sprachlichen Ausdruck als auch den Ausdruck über meinen Körper. Wenn ich zum Beispiel mit festem Körper und durchgedrückten Knien stehe, drücke ich damit körperlich eine Kampf-Flucht-Haltung aus und nicht die Haltung, daß ich bereit bin, mich mit meinem Wesen, meiner Persönlichkeit einzubringen. Ich empfehle, zusätzlich zur Technik der Fußpumpe noch die Punkte für den Schrittmechanismus aus *Touch For Health* zu reiben und die Füße selbst zu massieren. Es ist wichtig, den Füßen ein wenig Zuwendung zu geben, weil sie im übertragenen Sinne für das Vorwärtsschreiten stehen. Bin ich bereit, vorwärtszugehen? Wenn ich mir den Fuß verstauche, kann es sein, daß ich versuche, mich zurückzuhalten.

Wadenpumpe und Fußpumpe kann man auch passiv machen. Das heißt, jemand anders hält mir den Fuß, und ich mache die Bewegung. Die *Wadenpumpe* ist auch schön als Partnerübung zu machen, indem man sich gegenseitig auf die Schultern faßt. Das finden die Kinder toll.

Erder (Grounder)

Der *Erder* hängt eng mit der Niere zusammen, weil ich über diese Übung den Psoasmuskel dehne und damit mein Becken stabilisiere. Die Längungsübungen sind für uns Frauen, um unser Selbstvertrauen, unsere Selbstsicherheit und unser Kopf-hoch-Halten zu unterstützen. Dies trifft ganz besonders auf den *Erder* zu. Ich stehe mit beiden Beinen auf der Erde, öffne mein Becken und länge die Muskulatur, die mir hilft, den aufrechten Gang tatsächlich aufrecht durchzuführen. Ich setze den *Erder* auch gerne als Übung dafür ein, sich selbst Mut zu machen, zu den eigenen Ideen zu stehen. Dafür ist es wunderbar, den *Erder* mit Ton zu machen und ihn in der Bewegung durchzuführen. Ich springe in die Übung mit einem kräftigen, lauten „Hah" hinein. Das wäre dann eine aktivere Variation des Erders. Damit sammelst du deine Energie – eine Technik, die in den östlichen Kampfübungen angewandt wird. So wird der *Erder* zu einer Übung, die dir ermöglicht, mutig in die Aktion hineinzugehen, die du durchführen willst.

Der Schwerkraftgleiter

Auch diese Brain-Gym®-Übung kann aktiv und passiv durchgeführt werden. Bei dem aktiven Gleiten stelle ich bekanntlich ein Bein über das andere und schaue, wie ich in meiner Mitte ruhe. Denn durch das Überkreuzen der Beine gehe ich in eine andere Position, nämlich möglicherweise aus meiner Mitte hinaus. Die Übung heißt *Gleiter*, weil du bei dieser Übung spürst, ob du durch dein Leben gleitest oder ob du dir sehr viel Anstrengung in dein Leben holst. Es macht einen Unterschied aus, ob du dein rechtes oder dein linkes Bein vorne hast. Wenn du dein rechtes Bein vorne hast, ist es – wie bei allen anderen Längungsübungen – mehr deine Außenseite, die aktive Seite, die männliche, die Berufsseite, die Seite, die in die Außenkontakte geht. Wenn du dein linkes Bein vorne hast, ist es mehr dein Innenleben, deine entspannte, deine passive, deine weibliche Seite. Je nachdem, wo du dich sicherer fühlst, da bist du ausgeglichener.

Der passive *Gleiter* ist auch sehr schön. Du stellst die Beine ebenfalls hintereinander und läßt dich von jemand anders, der hinter dir steht, halten. Du läßt dich also nach vorne fallen und wirst gehalten. Dabei ist wichtig, den Kopf wirklich fallenzulassen, ebenso bei dem aktiven *Gleiter*. Du gehst also zuerst heraus, spürst deine Größe, bist in den Knien locker; beim Wiederhochkommen sollte es so sein, daß du wirklich jeden einzelnen Wirbel entfaltest. Ganz zum Schluß wird erst der Kopf gehoben, du gleitest durch das Leben.

Die Mittellinienbewegungen

Dennison hat sehr wichtige Phasen aus der Kleinkindentwicklung als Übungen übernommen. Deswegen heißen diese Übungen *Mittellinienbewegungen.* Die motorische Entwicklung des Kleinkindes ist von einem großen Begriff umrahmt: der Aufrichtung. Die gesamte Entwicklung des Gehirns und des Kleinkindes geht um die Aufrichtung, deren wesentlicher Punkt die Mittellinie ist. Das, was das Baby vom ersten Moment an hier auf der Erde macht, ist die Arbeit an der Aufrichtung. Dieses Bestreben befähigt das Kind, in späteren Zeiten auf zwei Beinen zu stehen und zu laufen und damit die Mittellinie zu überschreiten.

Dennison geht bei den Mittellinienbewegungen so vor, daß er mit dem *Überkreuzgehen* anfängt, das die letzte Stufe der Entwicklung darstellt. Denn die *Überkreuzbewegung* ist symbolisch das freie, aufrechte Gehen, die letzte Stufe in der Aufrichtung gegen die Schwerkraft.

Auch ich halte es für wichtig, daß wir mit der *Überkreuzbewegung* anfangen; auch wenn ich mit jemand zum ersten Mal arbeite, fange ich mit dieser Übung an. Wir arbeiten in der Edu-Kinestetik mit Menschen, die ihre Entwicklungsphasen halbwegs normal durchlaufen haben. Deswegen fange ich mit der Bewegungsübung an, die für einen Schüler oder einen Erwachsenen die ist, die ihn funktionsfähig macht. Dann gehe ich von oben nach unten vor. Wenn ich mit behinderten Kindern oder Erwachsenen arbeite, die in irgendeiner Form krank sind, sei es entwicklungsbedingt oder akut, dann ist es natürlich wichtig, an der Krankheit anzusetzen und von unten nach oben zu gehen.

In meinen Grundkursen wird häufig von Beschäftigungstherapeuten und anderen gefragt, warum wir die Elemente aus der sensorischen Integration nicht mit hineinnehmen und warum wir mit der *Überkreuzbewegung* anfangen. Dann ist eben meine Antwort, daß wir zunächst die Aktionsfähigkeit im Alltag herstellen wollen.

Die Überkreuzbewegung

Diese Übung ist die symbolische Bewegung für das freie Laufen, für das Aktivsein im Alltag. Sie kann in allen Richtungen, in allen Variationen gemacht werden. Es ist mir wichtig, daß man kreativ mit dieser Übung umgeht, also mal rückwärts geht, mal zur Seite und so weiter. Es fällt besonders den Kindern mit Schwierigkeiten schwer, bei dieser Übung durcheinander oder rückwärts zu laufen. Sie laufen alle brav hintereinander her, weil schon die Übung selbst eine große Anforderung an sie stellt. Ich lege Wert darauf, daß die Kinder sich davon lösen und in ihre Kreativität hineinkommen.

Überkreuzbewegung mit Aufsitzen

Diese Bewegung hilft mir, mehr in die Entscheidungsfähigkeit zwischen meinen beiden Seiten hineinzugehen. Mich in der Überkreuzbewegung aufzurichten bringt mich mehr in die Richtung, wie ich mit meinen beiden Körperhälften zusammenarbeite und wie ich mich mehr für die eine oder die andere Sache entscheide.

Die Achten

Nach diesen beiden Übungen arbeite ich häufig mit den Achten. Die Achten geben uns verschiedene Möglichkeiten. Ich kann mit unterschiedlichen Körperteilen Achten machen: mit den Handgelenken, dem Nacken, dem Beckenbereich, den Füßen. Oder ich mache mit dem Daumen eine Acht und folge mit den Augen. Die Achten sind gut für die Hand-Augen-Koordination, indem wir mit einem Stift eine Acht malen, am besten mit beiden Händen. Für das Schreiben malen wir die *Alphabet-Achten*, die einzelnen Buchstaben werden in die Form der *Liegenden Acht* hineingemalt.

Atmung

Es ist mir wichtig, daß die Kinder ein Bewußtsein dafür bekommen, wie sie atmen; daß sie die Hände auf den Bauch legen oder an eine andere Stelle des Körpers und spüren, ob der Atem dorthin kommt; daß sie wahrnehmen, daß sie atmen.

Nackenrolle

Diese Übung hat sich in der Bewegung immer mehr reduziert. Ich persönlich bevorzuge die Version mit dem erzieherischen Aspekt: Ich ziehe also zunächst einmal die Schultern an, um zu spüren: So laufe ich meist herum. Ich habe meinen Kopf nicht hochgenommen und trage ihn nicht frei. In dieser Haltung lasse ich vorne und hinten den Kopf bewegen, und danach lasse ich die Schultern fallen und mache die gleiche Bewegung noch einmal. So habe ich die energetisch „angeschaltete" und „abgeschaltete" Version, was ich als wesentlich empfinde. Symbolisch steht die *Nackenrolle* für mich dafür, ob ich bereit bin, meinen Kopf hochzunehmen, meinen Kopf über Wasser zu halten und nicht immer leicht unter der Wasseroberfläche zu sein und ab und zu mal aufzutauchen, um Luft zu schnappen. Die *Nackenrolle* ist auch eine gute Sache bei Allergien.

Energetisierer (Kobra)

Diese Übung ist die symbolische Bewegung für den Handstütz. Von der Kleinkindentwicklung her gesehen, ist diese Bewegung das erste Mal, wo du den Oberkörper frei bekommst und dich freier umschauen kannst. Kleine Kinder sind unermüdlich dabei, diese Bewegung regelrecht zu trainieren. Deshalb steht für mich diese Übung symbolisch dafür, daß Kinder motiviert sind zum Lernen, daß sie von sich aus lernen wollen. Die Kinder sind ja nicht von sich aus faul, sondern wir Erwachsenen machen ihnen oft durch die Art und Weise, in der wir ihnen etwas beibringen, die Motivation zum Lernen kaputt. Deswegen ist diese Übung für mich von großer Bedeutung.

Beckenschaukel

Diese Übung steht symbolisch für das freie Sitzen, für das Aufrichten zum Sitzen. Somit ist es eine Übung für die Bereitschaft, meine Position zu verändern. Durch das freie Sitzen kann ich zum ersten Mal alleine für längere Zeit eine andere als die liegende Position einnehmen. Wenn ich sitzen kann, bin ich relativ unabhängig, ich kann eine ganze Reihe an Aktivitäten ausführen. Hyperaktive Kinder sind zu einem großen Prozentsatz abhängig von ihren eigenen Mechanismen, die ablaufen, wenn sie in ihre Suchtgeschichten reinkommen. Diese Kinder brauchen ganz viel die *Beckenschaukel,* um sich freizumachen, um zu sich selbst zurückzufinden. Die *Beckenschaukel* ist auch ein bißchen spielerisch. Sie ist eine Stabilisierung für das Rückgrat.

Das Sitzen steht symbolisch dafür, daß du gleichzeitig fest bist, aber schon deinen Bewegungsspielraum ausprobieren kannst.

Elefant

Diese Übung ist schwierig, man sollte sie auf keinen Fall am Anfang machen. Alle Schultern-Becken-Übungen sind so schwierig, weil die Kinder zuwenig Bewegung haben in der Überkreuzung zwischen Becken und Schultern. Bei dieser Übung ist es wichtig, das Ohr und die Schulter zu fixieren und so den Gesamtkörper in der Bewegung zu haben. Über das Schauen in die Ferne kommt man aus der unmittelbaren Nähe der anderen Achterübungen hinaus.

*

C.M.: *Viele Lehrer halten die Brain-Gym®-Übungen immer noch lediglich für eine neue und andere Form von Gymnastik.*

R.W.: Grundsätzlich kann man die Brain-Gym®-Übungen unter verschiedenen Aspekten machen. Einmal als Gymnastik, das heißt, ich mache sie regelmäßig mit der ganzen Klasse und empfehle auch den Kindern, sie durchzuführen. Diese Art der Ausführung schult die Sinne.

Zum zweiten kann ich die Übungen unter dem Aspekt machen, mir bewußter darüber zu werden, was ich im Moment benötige und wo ich Hilfe brauche. So kann ich als Lehrerin, die mit den Übungen arbeitet, genau sehen, wo die Probleme der Kinder liegen. Ich kann erkennen, wo die Schwierigkeiten im kognitiven und im psychischen Bereich liegen, da die Übungen auch eine psychische Komponente haben.

C.M.: *Es gibt ja fast in jeder Gruppe Kinder, die die Übungen nicht mitmachen wollen.*

R.W.: Nach meiner Erfahrung brauchen Kinder, die die Übungen nicht mitmachen wollen, einfach ein bißchen mehr Zeit. Es hilft ihnen sehr, wenn die Gruppe die Übungen macht und sie allmählich hineinwachsen. Man sollte es den Kindern, soweit es im Rahmen der Klasse möglich ist, freistellen, wie weit sie die Übungen mitmachen und wie weit sie nicht mitmachen. Allerdings muß man dann als Lehrerin schon gucken, ob nicht Kinder dabei sind, die einfach zu faul und zu träge sind und doch ein wenig Druck brauchen. Natürlich haben die Kinder das Recht, die Übungen nicht zu mögen, aber ich halte gar nichts von Laissez-faire-Methoden. Wenn ich merke, da flippt jemand nur herum und kommt zu gar nichts, dann kann ich schon mal sagen: „So, jetzt bleibst du stehen und machst die Übung!"

Wenn ein Kind eine Übung nicht mitmacht, weil sie zu schwierig ist, muß ich sehen, wie ich auf eine niedrigere Stufe heruntergehen kann. Wenn es zum Beispiel die *Überkreuzbewegung* nicht kennt, ist es erstmal wichtig zu sehen, ob das Kind sich im Liegen überhaupt drehen kann oder ob es herumrollt. Ist das Kind eigentlich in der Lage, aus einer liegenden Position den Kopf hochzunehmen, oder ist das zu anstrengend? Ist das Kind im Vierfüßlerstand überhaupt stabil? Das alles sind Voraussetzungen für das Krabbeln. Diese genaueren Betrachtungen gehören natürlich dann in die kinesiologische Einzelarbeit. Es ist wichtig, das Kind dabei zu unterstützen, diese Koordinationsübung des *Überkreuzgehens* durchzuführen. Dafür hat Dennison die *Lateralitätsbahnung* erfunden.

Darüber hinausgehend sehe ich ganz speziell nach, ob diese Übung im PACE ist. Was bedeutet, ob diese Übung im augenblicklichen Zeitpunkt die richtige Übung ist und ob ich in der Lage bin, von meinem Entwicklungsstand her diese Übung durchzuführen und – das ist ganz wichtig – sie überhaupt für mein Wohlergehen einzusetzen. Das können wir den Kindern als eine Art Handwerkszeug an die Hand geben, indem wir sagen: Guck, ob du überhaupt aktiv genug bist auf diese Übung, ob dir diese Übung richtig klar ist, wie du sie machen sollst, ob du genug Energie hast, diese Übung zu machen.

Sonst muß das Kind sie für sich selber abwandeln. Das ist etwas, was den Kindern viel Spaß macht, wenn sie sich Teile aus einer Übung herausnehmen. Ich halte es ohnehin für eine wichtige Sache, die Übungen als Vorschläge zu empfinden und nicht als Dogma. So haben die Kinder die Möglichkeit, über diese Idee, daß sie Bewegungsübungen machen können, in ihre eigene Übungen hineinzukommen.

Wenn ein Kind überhaupt keine Übung machen will, braucht es vielleicht auch Zeit zur Beobachtung, so daß es durch die Übungen, die die andern machen, erst einmal angeregt wird und dadurch genug Kraft sammelt, um selber mitzumachen. Meine Erfahrung ist die, daß die Kinder dann irgendwann von selber kommen. Ich hatte ganz zu Anfang meiner Arbeit mit Edu-Kinestetik einmal ein ganz tolles Erlebnis mit 14jährigen Jungs, die nicht viel mit solchen Sachen am Hut hatten und es dann ganz abbrachen. Drei Jahre später traf ich die Mutter eines dieser Jugendlichen wieder, die mir erzählte, was sie beobachtet hatte: Die Jungs machten vor jedem Fußballspiel hinter einer Hausecke regelmäßig ihre *Überkreuzbewegungen*! So etwas erlebe ich oft, daß die Kinder, die die Übungen abblocken, in Situationen, wo es darauf ankommt, die Übungen dann doch einsetzen.

Es ist mir also wichtig, daß die Kinder ein Gefühl dafür bekommen, daß ihnen diese Übungen helfen. Und dieses Empfinden wird sich sicherlich nicht einstellen, wenn sie alles gezwungenermaßen machen müssen.

C.M.: *Und es gibt ab und zu Fälle, daß die Kinder die Übungen brav und regelmäßig durcbführen, und sie helfen nicht.*

R.W.: Manchmal helfen die Übungen nicht. Das kann daran liegen, daß es die falsche Übung zum falschen Zeitpunkt ist. Wenn wir mit der ganzen Klasse Brain-Gym® durchführen, müssen wir sehen, wie weit wir dann in der Lage sind, eine andere Übung für das jeweilige Kind zu finden oder eben die Übung entsprechend zu unterstützen. Ich bin der Meinung, auch Edu-Kinestetik ist kein Allheilmittel. Das wichtigste ist für mich, offen zu sein für Wege, die sich für das einzelne Kind auftun können.

Ich habe in Berlin mal eine Art Versuch gestartet mit zwei 1. Klassen. Wir haben vom ersten Tag an die Klassen balanciert und Bewegungsübungen gemacht. Diese Klassen waren bis ans Ende der Grundschule, nämlich sechs Jahre lang, bekannt als sehr angenehme Klassen. Der gute Umgang der Kinder miteinander war wirklich auffällig. Auch wenn ich mit Kindern in Einzelbalancen arbeite, merke ich immer wieder, wie sehr das Selbstvertrauen steigt und ihre Selbständigkeit zunimmt.

C.M.: *Du lehrst die Kinder den Muskeltest, so daß alle ihn selbst durchführen können, und du läßt sie auch den Selbsttest machen.*

R.W.: Ich sprach eben von Selbstvertrauen und Selbständigkeit. Da ist der Muskeltest eine ganz wunderbare Hilfe, indem sie sich selbst testen können – und damit in ihrer Eigenverantwortlichkeit unterstützt werden. Ich halte viel von dem Selbsttest, denn ich möchte, daß jeder zu seiner eigenen Heilenergie zurückfindet. Für mich persönlich war der Muskeltest eine ganz große Hilfe, mich selbst kennenzulernen und meine eigenen Fähigkeiten zu entdecken. Das möchte ich auch jedem anderen mitgeben. Ich lehre die Kinder den Selbsttest noch viel eher als die Erwachsenen. Erwachsenen zeige ich diesen Test erst am zweiten oder dritten Tag, weil sie erst lernen müssen, sich von anderen anfassen zu lassen und andere um Hilfe zu fragen.

C.M.: *Wann wirken nach deiner Erfahrung die Brain-Gym®-Übungen am besten, und wie sieht es mit Erfolgen aus?*

R.W.: Die stärksten Wirkungen erzielen die Brain-Gym®-Übungen, wenn ich damit vor der Einschulung anfange und so die geblockten Bewegungsentwicklungen angehen kann. Ich hatte ein Kind, das vier Monate, bevor es in die Sonderschule eingeschult werden sollte, zu mir kam. Dieses Kind ist in eine normale Grundschule eingeschult worden, ist jetzt in der 4. Klasse und kann eventuell in die Realschule wechseln. Wenn das Kind nach der Einschulung gekommen wäre, wäre das anders verlaufen. Die Wirkung ist also vor dem ersten Schulbesuch besonders gut, wenn die Kinder normal entwickelt sind und aus irgendeinem Grund einen Block haben.

Weniger Erfolge habe ich mit der Rechtschreibung. Das ist ein ganz zähes Feld. Oft verbessern sich die Kinder, die mit Rechtschreibproblemen zu mir kommen, in allen anderen Bereichen, aber genau in diesem wenig. Das fasziniert mich immer wieder, denn eigentlich ist die Edu-Kinestetik entstanden, um bei Rechtschreib- und Leseproblemen zu helfen.

C.M.: *Nach einer durchgeführten Balance ist der Indikatormuskel in der Regel angeschaltet. Es ist dann für die Kinder, Eltern und auch Lehrerkollegen schwer zu verstehen, warum das Problem,* *um das es in der Balance ging, möglicherweise nicht behoben ist.*

R.W.: Im Hinblick auf den Muskeltest ist es wichtig zu vermitteln, was ein angeschalteter Muskel nach einer Balance bedeutet. Er bedeutet nicht, daß jetzt kein Problem mehr in bezug auf das Ziel vorhanden ist und alles perfekt läuft, was vorher nicht ging. Wir dürfen nicht vergessen, daß der Muskeltest ein Streßtest ist. Ein starker Muskel nach einer Einzelbehandlung sagt mir: „Danke schön, du hast mir sehr geholfen, das ist die richtige Richtung, und weiter geht es im Moment nicht." Er sagt aber nicht, das Problem ist gelöst. Das ist die eine wichtige Sache, die vor der Arbeit mit dem Muskeltest von mir ganz stark verdeutlicht wird.

C.M.: *Es gibt ja nach einer Balance sehr unterschiedliche Reaktionsarten. Wir kennen die ganz schnellen, positiven Reaktionen, wenn der Erfolg sofort eintritt und sichtbar oder spürbar ist. Es gibt aber auch genauso oft die scheinbare Nichtreaktion und auch die Verschlechterung des Zustandes, um den es geht.*

R.W.: Wir können sagen, daß es drei verschiedene Möglichkeiten gibt, wie ich auf Balancen reagieren kann. Die erste Möglichkeit ist die, daß sich der Zustand, wegen dem man in die Sitzung kam, verbessert, was natürlich für alle sehr angenehm ist. Die zweite Möglichkeit ist, daß es relativ neutral bleibt, was das Symptom angeht. Was nicht bedeutet, daß nichts passiert ist. Es ist meine Erfahrung, daß immer etwas passiert. Manchen hilft es mehr, manchen weniger, aber es hilft immer. Die dritte Möglichkeit ist die Verschlimmerung des Symptoms. Dafür gibt es meiner Ansicht nach zwei Gründe. Der eine Grund ist der: Um in dieser Welt zu überleben, legen wir über unsere Lücken einen Teppich. Wenn du nicht zu fest über diesen Teppich läufst, fällst du nicht in das Loch, in die Lücke hinein. Jetzt balancierst du aber jemand und ziehst ihm damit den Teppich weg, dann kommt das Loch darunter zum Vorschein, wodurch dann die Verschlechterung des Symptoms eintreten kann.

Durch dcine Kompensation – den Teppich – kannst du im Alltag Sachen machen, zu denen du eigentlich gar nicht fähig wärst. Das ist ja eigentlich etwas Wunderbares. So gibt es zum Beispiel Menschen mit „Wasserkopf", ohne Gehirn, die nur den Neocortex haben, die studieren Mathematik.

Vor einer Einzelarbeit kläre ich schon am Telefon, daß man sich gut überlegen muß, ob man diese Einzelbehandlung machen will, weil ich nicht am Symptom arbeite. Und ich sage auch, daß sich der Zustand verschlimmern kann. Trotzdem stehst du natürlich noch unter Erfolgsstreß. Mein Ziel ist nicht Symptombeseitigung. Ich arbeite für die Entwicklung der ganzen Person, und das kann eben auch bedeuten, daß sich das Symptom zunächst einmal verschlimmert.

Doch es gibt noch einen zweiten Grund für die Verschlimmerung: Das Symptom ist ja etwas, das dich zwingt, etwas zu tun. Wenn du nun in einem mehr oder weniger glücklichen Zustand bereit bist, an dem Symptom zu arbeiten, an dir zu arbeiten, bist du ja eigentlich noch nicht sicher und konsequent genug. Deshalb kann das Symptom mit einer Verschlimmerung reagieren, um dich damit zu zwingen, dran zu bleiben, weiter daran zu arbeiten.

C.M.: *Wie würdest du die Quintessenz dessen beschreiben, was die Kinesiologie für dich ganz persönlich bedeutet?*

R.W.: Ich sehe die Kinesiologie als eine Möglichkeit, wieder näher an mich selbst heranzukommen. Ich habe überhaupt nicht den Anspruch, daß die Kinesiologie die einzige Möglichkeit ist. Für mich allerdings ist es die ideale. Jeder Mensch ist anders, und es gibt sehr viele andere Möglichkeiten. Wichtig dabei ist nur, daß du dich selbst in deinem Wunder erleben kannst, daß du dich selbst erschließen kannst, wenn du einmal anfängst, mit dir etwas zu machen. Ob das nun Kinesiologie oder Meditation oder Yoga ist, das ist dabei nicht wichtig. Wichtig dabei ist, daß du lernst, selbst staunend vor deinem göttlichen Kern zu stehen. Dabei ist mir die Kinesiologie eine ganz wertvolle Hilfe.

Fachwörterverzeichnis

Altersrezession: Eine Möglichkeit aus der Angewandten Kinesiologie, die auch innerhalb der fortgeschrittenen Edu-K-Balancen und von *Three In One Concepts (One Brain)* eingesetzt werden kann. Bei der Altersrezession finden wir mit Hilfe des Muskeltests das Lebensalter, in dem das jeweilige Problem begann. Es ist nicht notwendig, sich an das Alter, um das es geht, bewußt erinnern zu können; das Trauma ist vom Körper-Geist-System gespeichert worden. In der Altersrezession wird das Problem wieder zugänglich, so daß der Streß abgelöst werden kann.

Bahnung: Die korrekte Bezeichnung lautet: **Dennison-Lateralitätsbahnung.** Mit Hilfe des Muskeltests kann bei einem Menschen mit homolateralem Bewegungsmuster durch eine bestimmte Abfolge von Bewegungen des Körpers und der Augen das Überkreuzmuster in Körper und Gehirn verankert werden.

Balance: Bezeichnung für die kinesiologische Einzelarbeit.

Brain-Gym®: Bedeutet wörtlich „Gehirngymnastik". Da dies eine unglückliche Bezeichung wäre, wird der amerikanische Name meist beibehalten. Oft auch als „Lerngymnastik" bezeichnet. Es handelt sich dabei um unterschiedliche Bewegungsübungen, die von Dr. Paul Dennison und seiner Frau Gail zusammengestellt und in ihrer Wirkung beschrieben wurden. Es gibt darunter *Energieübungen,* die helfen, die Energie im Körper und die Informationen zwischen Gehirn und Körper besser fließen zu lassen. Zweitens gibt es *Mittellinienbewegungen,* die durch das Überqueren der Körpermittellinie beide Gehirnhälften zur Zusammenarbeit, zur Integration, bringen. Drittens gibt es *Längungsübungen,* die eine Bewegungsumschulung für Muskeln auf der Körperrückseite darstellen, die sich aufgrund von Gefahrempfinden verkürzt und zusammengezogen haben. Da Lesen, Schreiben und freies Sprechen heute von vielen Menschen als direkte Bedrohung erlebt werden, sind diese Übungen für sie sehr wirkungsvoll, besonders bei allen Sprachschwierigkeiten.

Edu-Kinestetik (auch Edu-K, EK): Ende der siebziger Jahre entwickelte Dr. Paul Dennison die Educational Kinesiology auf der Grundlage der Angewandten Kinesiologie und der neuesten

Gehirn- und Legasthenieforschung. Dieses pädagogische Konzept des „Lernens durch Bewegung" berücksichtigt den Zusammenhang zwischen Denk- und Bewegungsfähigkeit und bringt so beim Lernen den Körper wieder „ins Spiel". Im Laufe der folgenden Jahre wurde von Dennison und seiner Frau Gail dieses Konzept immer weiter entwickelt und optimiert und zu einem umfassenden Integrationsmodell für Körper und Gehirn ausgebaut. In der Edu-K wird Lernen als ein Prozeß betrachtet, der nicht auf die Schule begrenzt ist, sondern uns das ganze Leben begleitet. Wir lernen jeden Tag, wenn wir Neuem begegnen, uns im Prozeß der Veränderung befinden und mit neuen Situationen umgehen müssen. So gesehen sind unsere Lernerfahrungen Lebenserfahrungen, und unsere Lernprobleme können zu Lebensproblemen werden. Edu-K bietet die Möglichkeit, durch Energiebalancen und Integrationsübungen aktiv Lernblockaden abzubauen, und ermöglicht so dem einzelnen, den nächsten Schritt auf ein gewünschtes Lernziel/Lebensziel oder eine gewünschte Veränderung hin zu tun. Edu-Kinestetik schafft neue Bewegungsmöglichkeiten im weitesten Sinne und die Voraussetzung für streßfreies Lernen und selbstbestimmtes Handeln.

Homolateral: Kinesiologische Bezeichnung für ein gleichseitiges Bewegungsmuster des Körpers. Beispiel: Rechter Arm und rechtes Bein werden gleichzeitig angehoben. Es kommt zu diesen (oft unfreiwilligen) homolateralen Bewegungen, wenn in der frühkindlichen Entwicklung das Überkreuzmuster im Gehirn nicht aufgerichtet wurde oder wenn man sich in einer Streßsituation befindet. Ausgelöst werden diese homolateralen Bewegungen durch die Desintegration der beiden Gehirnhälften.

Langsamer Gang: Dennisons Metapher vom „langsamen Gang" meint das Lernen von Neuem, das Langsamerwerden, um sich zu orientieren, meint die bewußte Bewegung. Das Lernen im langsamen Gang wird in der linken, der analytischen Gehirnhälfte lokalisiert.

Muskeltest: Beim Muskeltest handelt es sich um ein körpereigenes Biofeedback-Instrument. Er ist das Gemeinsame aller kinesiologischen Richtungen. Der Muskeltest wird benutzt, um Informationen über das Körper-Geist-System eines Menschen zu bekommen; es handelt sich um eine besondere Kommunikationsform. Für den Muskeltest kann jeder Muskel des Körpers benutzt werden. Nicht physische Kraft, sondern die energetische

Versorgung des Muskels zu einem bestimmten Thema wird getestet. Wirklich aussagefähiges Muskeltesten ist nur durch den Besuch von kinesiologischen Ausbildungskursen und durch regelmäßiges, langfristiges Üben erlernbar. Ein bloßes Auf-den-Arm-Drücken ist noch kein kinesiologischer Muskeltest.

Noticing: Wahrnehmendes Beobachten, eine Anwendungsmethode in der Edu-Kinestetik.

One Brain: Kurzbezeichnung von *Three In One Concepts,* einem Ansatz zur Streßbekämpfung, der 1972 von Gordon Stokes und Daniel Whiteside begründet wurde. Durch diese Methode kann mit Hilfe des Muskeltests herausgefunden werden, um welchen ungelösten emotionalen Streß und um welche negativen Glaubensmuster es jeweils geht. Diese Methode hat sich besonders bei der Arbeit mit „Legasthenikern" bewährt. Durch die besonderen Techniken des *One Brain* werden Stressoren aus Gegenwart und Vergangenheit abgelöst; man kommt wieder in den Zustand der Wahlmöglichkeit, und das „eigene Drehbuch" kann umgeschrieben werden.

PACE: Von Paul Dennison geschaffener Begriff. PACE meint einen Zustand, der zunächst erreicht werden muß, um durch den Muskeltest einwandfreie Aussagen zu bekommen. In diesem Sinne ist PACE eine Art „Klar-Check" vor jedem Muskeltesten.

PACE bezeichnet auch vier Zustände – **p**ositiv, **a**ktiv, **c**lear (klar), **e**nergetisch –, die durch vier verschiedene Brain-Gym®-Übungen erreicht werden und Körper und Gehirn lernbereit machen. Die PACE-Übungen ermöglichen uns, mit dem ganzen Gehirn zu lernen.

Schneller Gang: Diese Metapher benutzt Dennison im Zusammenhang mit dem Ausführen von Bekanntem, bereits Erlerntem und Automatisiertem; es bedarf hierbei keiner bewußten Denkleistung mehr. Der schnelle Gang wird in der rechten, intuitiven Gehirnhemisphäre angesiedelt.

Überkreuzgehen: Eine der einfachsten und wirkungsvollsten Brain-Gym®-Übungen: Man bewegt zu gleicher Zeit einen Arm und das gegenüberliegende Bein. Dadurch werden beide Gehirnhemisphären gleichzeitig aktiviert. Alle Fertigkeiten, die ein Überkreuzen der Körpermittellinie erfordern – wie Lesen und Schreiben –, fallen nach dieser Übung leichter.

Literaturempfehlungen

Ayres, A. Jean: *Bausteine der kindlichen Entwicklung,* 2. Auflage, Berlin/Heidelberg: Springer, 1992

Ballinger, Erich: *Lerngymnastik,* Wien: Neuer Breitschopf Vlg., 1992

Buchner, Christina: *Lesen lernen mit links ... und rechts, gehirnfreundlich und ohne Streß. Bilder, Geschichten, Ideen für Lehrer, Eltern und Therapeuten,* Freiburg: VAK Verlag für Angewandte Kinesiologie, 1993

dies.: *Neues Lesen – Neues Lernen,* Südergellersen: Verlag Bruno Martin, 1991

Dennison, Paul E.: *Befreite Bahnen,* Freiburg: VAK, 1984; 9. Aufl. 1994

Dennison, Paul E. & Dennison, Gail: *EK für Kinder. Das Handbuch der Edu-Kinestetik für Eltern, Lehrer und Kinder jeden Alters,* Freiburg: VAK, 1987; 9. Aufl. 1994

dies.: *Brain-Gym®,* Freiburg: VAK, 1990; 5. Aufl. 1994

dies.: *Lehrerhandbuch Brain-Gym®,* Freiburg: VAK, 1991; 4. Aufl. 1994

Diamond, John: *Der Körper lügt nicht,* Freiburg: VAK, 1983; 10. Aufl. 1994

Ernst, Heiko: *Die Weisheit des Körpers,* München: Piper, 1993

Meister Vitale, Barbara: *Lernen kann phantastisch sein,* Berlin: Synchron, 1988

dies.: *Frei fliegen,* Berlin: Synchron, 1988

Rosival, Dr. rer. nat., Vera: *Hyperaktivität natürlich behandeln,* München: Gräfe und Unzer

la Tourelle, Maggie & Courtenay, Anthea: *Was ist Angewandte Kinesiologie?,* Freiburg: VAK, 1992; 2. Aufl. 1994

Wild, Rebeca: *Erziehung zum Sein,* Heidelberg: Arbor

dies.: *Sein zum Erziehen,* Heidelberg: Arbor

dies.: *Kinder in Pesta,* Heidelberg: Arbor

Autorinnen und Autoren

Irmtraud Basse, Jahrgang 1954, ist verheiratet und hat zwei Kinder im Alter von neun und zwölf Jahren. Seit 1980 ist sie als Fachlehrerin bzw. Heilpädagogin in einer Sonderschule für Körperbehinderte im Bereich der Mehrfachbehinderung tätig. Seitdem ihr 1988 das Buch *EK für Kinder* von Paul Dennison erstmalig begegnete, ist sie davon nach eigener Aussage bis heute begeistert; es ergänze für sie das kombinierte Konzept der Susanne Dank; inzwischen habe sie etliche Kurse bei Renate Wennekes besucht, ihr Hintergrundwissen erweitert und jedesmal viele Anregungen für die tägliche Arbeit mitgenommen.
Anschrift: Hördenstraße 50, D-58135 Hagen, Tel.: 0 23 31 - 463 303

Christina Buchner ist Lehrerin und arbeitet in Südbayern. Seit zwanzig Jahren erprobt sie alternative Unterrichtsmethoden: Projektunterricht, Lernen mit der rechten Gehirnhälfte etc. Nachdem sie zehn Jahre lang an der Hauptschule gewesen war und viele Schüler kennengelernt hatte, die nicht lesen konnten, wechselte sie an die Grundschule. Dort entwickelte sie eine neue Leselernmethode. Christina Buchner ist Autorin mehrerer Bücher: *Schreibvergnügen,* München: Oldenbourg, 1990; *Neues Lesen – Neues Lernen,* Südergellersen: Bruno Martin, 1991; *Theaterspaß zum Selbermachen,* München: Oldenbourg, 1991; *Lesen lernen mit links,* Freiburg: VAK, 1993; in Vorbereitung (ebenfalls bei VAK): *Stillsein ist lernbar.*

Brigitte Haberda, geboren 1951 in Wien, arbeitete dort als Volks-, Haupt- und Sonderschullehrerin. Seit 1981 bildet sie Studenten in Mathematik, Physik und Chemie aus. Schon immer galt ihr besonderes Interesse den lernschwachen Kindern. 1987 begann sie sich mit Kinesiologie zu beschäftigen und war bald davon fasziniert. Heute wirkt sie mit Vorträgen und Seminaren für die Verbreitung der Kinesiologie an den Schulen.

Auch beim Tennisspielen, ihrem Hobby, hat sie kinesiologische Techniken mit Erfolg erprobt. Nach einer Ausbildung zur Übungsleiterin für Tennis hat sie mit ihrem Partner Peter Rohm eine neue Methodik zum Erlernen des Tennisspielens entwickelt: TEMKIN = Tennis mit Kinesiologie.

Kontaktadresse: Agentur K, Inh. Wolfgang Haberda, Steinrieglstr. 194, A-3400 Klosterneuburg

Margrit Hammer, Jahrgang 1947, lebt und arbeitet in Wien. Sie ist Lehrerin aus Leidenschaft. Nachdem sie sechzehn Jahre lang an einer Sonderschule unterrichtet hatte, arbeitet sie nun seit zehn Jahren als Stützlehrerin an einer Volksschule. Seit viereinhalb Jahren ist Margrit Hammer begeisterte Anwenderin der Edu-Kinestetik.

Helga Heimeier ist Diplompädagogin und arbeitet als Schulleiterin einer Grundschule mit zur Zeit 400 SchülerInnen in Baden-Württemberg.
Anschrift: Hohenzollernring 39, D-72119 Ammerbuch

Astrid Hofer wurde an der Pädagogischen Akademie in Salzburg zur Hauptschullehrerin mit den Fächern Deutsch und Leibeserziehung ausgebildet. Sie war sechs Jahre lang als Lehrerin tätig. Seit 1989 befaßt sie sich mit der Kinesiologie. Seit zwei Jahren lehrt sie am Pädagogischen Institut Brain-Gym®, arbeitet mit SchülerInnen, die Lernprobleme aufweisen, und gibt Kurse für Eltern.
Anschrift: A-5710 Kaprun 682, Tel: 0 65 47 - 85 23 20

Susanne Kiel, geb. 1952, Sozialpädagogin, **Antje Niemeyer**, geb. 1942, Erzieherin, und **Renate Paul**, geb. 1955, Sonderschullehrerin, arbeiten seit vier Jahren als Team an einer Sonderschule für Geistigbehinderte in einer Werkstufenklasse zusammen. Sie sind offen für neue Wege; demzufolge finden sich in ihrem Unterricht nicht nur Brain-Gym® und Yoga, sondern auch die Arbeit am PC.
Tel.: 0 40 - 553 31 93 (Schule)

Elfriede Kirchhoff ist Studienrätin; sie hat langjährige Unterrichtserfahrung in Schule und Erwachsenenbildung. Sie machte Weiterbildungen und sammelte eigene Erfahrungen mit verschiedenen Ansätzen ganzheitlichen Lernens und ganzheitlicher Gesundheitslehre (Schwerpunkt auf Bewegung). Zudem ist sie Yoga-Lehrerin und Kinesiologin. Seit 1986 ist sie tätig als Dozentin für Gesundheitsbildung und ganzheitliches Lernen an Volkshochschulen und verschiedenen anderen Institutionen, sowie im Rahmen privater Lehrtätigkeit und in der eigenen Praxis. Sie ist Lehrbeauftragte der Universität Bremen, Mitglied der *International Association of Specialized Kinesiologists (IASK)* und autorisierte Ausbilderin verschiedener Richtungen der Kinesiologie.
Anschrift: Neubergedorfer Damm 2, D-27726 Worpswede, Tel: 04792-3957

Claudia Meyenburg, Jahrgang 1944, arbeitete bis 1969 als Arzthelferin, studierte dann an der Pädagogischen Hochschule Lüneburg. Seit 1972 arbeitet sie in Hamburg an Sonderschulen für Lernbehinderte, unterbrochen vom Zusatzstudium für Sonderpädagogik (Verhaltensgestörten- und Lernbehindertenpädagogik). Zwischenzeitlich übersetzte sie eine Anzahl norwegischer Bücher ins Deutsche. Seitdem sie 1990 auf die Kinesiologie stieß, bildetete sie sich in verschiedenen Bereichen dieser Methode aus und ist jetzt Brain-Gym®- und Touch-For-Health-Instruktorin. Sie gibt verschiedene Kinesiologiekurse am Hamburger Institut für Lehrerfortbildung und ist zur Zeit dabei, an diesem Institut eine Edu-Kinestetik-Beratungsstelle einzurichten. Außerdem arbeitet sie als Sonderschullehrerin in Hamburg.
Anschrift: Weißbirkenkamp 8, D-22391 Hamburg,
Tel: 040 – 536 60 07, Fax: 040 – 536 89 27

Karin G. Paul, Jahrgang 1952, war von 1974 bis 1991 Lehrerin an Grund- und Hauptschulen, davon acht Jahre lang Beratungslehrerin. Jetzt arbeitet sie in freier Praxis als Lern- und Lebensberaterin mit einzelnen und Gruppen jeden Alters. Sie ist ausgebildete Lehrerin für Brain-Gym® und Touch For Health und Mitglied der Deutschen Gesellschaft für Angewandte Kinesiologie e.V.
Anschrift: Vor der Kirche 42, D-38723 Seesen, Tel: 0 53 81 - 57 07

Hermann Ritter, Jahrgang 1935, begann 1952 eine Bauschlosserlehre und war bis 1960 als Schlosser und E-Schweißer tätig. Daran schloß sich ein Ingenieurstudium an. Nach dreijähriger Tätigkeit als Ingenieur absolvierte er ein Studium an einer Pädagogischen Hochschule. Seit 1970 ist er Lehrer an Sonderschulen in Hamburg und machte zwischenzeitlich noch das Sonderschulstudium (Verhaltensgestörten- und Lernbehindertenpädagogik). Seit 1980 arbeitet Hermann Ritter als Präventionslehrer in einer Hamburger Grundschule.
Anschrift: Ohlekamp 16, D-25373 Ellerhoop, Tel.: 0 41 20 - 564

Silvia Stier, Jahrgang 1950, ist verheiratet und hat eine Tochter. Nach dem Abitur studierte sie an der Pädagogischen Hochschule Reutlingen mit den Hauptfächern Musik und Englisch und dem Schwerpunkt Hauptschule. Sie ist seit 1973 im Schuldienst und seit 1981 Schulleiterin. Zur Zeit ist Silvia Stier an der Schillerschule GS in Kornwestheim (Kreis Ludwigsburg) tätig. Ihre Schwerpunkte sind heute Kinesiologie und NLP.

Anschrift: Pfirsichweg 6, D-70806 Kornwestheim, Tel: 0 71 54 - 18 17 73

Rita Verlage ist Sozialpädagogin und arbeitet seit 1975 im Schulkindergarten mit sechsjährigen Kindern, die jeweils für ein Jahr vom Schulbesuch zurückgestellt werden. Seit 1989 ist die Edu-Kinestetik zu einem festen Bestandteil ihrer Arbeit geworden.
Anschrift: Telgenweg 19, D-48369 Saerbeck, Tel: 0 25 74 - 80 15

Michaela Weiß ist als Sonderschullehrerin in Körper- und Sprachbehindertenpädagogik ausgebildet. Sie war an einer Sonderschule für Sprach-, Lern-, Körperbehinderte und Verhaltensauffällige in Köln tätig. Ab 1987 arbeitete sie in Bremen. Dort begann sie durch den Kontakt zu Elfriede Kirchhoff aus Worpswede ihre Ausbildung in den kinesiologischen Richtungen Edu-Kinestetik, Touch For Health und One Brain. Weiterhin absolvierte sie eine Ausbildung in Hatha-Yoga und ist jetzt Übungsleiterin. Seit Sommer 1993 ist sie in der Lernbehindertenschule in Weyhe (Niedersachsen) tätig.
Anschrift: Fuhrenkamp 65, D-28844 Weyhe-Melchiorshausen

Wilfried Wendt, Jahrgang 1960, absolvierte seine Ausbildung zum Sonderschullehrer an der Universität Oldenburg. Seit 1990 arbeitet er als Lehrer an einer Schule für Lernbehinderte in Bremen mit dem Arbeitsschwerpunkt: präventive und integrative Förderung von Kindern mit Lernbehinderungen an der Grundschule. 1991 begann Wilfried Wendt seine kinesiologische Ausbildung bei Elfriede Kirchhoff in Worpswede (One Brain, Three In One Concepts)

Renate Wennekes ist Diplompädagogin und Lehrerin. Sie ist Fakultätsmitglied in der Edu-K-Foundation und berechtigt, Edu-Kinestetik-Lehrer auszubilden. Sie arbeitet seit 1981 mit Kinesiologie und ist anerkannte Lehrerin für Touch For Health und Three In One Concepts. Sie hat eigene Kursreihen entwickelt (*Mein Körper und ich, Entwicklungskinesiologie*). Der „Arbeitskreis zur Selbsthilfe", ein gemeinschaftliches Kursangebot zahlreicher KinesiologInnen, wurde von Renate Wennekes ins Leben gerufen. Die meisten der dort tätigen Kursleiter wurden von ihr ausgebildet.
Anschrift: Astrup 31, D-49434 Neuenkirchen-Vörden

Michael Grinder:

NLP für Lehrer. Ein praxisorientiertes Arbeitsbuch

Dieser „Lehrgang" für Neurolinguistisches Programmieren wendet sich an alle, die in Lehre und Erziehung tätig sind. Der Autor verbindet Erläuterungen zum theoretischen Hintergrund des NLP mit zahlreichen praktischen Übungen zur Weiterentwicklung der persönlichen Fähigkeiten.
Aus seinen langjährigen Erfahrungen als Lehrer und NLP-Trainer hat Michael Grinder hier die wirkungsvollsten Unterrichtstechniken und (nonverbalen) Kommunikationsmuster zusammengestellt.
Mit einem Vorwort von John Grinder (Mitbegründer des NLP und Bruder des Autors).

3. Aufl., 226 Seiten (21 x 29,2 cm), 30 Illustrationen und 85 Arbeitsblätter, Paperback, 49,80 DM/49,80 sFr./ 389,– öS, ISBN 3-924077-21-5

Linda Lloyd:

Des Lehrers Wundertüte. NLP macht Schule

Mit NLP läßt sich wirkungsvoller unterrichten. Dieses Buch bietet dazu eine Wundertüte voller Ideen. Wie Sie ein positives Bild von jedem Schüler gewinnen und es verwirklichen; woran Sie erkennen, wie Ihre Schüler denken, und wie Sie sie wirklich erreichen; wie Sie die gewünschten Antworten bekommen und unerwünschte Gewohnheiten verändern – Lehrer lernen hier die Grundelemente des Neurolinguistischen Programmierens und deren spielerische Vermittlung an ihre Schüler. Ein Leitfaden zur Erarbeitung der NLP-Techniken, angelegt auf ein Schuljahr, mit 38 Wochenplänen für die tägliche Unterrichtsvorbereitung.

2. Aufl., 134 Seiten (21 x 29,2 cm), 59 Illustrationen und 38 Arbeitsblätter, Paperback, 39,80 DM/ 39,80 sFr./311,– öS, ISBN 3-924077-26-6

Dr. Paul E. Dennison/Gail Dennison:

Lehrerhandbuch Brain-Gym®

Diese Arbeitshilfe für Lehrer, Erzieher und Eltern bringt zu jeder Brain-Gym-Übung einige Unterweisungstips. Diese befähigen dazu, die Übung für ein bestimmtes Kind oder eine bestimmte Situation zu erklären, abzuwandeln oder weiterzuentwickeln. Außerdem finden sich zu jeder Übung übersichtlich angeordnete Informationen zu ihren Wirkungen.

5., überarb. Aufl.: 1995, 54 Seiten (21 x 29,2 cm), 115 Illustrationen, Spiralheftung, 29,80 DM/ 29,80 sFr./233,– öS, ISBN 3-924077-24-X

Neu: Lernen braucht Bewegung
Einführung in gehirnfreundliches Lernen für Eltern und Kinder, von Dr. Jochen Hering

Audiokassette, mit Musik (Gesamtspieldauer 64 Min.), 28,- DM/28,- sFr./252,- öS, ISBN 3-924077-51-7
Seite 1: Informationen, Beispiele, Übungen f. Erwachsene
Seite 2: Phantastische Reise ins Gehirn, für Kinder